Consulting und Projektmanagement in Industrieunternehmen

Praxisleitfaden mit Fallstudien

von
Professor
Dr. Dirk H. Hartel

Oldenbourg Verlag München

Bibliografische Information der Deutschen Nationalbibliothek

Die Deutsche Nationalbibliothek verzeichnet diese Publikation in der Deutschen
Nationalbibliografie; detaillierte bibliografische Daten sind im Internet über
<http://dnb.d-nb.de> abrufbar.

© 2009 Oldenbourg Wissenschaftsverlag GmbH
Rosenheimer Straße 145, D-81671 München
Telefon: (089) 45051-0
oldenbourg.de

Lektorat: Wirtschafts- und Sozialwissenschaften, wiso@oldenbourg.de
Herstellung: Dr. Rolf Jäger
Coverentwurf: Kochan & Partner, München
Gedruckt auf säure- und chlorfreiem Papier
Gesamtherstellung: Druckhaus „Thomas Müntzer" GmbH, Bad Langensalza

ISBN 978-3-486-58487-5

Geleitwort

Das einzig Beständige ist der Wandel – diese Weisheit gilt für viele Unternehmen, die sich in dynamischen Märkten befinden. Technologischer Fortschritt, internationaler Wettbewerb und steigende Kundenerwartungen führen dazu, dass sich Unternehmen sowie ihre Produkte und Dienstleistungen immer wieder neu erfinden müssen. Was heute ein USP ist, bieten morgen schon Konkurrenten ohne Mehrpreis an, da es vom Kunden als selbstverständlich eingestuft wird.

Die aktuelle globale Finanz- und Wirtschaftskrise hat die These vom Wandel nicht nur bestätigt, sondern sogar verschärft. Dabei steht die Automobil- und Automobilzulieferindustrie lediglich exemplarisch für zahlreiche industrielle Branchen:

- Wer hätte gedacht, dass General Motors und Chrysler, als zwei der drei „Big Three" bekannt, Insolvenz anmelden werden müssten, und Töchter wie Opel, Vauxhall und Saab mit sich ziehen?
- Sah es 2007 noch so aus, als gelänge Porsche der große Coup, den viel größeren VW-Konzern zu übernehmen, integrierte am Ende im Sommer 2009 Volkswagen Porsche als zehnte Marke in den Konzern.
- Auch auf dem Zulieferermarkt gab es spektakuläre Übernahmen: 2008 übernahm die Schaeffler-Gruppe das größere, börsennotierte Unternehmen Continental und geriet dadurch in die Schuldenfalle; nur ein prominentes Beispiel für zahlreiche Übernahmen und Insolvenzen von Unternehmen, die in der Öffentlichkeit meist aber weniger bekannt als die OEMs sind.
- VW, lange Zeit stark auf Europa ausgerichtet, erklärte erstmalig im Juli 2009 China als seinen größten Absatzmarkt, und setzte zum Sprung auf den Klassenprimus Toyota an.
- Während in Marketing-Lehrbüchern die Premium-Strategie von BMW und Daimler als Erfolgsgaranten beschrieben werden, leiden gerade diese Hersteller aktuell unter Kaufzurückhaltung, stärker als etwa der Fiat-Konzern, dem viele keine Zukunft mehr beschieden hatten.

Die Beispiele zeigen auf, dass auch Unternehmen aus stabilen Branchen, die über viele Jahre eine positive Entwicklung durchlaufen haben, sich permanent weiterentwickeln müssen. Dabei liegt die Kunst nur nicht darin, sich auf neue Rahmenbedingungen einzustellen, sondern den Wettbewerbern einen Schritt voraus zu sein. Stellten Projekte etwa zum Gestalten von Veränderungsprozessen früher die Ausnahme dar, bilden sie heute – zumindest in fortschrittlichen Branchen – eher die Regel. Dabei setzen Führungskräfte aus Industrieunternehmen verstärkt auf das Know-how von Experten, und zwar sowohl interner wie externer.

An dieser Stelle setzt das vorliegende Buch von Professor Hartel an. Als praxisorientiertes Lehrbuch mit zahlreichen Beispielen und drei Fallstudien unterstützt es Neu- wie Quereinsteiger auf dem Weg zum Inhouse Consultant oder externen Berater. Auch Fach- und Führungskräfte, die als Projektleiter im Unternehmen agieren, finden zahlreiche Anregungen und Handlungsempfehlungen für das Vorgehen in der Projektarbeit sowie Tipps und Tricks bei der Auswahl und Umsetzung unterschiedlicher Management-Tools. Der Autor fasst jüngere Entwicklungen und eigene Erfahrungen als Management-Consultant in kompakter und anschaulich illustrierter Weise zusammen.

Als Praxis-Leitfaden hilft der Band nicht nur Unternehmen der Automobilbranche, sich permanent weiterzuentwickeln, um den viel zitierten beständigen Wandel nicht nur als Herausforderung, sondern als unternehmerische Chance zu betrachten. Vor diesem Hintergrund wünsche ich dem Buch eine breite Leserschaft aus Praxis, Lehre und Wissenschaft.

Bernd Ruser

CEO Tower Automotive, a.s., Malacky (Slowakische Republik)

Malacky, im August 2009

Vorwort

Als die Idee zu diesem Buch vor gut zwei Jahren entstand, ahnte noch niemand, dass sich im Jahr 2009 die globale Wirtschaft in einer Krise befinden würde. Auch noch im Spätsommer 2008 wurde der deutsche Finanzminister *Steinbrück* mit den Worten zitiert, dass es sich um eine lokale Finanzkrise handelte, die den US-amerikanischen Immobilienmarkt beträfe. Auch Kanzlerin *Merkel* rechnete im Oktober 2008 damit, dass die Finanzkrise zu keiner anhaltenden Rezession führen würde.

Seit dieser Zeit sind zahlreiche Veröffentlichungen zu der Schwere und voraussichtlichen Dauer der globalen Wirtschafts- und Finanzkrise erschienen. Trotz oder vielleicht wegen der Vielzahl an Publikationen lässt sich aus heutiger Sicht noch nicht voraussagen, zu welchen nachhaltigen Auswirkungen sie führen wird. Unbestritten hingegen ist, dass Unternehmensberater von ihnen tangiert werden. Dies betrifft nicht nur das verfügbare Beratungsbudget auf der Kundenseite, sondern auch eine Akzentuierung bestimmter Beratungsfelder und -themen sowie ggf. eine Neuausrichtung der Ziel-Branchen, welche der Consultant anvisiert.

Vor diesem Hintergrund hat die Zielsetzung des Buchs, nämlich die effektive Beratung von Industrieunternehmen durch externe oder interne Consultants, noch an Bedeutung gewonnen. Dies betrifft beide Sichtweisen, auf der einen Seite den Berater, der mit den richtigen Instrumenten und Ansatzpunkten die Wettbewerbsfähigkeit seines Kunden erhöhen soll, und auf der anderen Seite das beratene Industrieunternehmen, dass im Zuge der Wirtschaftskrise gezwungen ist, schnell, aber zugleich nachhaltig auf die geänderten volks- und betriebswirtschaftlichen Rahmenbedingungen zu reagieren.

Das vorliegende Buch wendet sich somit an mehrere Zielgruppen, was zwar die inhaltliche Komplexität erhöht, zugleich aber den realen Gegebenheiten Rechnung trägt, indem nicht nur die studentische Sichtweise eines Lehrbuchs im Fokus steht.

Bachelor- und Master-Studierende: Im Sinne eines Lehrbuchs wendet sich das Werk an Studenten[1] der Betriebswirtschaftslehre und des Wirtschaftsingenieurwesens, die ein Profilfach oder die Vertiefung „Unternehmensberatung" oder „Industriebetriebslehre" gewählt haben.

Berufs- bzw. Quereinsteiger bei Unternehmensberatungen: Speziell große Beratungen werben damit, ihre Mitarbeiter nicht nur nach Studiengang, sondern auch nach Persönlichkeit auszuwählen. McKinsey etwa betont, dass 40 Prozent der Berater Naturwissenschaftler und

---

[1] Aus Gründen der Vereinfachung und besserer Lesbarkeit wird im Folgenden, wenn es sich nicht explizit um geschlechtsspezifische Aussagen handelt, grundsätzlich die männliche Form verwendet (Berater, Projektleiter, Auftraggeber, Kunde, Manntag etc.). Die Aussagen gelten jedoch für Frauen und für Männer.

Ingenieure seien. Hier soll das Buch dazu dienen, wesentliche betriebswirtschaftliche Instrumente vorzustellen und zu diskutieren. Die weiterführenden Fragen am Ende der Fallstudien in den Kapiteln 5, 6 und 7 dienen dem Selbststudium.

Inhouse Consultants und Mitarbeiter aus Organisationsabteilungen: Dem Trend zum Einsatz interner Berater soll an dieser Stelle ebenfalls Rechung getragen werden. Inhouse Consultants soll hier ein Hilfsmittel gegeben werden, wie die bisherige Arbeit professionalisiert werden kann. Auch soll das Buch internen Projektleitern im Einsatz und Steuern externer Berater helfen.

Dozenten: Dozenten für Management Consulting, so auch der Autor, stehen oft vor der Problematik, dass es zahlreiche Bücher zu Projektmanagement gibt. Sie behandeln das Thema zumeist entweder rein theoretisch oder zu fallstudienspezifisch, so dass eine Übertragbarkeit aus einer bearbeiteten Case Study schwierig bis unmöglich erscheint. Auch fehlt oft die besondere Sichtweise des Beraters. An dieser Stelle setzt das Buch an, indem es diese drei Aspekte in Einklang bringt.

Allen vier Zielgruppen sollen die Inhalte des Werks mit Hilfe von Praxisbeispielen, Fallstudien und Tipps und Tricks aus Beratersicht nähergebracht werden. Die Inhalte des Buchs basieren dabei im Wesentlichen auf den über zehnjährigen Beratungserfahrungen des Autors sowie auf Lehrveranstaltungen an verschiedenen staatlichen und privaten Hochschulen.

Wie auch bei der Entstehung des Consultant-Knigge[2] dankt der Autor seinen ehemaligen Kollegen, Interviewpartnern sowie Projektpartnern aus ganz unterschiedlichen Industrie- und Dienstleistungsunternehmen. Auch wenn aus Gründen der Vertraulichkeit Personen- und Firmennamen häufiger nicht genannt werden konnten, haben sie doch maßgeblich zu den Inhalten des Werks beigetragen.

An zweiter Stelle habe ich Herrn Dr. *Jürgen Schechler* als Leiter des Lektorats Wirtschafts- und Sozialwissenschaften im Oldenbourg-Wissenschaftsverlag zu danken. Der Dank gilt für Ideen, Anregungen und Feedback über die gesamte Phase der Buchentstehung und -realisierung hinweg.

Mein besonderer Dank gilt meiner lieben Frau *Uta Strelow-Hartel* M. A. Sie stand wie schon bei zahlreichen früheren Publikationen nicht nur als kritische Leserin und Redakteurin zur Verfügung, sondern verzichtete auf manches freie Wochenende. Ihr und unserem Sohn *Tim Torben* widme ich dieses Buch.

Der Autor hofft, dass der Leser viele Anregungen und Hilfestellungen findet, und würde sich freuen, hierüber Rückmeldungen zu erhalten. Er bittet außerdem um Verbesserungsvorschläge, Anregungen und weitere Beispiele aus der Praxis, gerne per E-Mail unter dirk.hartel@t-online.de.

Stuttgart, im August 2009   *Prof. Dr. Dirk H. Hartel*

---

[2]   Vgl. *Hartel, D.* (2008a).

Inhaltsverzeichnis

Abbildungsverzeichnis

Abkürzungsverzeichnis

AAS	Auftragsabwicklungssegmente
AAZ	Auftragsabwicklungszentrum
AktG	Aktiengesetz
ARIS	Architecture of Integrated Information Systems
ASEAN	Association of South East Asian Nations
BCG	Boston Consulting Group
BDA	Bundesvereinigung der Deutschen Arbeitgeberverbände
BDI	Bundesverband der Deutschen Industrie
BDU	Bundesverband Deutscher Unternehmensberater
BERI	Business Environment Risk Intelligence
bfai	Bundesagentur für Außenwirtschaft
BIP	Bruttoinlandsprodukt
BMW	Bayerische Motorenwerke
BR	Betriebsrat
BSC	Balanced Scorecard
CRM	Customer Relationship Management
DAX	Deutscher Aktienindex
DB	Deckungsbeitrag
DIHT	Deutscher Industrie- und Handelskammertag
DLZ	Durchlaufzeit(en)
ERP	Enterprise Resource Planning
EU	Europäische Union
F.A.Z.	Frankfurter Allgemeine Zeitung

FEACO   Fédération Européenne des Associations de Conseils en Organisation

FMEA   Fehlermöglichkeits- und -einflussanalyse

FuLA   Funktions- und Leistungsanalyse

GAU   Größter anzunehmender Unfall

HMD   Handbuch der maschinellen Datenverarbeitung

HR   Human Resources

JIS   Just-in-Sequence

JIT   Just-in-Time

IPO   International Procurement Offices

ISO   International Standard Organisation

Kfz   Kraftfahrzeug

KMU   Kleine und mittlere Unternehmen

KonTraG   Gesetz zur Kontrolle und Transparenz im Unternehmensbereich

KOVP   Kundenorientierter Vertriebs- und Produktionsprozess

KVP   Kontinuierlicher Verbesserungsprozess

LA   Leistungsabweichung

Lkw   Lastkraftwagen

LLP   Lead Logistics Provider

MA   Mitarbeiter

MIT   Massachusetts Institute of Technology

MJ   Mannjahre

NAFTA   North American Free Trade Association

p. a.   pro anno

PSA   Peugeot Citroën Société Anonyme

PwC   PricewaterhouseCoopers

OEM   Original Equipment Manufacturer

o. O.   ohne Ort

o. V.   ohne Verfasser

QM   Qualitätsmanagement

RFMR	Recency-Frequency-Monetary Ratio
RHB	Roh-, Hilfs- und Betriebsstoffe
RPZ	Risikoprioritätszahl
ROI	Return-on-Investment
SMED	Single Minute Exchange Dies
SOP	Start of Production
SWOT	Strengths, Weaknesses, Opportunities, Threats
TH	Technische Hochschule
TPM	Total Productive Maintenance
TPS	Toyota-Produktionssystem
UNICE	Union of Industrial and Employers' Confederation of Europe
USP	Unique Selling Proposition
VDA	Verband der Automobilhersteller
VDMA	Verband Deutscher Maschinen- und Anlagenbauer
VW	Volkswagen

1 Einleitung oder „Wie ist dieses Buch aufgebaut?"

Unternehmensberatungen stehen bei Hochschulabsolventen nach wie vor hoch im Kurs. So bestätigte erst die Studie „Universum German Professional Survey 2008"[3] vom November 2008, dass zwei der zehn beliebtesten Arbeitgeber für wirtschaftswissenschaftliche High Potentials[4] aus der Beratungsbranche kommen: McKinsey auf Platz 1 und The Boston Consulting Group (BCG) auf Platz 4.[5] Auch bei den Vorständen und Geschäftsführern der DAX-30-Unternehmen belegen McKinsey und BCG im Sommer 2009 die Plätze 1 und 2 bezüglich der Kundenzufriedenheit mit Topberatern.[6]

Obwohl die Beliebtheit von Beratungen als Arbeitgeber kein neues Phänomen darstellt, wissen nur wenige, wie sich der Consultant-Alltag gestaltet. Oft treffen in den ersten Tagen und Wochen des Beraterdaseins Fantasien und Vorurteile auf das reale, teilweise weniger glamouröse Tagesgeschäft eines Beraters. Da es sich, auch und gerade in der wirtschaftlich angespannten Situation, um eine extrem dynamische Branche handelt, bleibt für Newbies[7] wenig Zeit, um sich sorgfältig und in Ruhe in das neue Umfeld einzuarbeiten: Termindruck, hohe Kundenerwartungen und das Prinzip „Training on the Job" stellen höchste Anforderungen an die geistige Flexibilität und Auffassungsgabe des (neuen oder zukünftigen) Beraters.

Um Studierenden höheren Semesters sowie Berufsneu- und -quereinsteigern dabei zu helfen, einen fundierten Einblick in die Beratung von Industrieunternehmen[8] zu erlangen und damit die Lernkurve möglichst schnell zu durchlaufen, ist dieses Werk als Mix aus Lehrbuch und Praxisbuch entstanden. Es befasst sich mit dem typischen Ablauf von Beratungsprojekten in Industrieunternehmen, unbenommen davon, ob es von einem externen Berater oder einem Inhouse Consultant betreut wird. Zunächst wird im Anschluss an die Einleitung der moderne, aber teils schillernde Begriff des Consultants und des Consulting-Prozesses näher beleuchtet. Da das Buch branchenübergreifend Industriebetriebe in den Mittelpunkt seiner Betrachtung

---

[3] Befragung von knapp 15.000 Studierenden aus 86 Universitäten und Hochschulen in Deutschland.

[4] Als „High Potentials" werden im Rahmen dieser Studie „die besten 25 Prozent der Studierenden eines Jahrgangs" definiert.

[5] Vgl. Universum (2008).

[6] Vgl. *Student, D.* (2009), S. 26.

[7] „Newbies", Kurzform von „new boys", als Synonym für Beratungsneu- und -quereinsteiger.

[8] Bei Industrieunternehmen handelt es sich um die größte Klientenbranche deutscher Consultants.

stellt, soll in Kapitel 3 neben einer Kurzbeschreibung des Wirtschaftszweiges vor allem auf typische Trends und Herausforderungen eingegangen werden. Diese Beschreibung ist nicht nur zweckmäßig, um den Kunden und seine Probleme besser zu verstehen, sondern auch, um als Consultant dort die richtigen Themen zu platzieren.

„Wer immer tut, was er schon kann, bleibt immer das, was er schon ist."[9]

Getreu diesem Motto greift das nächste Kapitel das Themenfeld „Projektmanagement" auf. Hier wird nicht nur der typische Ablauf von Projekten von der Initiierung bis zum -abschluss behandelt; auch und ganz besonders werden praxiserprobte Analyse- und Konzeptinstrumente vorgestellt und kritisch diskutiert. Dabei liegt das Hauptaugenmerk auf der Anwendung aus Sicht eines Consultants.

Das Kapitel 5 befasst sich mit ausgewählten Beratungsprodukten an der Schnittstelle zwischen Lieferanten und dem industriellen Kunden. Im Anschluss an die Darstellung wesentlicher Trends werden grundlegende Ansatzpunkte dargestellt und kritisch diskutiert, die sich bei Vorreiterunternehmen bereits etabliert haben, aber dennoch in vielen Industriebranchen noch nicht zum Standard zählen. Abgerundet wird Kapitel 5 durch eine Fallstudie eines Automobilzulieferers, der mit Hilfe des Milkrun-Konzepts seine Beschaffungslogistik optimierte.

Die beiden folgenden Kapitel 6 und 7 sind vom Aufbau her identisch zu Kapitel 5, befassen sich jedoch mit ausgewählten Beratungsprodukten innerhalb von Industrieunternehmen (Kapitel 6) bzw. mit solchen an der Schnittstelle zum Kunden (Kapitel 7). Auch hier werden die Kapitel durch die ausführliche Darstellung jeweils einer Fallstudie abgerundet. Kapitel 5, 6 und 7 bilden somit eine vereinfachte Supply Chain eines Industrieunternehmens ab.

Das abschließende Kapitel 8 gibt in Form von fünf Thesen einen Ausblick auf zukünftige Herausforderungen für Consulting und Projektmanagement im industriellen Sektor. An dieser Stelle wird explizit Bezug auf die Auswirkungen der aktuellen Wirtschaftskrise genommen. Die nachfolgende Abbildung fasst den Aufbau des vorliegenden Buchs zusammen (vgl. Abbildung 1):

---

[9]   *Henry Ford*, Gründer des gleichnamigen amerikanischen Automobilherstellers.

```
┌──────────────────────────┐   ┌──────────────────────────┐
│  Consulting-Grundlagen   │   │ Industrieunternehmen als │
│                          │   │         Kunden           │
└──────────────────────────┘   └──────────────────────────┘
             │                              │
             ▼                              ▼
┌─────────────────────────────────────────────────────────┐
│     Projektmanagement im Industrieunternehmen           │
│                  -Projektplanung                        │
│                  - Analysephase                         │
│                  - Konzeptphase                         │
│         - Umsetzungs- und Controllingphase              │
│       - Projektkommunikation und -dokumentation         │
└─────────────────────────────────────────────────────────┘
     │                          │                    │
     │                          ▼                    │
     │    ┌──────────────────────────────────┐       │
     │    │  Beratung an der Schnittstelle   │       │
     │    │        zum Lieferanten           │       │
     │    │            -Trends               │       │
     │    │    - grundlegende Ansatzpunkte   │       │
     │    │ - Fallstudie Lieferantenintegration │    │
     │    └──────────────────────────────────┘       │
     │    ┌──────────────────────────────────┐       │
     │    │     Beratung innerhalb           │       │
     │    │     des Unternehmens             │       │
     │    │            -Trends               │       │
     │    │    - grundlegende Ansatzpunkte   │       │
     │    │  - Fallstudie Prozessoptimierung │       │
     │    └──────────────────────────────────┘       │
     │    ┌──────────────────────────────────┐       │
     │    │  Beratung an der Schnittstelle   │       │
     │    │         zum Kunden               │       │
     │    │            -Trends               │       │
     │    │    - grundlegende Ansatzpunkte   │       │
     │    │ - Fallstudie Vertriebsmanagement │       │
     │    └──────────────────────────────────┘       │
     ▼                                               ▼
┌─────────────────────────────────────────────────────────┐
│ Ausblick: Wirtschaftskrise und industrieorientierte Beratung │
└─────────────────────────────────────────────────────────┘
```

Abbildung 1: Aufbau des Buchs

2 Grundlagen des Consulting oder „Was bedeutet Consulting überhaupt?"

Im folgenden Kapitel werden die grundlegenden Rahmenbedingungen für Consulting dargestellt. Zunächst soll der – externe – Beratermarkt in Deutschland vorgestellt werden, der im Wesentlichen auf vier Säulen aufbaut: Strategie-, Prozess- und Organisations-, IT- sowie HR-Beratung. Im Jahr 2008 umfasste der Beratungsmarkt in Deutschland 18,2 Mrd. Euro (nach 16,4 Mrd. Euro im Vorjahr), was einer Steigerung um 10,7 Prozent entsprach.[10] Der größte Branchenanteil mit knapp 34 Prozent entfiel dabei auf Industrieunternehmen („Verarbeitendes Gewerbe") vor Finanzdienstleistern und öffentlicher Verwaltung.[11] Anschließend wird näher auf internes Consulting eingegangen, da in den letzten Jahren gerade größere Unternehmen Inhouse Consultants eingestellt haben. Unabhängig davon, ob externer oder interner Consultant: An Berater werden – trotz oder gerade wegen der fehlenden formalen Qualifikation – bestimmte Anforderungen gestellt, die Kapitel 2.3 beleuchtet.

Das Grundlagen-Kapitel schließt mit der Darstellung ab, nach welchen Kriterien Berater ausgewählt werden und wie typische Projekte im Consulting-Prozess ablaufen.[12]

2.1 Unternehmensberatung: Ein weites Feld ...

Unternehmensberater ist nicht gleich Unternehmensberater. Sowohl für den Beruf des Unternehmensberaters als auch für die Dienstleistung Unternehmensberatung – im Folgenden auch Consulting genannt – existieren keine allgemein gültigen Begriffsdefinitionen.

Aus drei Gründen: Erstens gibt es keine staatlichen oder berufsständischen Vorgaben in Bezug auf das Anforderungsprofil oder die Tätigkeiten und Inhalte einer Unternehmensberatung. Der Begriff ist in Deutschland, wie in den meisten anderen Ländern auch, nicht geschützt. Folglich kann jedermann seine Visitenkarte mit dem „Titel" Unternehmensberater

---

[10] Vgl. BDU (2009), S. 6.

[11] Vgl. BDU (2009), S. 9.

[12] Vgl. vertiefend: *Hartel, D.* (2008a).

schmücken. Der zweite Grund für eine fehlende allgemein gültige Definition ist darauf zurückzuführen, dass Unternehmensberatungsleistungen ein sehr breites Tätigkeitsspektrum abdecken. Sie reichen beispielsweise von der Unterstützung bei der Suche und Auswahl neuer Mitarbeiter bis hin zur strategischen Neuausrichtung eines Konzerns im Zuge einer Firmenübernahme – ein sehr weites Feld. Der dritte Grund liegt darin, dass Unternehmensberatung erst seit wenigen Jahren als wissenschaftliche (Teil-)Disziplin innerhalb der Betriebswirtschaftslehre anerkannt ist.

Unabhängig von diesen drei Problemfeldern muss sich dennoch die Frage beantworten lassen, was Consulting eigentlich genau ist. Eine praxisnahe Definition der Unternehmensberatung macht dabei sicher Sinn, sie zeichnet sich durch folgende spezifischen Merkmale aus:

- die Erbringung einer professionellen, persönlich erbrachten und hochwertigen Dienstleistung gegenüber einem privaten oder öffentlichen Betrieb;
- die betriebsindividuelle Anpassung der Dienstleistungsergebnisse;
- in Abhängigkeit des Kundenwunsches oder Beratungsmandats die Darstellung, Analyse und Bewertung von betrieblichen Problemfeldern sowie Ableitung und Empfehlung von Verbesserungsvorschlägen und Lösungskonzepten einschließlich – im Bedarfsfall – der Unterstützung bei der Implementierung im Betrieb;
- Unabhängigkeit bei der Beurteilung und Empfehlung von Lösungsansätzen;
- die zeitliche Befristung der Dienstleistung;
- die Durchführung durch eine Einzelperson oder ein Beraterteam;
- die Unterstützung des mittleren oder oberen Managements

Das weite Feld der Unternehmensberater wird in vielen Fällen in vier grundlegende Bereiche differenziert: Strategieberatung, Organisations- und Prozessberatung, IT-Beratung, Human-Resource-Beratung. Sie unterscheiden sich sowohl im Hinblick auf Zielsetzung und Inhalte als auch bezüglich der Objekte und sollen im Folgenden näher vorgestellt werden.

Strategieberatung: für das Top-Management

Das Beratungsfeld der Strategieberatung steht – bezogen auf seinen Anteil am Gesamtmarkt in Deutschland – zwar nur auf dem zweiten Platz, es ist aber in der breiten Bevölkerung sicher das bekannteste. Die Strategieberatung setzt stets an der obersten Führungsebene an und soll diese bei der strategischen Unternehmensführung unterstützen. Sie dient somit der langfristigen und grundlegenden Entwicklung, Dokumentation und Anpassung der Gesamtunternehmensstrategie oder ausgewählter Geschäftsbereichsstrategien.

Ein Beispiel: Zwei Finanzdienstleister fusionieren. Innerhalb des Merger Managements soll eine (gemeinsame) Unternehmensstrategie entwickelt werden. Eine Strategieberatung unterstützt diesen Prozess. Die Consulting-Gesellschaft entwickelt auf Grundlage der verabschiedeten neuen Unternehmensvision nicht nur ein Strategiepapier, sondern sie erarbeitet darüber hinaus auch Programme für die einzelnen Funktionsbereiche, die von diesem einschneidenden Ereignis tangiert werden. Dazu zählen zum Beispiel die neue Markenstrategie, die Konzepte für die Umsetzung der erforderlichen Personalanpassungsmaßnahmen oder die Erhöhung der Liquidität, gegebenenfalls in Form von Sale-and-lease-back.

Strategieberater beraten das Top-Management einschließlich der Kontrollorgane des Unternehmens bei grundlegenden Fragestellungen der Unternehmensführung. In diesem Bereich bewegen sich – nicht zuletzt wegen des hohen Anspruchs an die Beratungsleistung und die damit zusammenhängende Lukrativität der Dienstleistung – die großen Beratungshäuser wie McKinsey oder Boston Consulting Group im internationalen sowie Roland Berger Strategy Consultants oder Droege & Comp. eher im nationalen Geschäft. Dem hohen Anspruch an die Beratungsqualität und dem wesentlichen Gestaltungsspielraum auf Leitungsebene steht das entsprechende Risiko gegenüber, bedingt durch falsche oder unzureichende Beratungsempfehlungen dem Klienten nachhaltigen Schaden (bis hin zur Insolvenz) zuzufügen. Solche Fälle, man denke hier unter anderem an Enron und AEG, werden in der Öffentlichkeit teilweise für die beliebte Beraterschelte aufgegriffen, sie führen aber zu einem eher einseitigen Bild.

Dem Beratungsfeld „Strategieberatung" wird auch in Zukunft eine hohe Bedeutung zukommen. So führt etwa die zunehmende Dynamik von Märkten (Mergers & Acquisitions, Globalisierung von Beschaffungs- und Absatzmärkten, kürzere Produktlebenszyklen, neue Technologien etc.) dazu, dass strategische Rahmenbedingungen häufiger als früher überdacht werden müssen, um die langfristige Unternehmensexistenz sicherzustellen.

Organisations- und Prozessberatung: für das mittlere und untere Management

Das größte Beratungsfeld in Deutschland befasst sich mit Fragen der Aufbau- oder Ablauforganisation sowie Prozessen. Die so genannten Organisations- und Prozessberater setzen auf eine bestehende oder neu erarbeitete Strategie eines Unternehmens auf. Zielsetzung ist dabei die Gestaltung oder Neugestaltung der Strukturen oder Prozesse, ohne die Unternehmensleitlinien und die -vision in Frage zu stellen.

Generell steht im Vordergrund, die Prozesse effektiver (Doing the right things) und/oder effizienter (Doing things right) zu gestalten.

Am Beispiel des Auftragsabwicklungsprozesses eines Maschinenbauunternehmens kann dies verdeutlicht werden: Im ersten Beratungsschritt ist der Untersuchungsbereich abzugrenzen. Hierzu zählen etwa Fragen wie:

- „Für welchen Standort oder welches Produkt soll der Prozess analysiert werden?" oder
- „Wo beginnt der Auftragsabwicklungsprozess (Prozessbeginn)?" und
- „Wo endet der Prozess (Prozessende)?"

Ob der Produktionsstandort selbst oder ob das Produkt nicht besser outgesourct werden sollte, wird im Rahmen der Prozess- und Organisationsberatung nicht thematisiert.

Die wesentliche Herausforderung für den Prozess- und Organisationsberater liegt indes in der Suche und Verabschiedung von Lösungsansätzen, im vorliegenden Beispiel etwa durch die Vereinheitlichung der verwendeten Software über Standort- und Abteilungsgrenzen hinaus oder durch die räumliche Zusammenführung aller Beteiligten im Sinne eines Auftragsabwicklungszentrums, um unnötige Schnittstellen zu vermeiden.

Im Gegensatz zur Strategieberatung erfolgt der Kontakt zwischen Unternehmensberater und Kunde nicht auf der Ebene des Top-Managements, sondern in der Regel auf den Ebenen mittlere bis untere Führungskräfte. Somit kommt es in diesen Fällen besonders auf die soziale Kompetenz des Beraters an, sich dem Kunden anzupassen, um Lösungen nicht nur auf dem Papier oder der bunten Powerpoint-Folie zu erarbeiten, sondern auch die Mitarbeiter des Kunden von der Umsetzung der Ansätze zu überzeugen. Gerade in diesem Punkt unterscheiden sich erfolgreiche von weniger erfolgreichen Beratern oder Beratungen. Es verwundert daher kaum, dass fast alle Beratungen diese Umsetzungskompetenz für sich in Anspruch nehmen.

IT-Beratung: baut auf Prozessen und der Organisation auf

Für IT-Beratungen steht der Betrachtungsgegenstand „IT-System" im Vordergrund. Sie helfen Kunden entweder geeignete Informationstechnologien auszuwählen und einzuführen (zum Beispiel die Einführung von SAP-Modulen) oder bestehende Systeme weiterzuentwickeln und im Rahmen dessen gegebenenfalls auch Programmier- und Customizing-Leistungen zu erbringen. IT und Prozesse sind vielfach nicht voneinander zu trennen. Schließlich stellt die eigentliche Programmierleistung in den meisten IT-Projekten nicht selten nur rund zehn Prozent des Projektaufwands dar.

Human-Resource-Beratung: für Manager und Mitarbeiter

Unternehmensberatung erfordert in sämtlichen Projekten die Einbindung oder zumindest die Berücksichtigung des Faktors Personal. Bei der Human-Resource-Beratung stehen die Führungskraft oder der Mitarbeiter im Vordergrund der Beratungsleistung. Typische Beratungsinhalte sind Personalentwicklungsprogramme, zum Beispiel zur Verbesserung von fachlichen, methodischen oder sozialen Fähigkeiten oder der so genannte Outplacement-Support zur Unterstützung ehemaliger Mitarbeiter bei der Suche nach zukünftigen Berufsmöglichkeiten.

In den Statistiken des BDU (Wirtschafts- und Berufsverband der Managementberater und Personalberater in Deutschland) wird zwischen Human-Resource-Beratung (kurz HR-Beratung) und Personalberatung differenziert. Personalberater unterstützen ihre Klienten beispielsweise bei der Suche und Auswahl geeigneter Mitarbeiter, dem so genannten Head Hunting.

Die Marktanteile der vier genannten Beratungsfelder werden regelmäßig durch den jährlich erscheinenden BDU-Bericht „Facts & Figures" veröffentlicht. Dabei zeigt sich, dass die Verteilung im Zeitverlauf relativ stabil ist: Organisations- und Prozessberatung sowie Strategieberatung werden auch künftig stark den deutschen Beratungsmarkt prägen, während IT-Beratung und Human-Resource-Beratung folgen (vgl. Abbildung 2). Speziell in der IT-Beratung ist abzuwarten, ob und inwieweit Unternehmen in Zukunft in diesen Bereich investieren werden oder ob hier nach Grundinvestitionen eher eine gewisse Sättigung eintritt.

HR-Beratung _____

10,3

IT-Beratung ____ **21,6**   **44,4**

%

Strategieberatung ____   **23,7**

davon:
Strategische
Unternehmensplanung   **9,3 %**
Marketingberatung   **6,0 %**
Corporate Finance   **5,6 %**
sonstige
Strategieberatung   **2,8 %**

Organisations-/
Prozessberatung

davon:
Projektmanagement   **10,4 %**
Changemanagement   **9,5 %**
Produktion & Supply
Chain Management   **8,6 %**
Prozessmanagement   **8,6 %**
Controlling   **6,2 %**
Sonstige Organisations-
und Prozessberatung   **1,1 %**

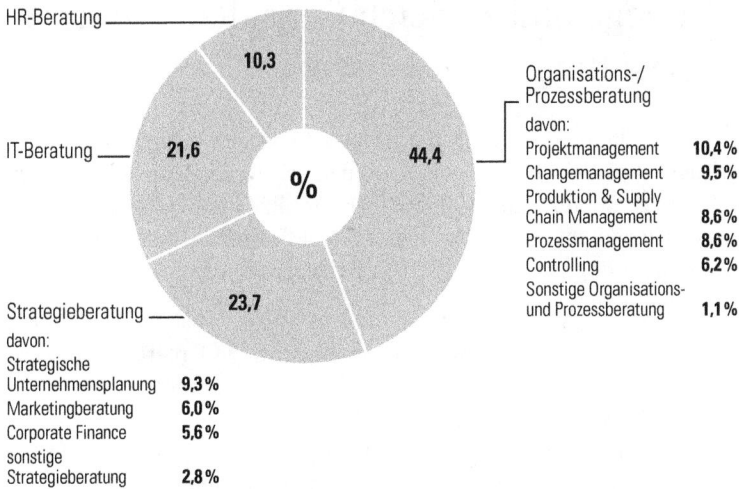

Abbildung 2: Marktanteile der Unternehmensberatungsfelder in Deutschland[13]

Die Trennung der vier Beratungsfelder darf nicht darüber hinwegtäuschen, dass die Grenzen häufig fließend verlaufen. In der Praxis führt dies zu zwei Tendenzen: Auf der einen Seite entschließen sich zahlreiche Beratungshäuser, die eine gewisse Größe überschritten haben, vermehrt zu einer Alles-aus-einer-Hand-Strategie, um den Kunden über den gesamten Beratungsprozess von der Strategiedefinition bis hin zur Maßnahmenumsetzung zu begleiten. Dabei besteht natürlich die Gefahr, dass die Beratung aus Kundensicht an Profil verliert. Auf der anderen Seite führen diese unterschiedlichen Beratungsfelder dazu, dass Unternehmen, speziell vor oder während Restrukturierungsphasen, simultan mehrere Consultancies beauftragen.

Schlimmstenfalls resultiert aus dieser Situation, dass die Berater sich gegenseitig „beauftragen" und der Kunde die Beurteilungs- und Koordinationskompetenz verliert. Nur wenige Kunden dürften mit dieser Beraterstrategie Erfolg haben. Somit ist aus Sicht des Kunden immer zu überlegen, ob und wann eine oder sogar mehrere Beratungen Aufträge erhalten sollten. Schließlich gibt es einen Trade-off zwischen „Erfahrungen mit dem Haus" (spricht eher für eine Hausberatung) und „Spezialisten-Know-how" (spricht eher für die Beauftragung unterschiedlicher Gesellschaften).

---

[13]   Enthalten in: BDU (2009), S. 8.

2.2   Kollege und zugleich Consultant? Internes Consulting

Seit Ende der 1980er Jahre hat sich in der Berater-Landschaft die Sonderform des Inhouse Consultants herausentwickelt. Da es im Gegensatz zu externen Consultants keinen einschlägigen Verband gibt, existieren kaum Zahlen über Umsätze oder Beschäftigte.[14] Interne Berater bzw. Inhouse Consultants sind fest angestellte Mitarbeiter eines Unternehmens, deren Haupttätigkeit die Beratung ist. Er berät seinen Arbeitgeber sowie verbundene Unternehmen, teilweise auch Lieferanten und Kunden.

Inzwischen verfügen sehr viele Großunternehmen über eigene Unternehmensberatungen, und zwar branchenübergreifend: von „A" wie „ABB Management Consulting" bis „V" wie „Volkswagen Consulting"[15,16]. Sie bieten durch den engen Kontakt zur Mutterfirma gute Karriereperspektiven für Hochschulabsolventen, Quereinsteiger aus derselben Branche sowie Mitarbeiter externer Unternehmensberatungen. In vielen Fällen wechseln sie nach zwei bis vier Jahren auf eine Spezialisten- oder Führungsfunktion innerhalb des Konzerns. Für die Implementierung eigener Consulting-Stäbe werden im Allgemeinen folgende Argumente genannt:

- effiziente Projektabwicklung durch vorhandenes Unternehmens- und Branchen-Know-how auf Beraterseite sowie cultural fit und dieselbe Sprache zwischen Berater und Kundenmitarbeiter;
- höhere Wahrscheinlichkeit der Konzept-Umsetzung, da Projektauftrag erst nach der Realisierung endet;
- Vermeidung des Abflusses von Kunden-Interna, z. B. an Wettbewerber, die ein ähnliches Projekt planen;
- Entwicklung eigenen Führungsnachwuchses;
- (ab einer gewissen Unternehmensgröße) kostengünstiger als externe Berater.

In der Literatur werden primär Vorteile interner Consultants hervorgehoben, dennoch gibt es auch potenzielle Nachteile gegenüber extern beauftragten Kollegen:

- Gefahr von Befangenheit und fehlender Objektivität;
- Betriebsblindheit und fehlende Ideen von außen;
- erschwerter oder kein Zugang zu externen Benchmarks;
- „Weg des geringsten Widerstands" durch Konfliktscheue und fehlenden Leistungsdruck;
- u. U. weniger Gehör beim Top Management.

---

[14]   Im Herbst 2008 wurde etwa die deutsche Initiative „dichter dran" der Inhouse-Consulting-Einheiten von sieben Unternehmen gegründet, die über eine eigene Homepage verfügt: www.inhouse-consulting.org.

[15]   Vgl. ausführlich einschließlich Praxisbeiträgen von Inhouse Consultants: *Niedereichholz, C.* (2000).

[16]   So ergab eine aktuelle Studie, dass 21 der DAX-30-Unternehmen über eine Inhouse-Consulting-Einheit verfügen (vgl. Bayer Business Services (2009)).

Vor dem Hintergrund des Abwägens von Vor- und Nachteilen setzen auch große DAX-Unternehmen wie BASF und Deutsche Post auf eine Doppelstrategie aus internen und externen Consultancies. Ein Grund liegt darin, dass auch die eigenen Consultants im Wettbewerb zu Externen stehen sollen, ein anderer, dass manche Projekte externe Expertise voraussetzen. In der Praxis bilden daher interne Berater eher eine Alternative zu Prozess- und Organisationsberatern, weniger zu Strategie-Beratern: „Inhouse-Concultancies, die sich im Topmanagement-Bereich nachhaltig platziert haben, sind uns nicht bekannt", erklärt ein Partner von Roland Berger.[17]

Die Grundidee einer Einheit „Inhouse Consulting" lässt sich bei manchen Unternehmen auf ursprüngliche Stabsstellen der Geschäftsführung oder eine Abteilung „Organisation" zurückführen, in denen Fachwissen und Methodenkompetenz gebündelt wurden. Das Konzept, internes Know-how möglichst nah am Top Management anzusiedeln, ist damit nicht neu. Um diese Organisationseinheiten intern zu professionalisieren, stellen Mutterkonzerne sie nicht nur in den Wettbewerb zu großen Unternehmensberatungen, sondern wandeln sie häufig von Cost Centers in Profit Centers[18] um. Damit werden die Voraussetzungen geschaffen, das Know-how auch extern zu vermarkten, bei manchen Beratungen nur im direkten Umfeld (direkte Lieferanten, direkte Kunden der Muttergesellschaft), bei anderen auch branchenfremd. Bei der Porsche Consulting GmbH liegt der externe Umsatz bei 75 Prozent, bei Lufthansa Consulting gar bei 80 Prozent. Die Porsche-Tochter dient auch als Beispiel für ein branchenfremdes Projekt zusammen mit McKinsey und dem Freiburger Universitätsklinikum.[19] Ein weiteres Beispiel ist der Entwicklungspfad von Siemens Management Consulting (vgl. Abbildung 3):

---

[17] Vgl. *Rasch, B.* (2002).

[18] Teilweise agieren solche internen Beratungseinheiten nicht nur wirtschaftlich, sondern sogar rechtlich selbstständig, z. B. VW Coaching GmbH.

[19] Vgl. *Reich, H.* (2005).

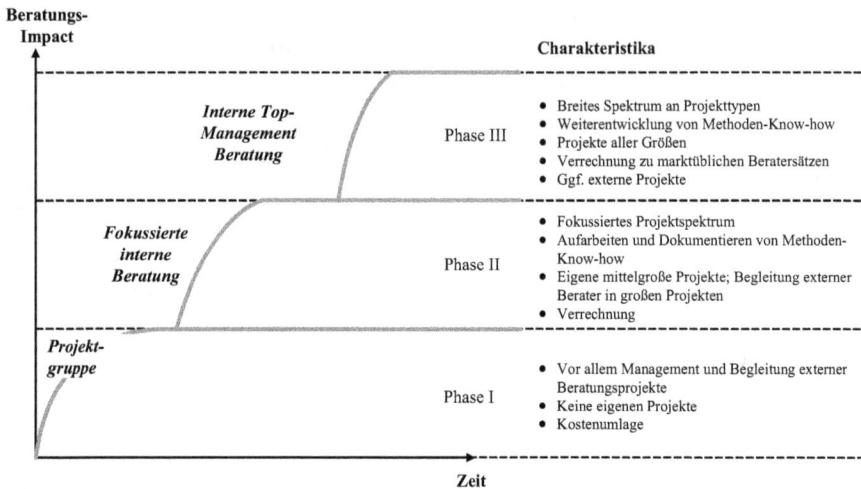

Abbildung 3: Entwicklung einer internen Beratung[20]

2.3   Anforderungen an Consultants: „Der Alleskönner"?

An Berater werden – Karrierestufen übergreifend – hohe Anforderungen gestellt. Für viele, gerade Hochschulabsolventen, gilt er als idealer Beruf, schließlich winken doch hohe Gehälter, Firmenwagen, abwechslungsreiche Tätigkeiten und ein schneller beruflicher Aufstieg. Diesen – in der Tat häufig anzutreffenden Vorteilen – des Beraterdaseins stehen indes entsprechende Anforderungen gegenüber: „Unsere Beraterinnen und Berater müssen strategische Ideen finden, die genug Kraft besitzen, um im Markt nachhaltig etwas zu bewirken. Das schaffen nur außergewöhnliche Mitarbeiter. Die suchen wir." Dieser Appell steht etwa in der Rubrik „Karriere" auf der Homepage der Strategieberatung Boston Consulting Group. Die Anforderungen sollen nicht nur aus Sicht potenzieller Arbeitgeber, sondern auch aus weiteren Perspektiven dargestellt werden:

1. Anforderungen aus Arbeitgebersicht

2. Anforderungen aus Kollegensicht

3. Anforderungen aus Kundensicht

---

[20] Enthalten in: *Zimmermann, T./Menne, R.* (2006), o. S.

Arbeitgebersicht

Bei den Anforderungen aus Arbeitgebersicht wird zwischen „Grundqualifikationen" und „Zusatzqualifikationen" differenziert. Sie beziehen sich nicht nur auf formale Fachkompetenzen, sondern umfassen auch Sozial- und Methodenkompetenzen, da gerade diese Kompetenzarten für den engen Kontakt mit unterschiedlichsten Kundengruppen unerlässlich sind. Zu den Grundqualifikationen zählen beratungsfeld- und beratungsgrößenübergreifend etwa:

- überdurchschnittlicher Hochschulabschluss (Bachelor, Diplom, Master)
- Fach-Know-how
- einschlägige Praktika, z. B. in einer Industrie
- Methodenkompetenz
- Teamfähigkeit
- schnelle Auffassungsgabe
- Leistungswille/ Kundenorientierung
- Mobilität/ Flexibilität
- verhandlungssicheres Englisch
- Auslandserfahrungen
- MS-Office

Je nachdem, ob es sich um einen Berufseinsteiger oder Quereinsteiger handelt, verschieben sich die Prioritäten: Während für Hochschulabsolventen das Fachwissen, z. B. in Form eines wirtschaftswissenschaftlichen Studiums, hilfreich, aber keine Grundvoraussetzung ist, und auch Natur- und Geisteswissenschaftler bei Strategieberatungen einsteigen können, gilt dies für Quereinsteiger aus Industrie und Handel nicht, da hier gerade das Fach- und Branchenwissen für den potenziellen Arbeitgeber relevant ist.

Die Anzahl an Zusatzqualifikationen erscheint dabei eher überschaubar. Um sich gegenüber anderen Bewerbern zu differenzieren, gibt es eine Reihe von „Kann"-Kriterien, die bei der Bewerberauswahl hilfreich sind:

- MBA oder Promotion
- 2. Fremdsprache
- abgeschlossenes Praktikum bei dem potenziellen Arbeitgeber
- Mitarbeit in einer studentischen Unternehmensberatung
- außeruniversitäres Engagement, z. B. in Vereinen

Generell lässt sich festhalten, dass die Anforderungen mit jeder Karrierestufe innerhalb des Beratungshauses steigen. Sowohl die Anzahl der Karrierestufen als auch die einzelnen Bezeichnungen weichen von Beratung zu Beratung teilweise voneinander ab, wobei auch interne Beratungen wie VW Consulting oder Deutsche Bank Inhouse Consulting sich an diesen Nomenklaturen orientieren (vgl. Abbildung 4):

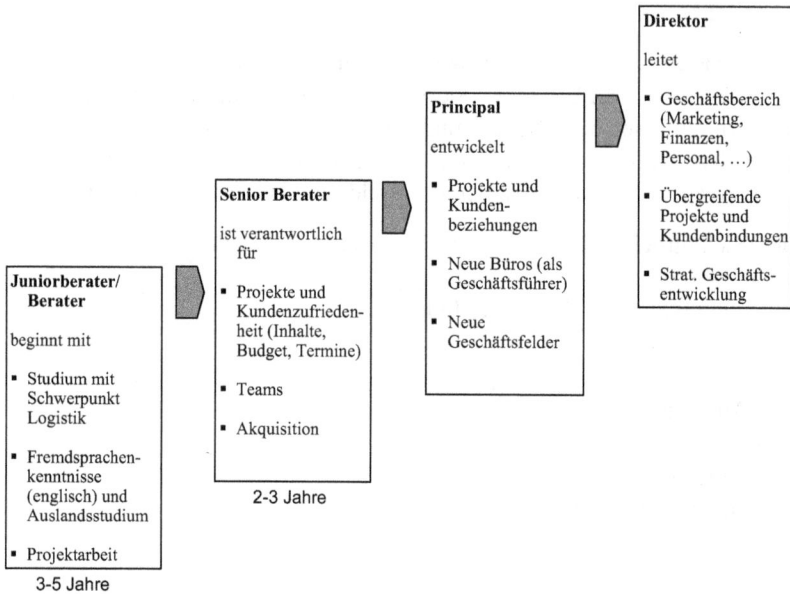

Abbildung 4: Karrierestufen am Beispiel von Miebach Consulting[21]

Kollegensicht

Die Anforderungen aus Kollegensicht sind größtenteils identisch mit den Anforderungen des Arbeitgebers. Zusätzliche Anforderungen ergeben sich insbesondere aus dem engen Zusammenspiel in der Projektarbeit:

- gute Arbeitsorganisation / Selbstmanagement
- Kreativität und neue Ideen für das Projekt
- Team- bzw. Führungsfähigkeit
- Wissensweitergabe
- Kritikfähigkeit

Die aufgeführten Punkte lassen sich nur eingeschränkt im Rahmen von Vorstellungsgesprächen ex ante ermitteln, am ehesten noch durch Fallstudien oder Assessment Centers als Instrumente der Personalauswahl, in denen der Bewerber eine Praxissituation exemplarisch absolviert.

Kundensicht

Inzwischen haben – zumindest in Westeuropa und Nordamerika – sämtliche Großunternehmen und viele mittelständische Betriebe Erfahrungen mit Unternehmensberatungen gesam-

---

[21] Enthalten in: o. V. (2008b).

melt, sei es etwa in Form gemeinsamer Projekte, von Beraterseite initiierte Akquisitionsge-
spräche oder durch Mitarbeiter, die vormals als Berater tätig waren. Vor diesem Hintergrund
ist eine gewisse „Beratererfahrenheit" vorhanden, die zu steigenden Anforderungen auf Kundenseite führen. Vorbei sind die „Goldgräber-Zeiten" in den 1990er Jahren, in denen frische
Hochschulabsolventen für hohe, nach angefallenem Aufwand abgerechnete Tagessätze,
Prozessanalysen durchführten und allein mit Methodenwissen glänzten. Durch die Professionalisierung des Einkaufs der Dienstleistung „Consulting", Erfahrungen im Umgang mit Beratern, aber auch mit dem internen Vorhandensein von Methodenkompetenzen, werden Consultants heute wesentlich kritischer ausgewählt. Zum Standard gehört etwa, sich vor Vergabe
des Beratungsmandats das komplette, geplante Beraterteam vorstellen zu lassen, um direkten
Einfluss auf die Projektorganisation des Beratungshauses zu nehmen.
Der Umfang der Kundenanforderungen unterliegt sowohl der jeweils vorliegenden Projekt-
aufgabenstellung (z. B. einfaches oder komplexes Projekt, ein oder mehrere Standorte betroffen) als auch der gewünschten Beraterrollen: Ist der Berater nun „Krisenmanager", „Pro-
zessmanager" oder lediglich „neutraler Moderator"? Unabhängig von Beraterfunktion, Pro-
jektinhalten, Branchen und gewünschter Hierarchieebene lassen sich dennoch einige typische
Anforderungen aus Kundensicht zusammenfassen:

- Erfüllung der fachlichen, sozialen und methodischen Anforderungen (im Einklang mit
  der Arbeitgebersicht zu sehen)
- Kreativität und Ergebnisorientierung (schnelle, aber zugleich nachhaltige Ergebnisse)
- auf das Unternehmensproblem maßgeschneiderte Problemlösung
- Know-how-Transfer vom Berater zum Mitarbeiter auf Kundenseite (im Sinne einer Hilfe
  zur Selbsthilfe)
- Entlastung des internen Projektteams und Beschleunigung des Projektverlaufs
- Integrationsfähigkeit in Projektteams
- Motivation und Controlling der Kunden-Mitarbeiter

Allein anhand dieser Aufzählung wird deutlich, dass rein fachliche Kompetenzen für Consultants nicht ausreichen, obwohl zunehmend Spezialisten anstelle von Generalisten auf Klien-
tenseite gesucht werden.

2.4   Consulting-Prozess: „Jedem Anfang wohnt ein Zauber inne"[22]

Der Consulting-Prozess untergliedert sich in sechs Teilschritte:[23]

1. Bedarfskonkretisierung und ggf. Vorstudie
2. Beraterauswahl
3. Ist-Analyse
4. Soll-Konzept
5. Umsetzung und Umsetzungscontrolling
6. Projektübergabe als -abschluss

An erster Stelle steht die kritische Erkenntnis, dass das gesamte Unternehmen (z. B. Ertrags-situation) oder ein bestimmter Teilbereich (z. B. Qualitätsdefizite) des Unternehmens vor einem zu lösenden Problem steht: „Ohne Problem kein Projekt." Diese betriebswirtschaftli-che Selbstverständlichkeit ist in der Praxis oft jedoch keine, da eine Führungskraft sich und ggf. Dritten gegenüber eingestehen muss, dass sie vor einer Herausforderung steht, die nicht über das Tagesgeschäft gelöst werden kann. Zur ersten Phase gehört über diese Problemer-kennung hinaus die Bedarfsermittlung bzgl. der Beratungsleistung. Im Rahmen der Bedarfs-ermittlung muss das Unternehmen grob klären, worin die Ursachen für das Problem bestehen und welche grundsätzlichen Lösungsansätze in Frage kommen. Aus diesen beiden Kompo-nenten ergeben sich die erforderlichen Ressourcen und Kompetenzen zur Problemlösung. Stellt das Management nun fest, dass Ressourcen und/oder Kompetenzen intern nicht ver-fügbar sind, ergibt sich dadurch der Beraterbedarf.

Die Bedarfskonkretisierung kann teilweise in Form einer Vorstudie erfolgen. In ihr soll sich der Bearbeiter (aus dem Kundenunternehmen) kritisch mit der Problemstellung auseinander-setzen und eine grobe Problem- und Ist-Analyse durchführen. Sie soll u. a. klären:

- ob das Problem nachhaltig besteht und relevant ist,
- ob es grundsätzlich lösbar erscheint,
- welche grundsätzlichen Lösungsalternativen in Frage kommen,
- welche Ziele dadurch erreichbar sind,
- welche Rahmenbedingungen (personell, finanziell, technisch) zu schaffen sind und
- mit welchem Zeitrahmen zu rechnen ist.

Die Vorstudie schließt mit einer Empfehlung an den Projekt-Entscheiderkreis ab, ob das Problem im Rahmen des Consulting-Prozesses weiterzuverfolgen ist oder nicht. Im positiven Fall umfasst die Vorstudie auch einen Projektantrag.

---

[22]   *Hermann Hesse*, deutsch-schweizerischer Dichter und Schriftsteller.

[23]   Eine ausführliche Darstellung der Projektphasen erfolgt im Kapitel 4.

Der nächste Schritt im Consulting-Prozess umfasst die Beratersuche, die wiederum in Beratersuche, -kontaktaufnahme und -auswahl untergliedert wird. Analog der Suche nach Lieferanten aus dem Produkt- oder klassischen Dienstleistungsgeschäft wird im ersten Schritt auf Basis erster Recherchen eine „long list" erstellt. Sie enthält sämtliche in Frage kommenden Beratungsgesellschaften, i. d. R. maximal 20 Unternehmen.

An die Beratungen der long list wird anschließend ein RFI („Request for Information") gesendet, in dem nähere Informationen zum Unternehmen, seinen Mitarbeitern und Projekten angefordert werden. Um effizient zu arbeiten, wird anschließend die long list in eine short list überführt. „Effizient" bedeutet hier, dass vom Kunden definierte „k.o."-Kriterien erfüllt werden müssen, etwa: Spezialisierung auf das Projektthemengebiet, Mitarbeiterprofile, Branchenerfahrungen oder Standort in räumlicher Nähe. Im Gegensatz zur long list enthält die short list dann nur noch zwei bis vier potenzielle Berater.

Die Beraterauswahl umfasst schließlich die Auswertung eingehender Angebote sowie i. d. R. das Durchführen so genannter „Beauty Contest", bei denen die Consultants eine Angebotspräsentation durchführen und für Fragen und Antworten persönlich zur Verfügung stehen.

Die dritte Phase beinhaltet die eigentliche Ist-Analyse: Ohne fundiertes Datenmaterial werden Entscheidungen aus dem Bauch heraus getroffen. Je umfassender und exakter „ZDF" (Zahlen, Daten, Fakten) ausfallen, desto fundierter und kürzer ist anschließend der Schritt zur Problemlösung. In der Praxis stehen sich oft zwei divergierende Tendenzen in der Projektarbeit mit Externen gegenüber: Auf der einen Seite der Kunde, der sich vielfach gar nicht intensiv mit der Ist-Situation auseinandersetzen möchte und lieber – oft etwas hemdsärmelig – möglichst mit der nächsten Phase („Soll-Konzept") starten möchte. Für dieses Verhalten gibt es i. d. R. zwei Ursachen: Der Kunde möchte keine Zeit bis zur Problemlösung verlieren, weil das Projekt vielleicht bereits verzögert startete („Wir wollen keine Zeit mit unnützer Vergangenheitsbewältigung verlieren."). Ein weiterer Grund ist oft der, dass eine fundierte Ist-Analyse Defizite aufdeckt, die u. U. mit bestimmten Personen verbunden sind („Der Kunde möchte nicht mit der Nase darauf gestoßen werden, dass bisher vieles nicht rund lief.").

Auf der anderen Seite steht nicht selten der Berater, der sich intensiv mit der Ist-Analyse auseinandersetzen möchte, sei es, weil ihm entsprechende Vorkenntnisse aus dem Unternehmen oder der Branche fehlen, sei es, weil er die Erfahrung gemacht hat, dass es von einer detaillierten Problemanalyse meist nur noch ein kleiner Schritt bis zur Problemlösung ist. In einigen Fällen mag es auch so sein, dass der Consultant zwar stark im Analysieren, aber nicht im Erarbeiten kreativer Ideen ist, die gerade in der nächsten Phase („Soll-Konzept") entscheidend sind.

Im Rahmen des Soll-Konzepts geht es um das Suchen geeigneter Lösungsansätze sowie das anschließende Bewerten und Selektieren des besten Wegs. „Des besten Wegs" heißt hier zu klären, inwieweit die präferierte und gemeinsam im Projektteam abgestimmte und vom Steuerkreis freigegebene Lösung dazu beiträgt, das fixierte Projektziel auch wirklich zu erreichen. Das Soll-Konzept endet indes nicht mit der Lösungsformulierung, sondern erfordert auch eine detaillierte Umsetzungsplanung: Wie sehen die Schritte zur Umsetzung aus? Wie lassen sich die Schritte in konkrete Einzelmaßnahmen überführen? Wer übernimmt für welche Maßnahme die Verantwortung? Welcher Zeitplan ist zu hinterlegen?

Nach der Umsetzungsplanung erfolgen anschließend die Umsetzung sowie das Umsetzungs-controlling. In Strategie-, Prozess- und Organisationsprojekten erfolgt die Umsetzung – im Gegensatz zu Projekten unter Beteiligung von IT-Beratern oder Inhouse Consultants – aus Wirtschaftlichkeitsgründen primär mit eigenen Mitteln. Vielfach wird der Berater dann nur für ein regelmäßig stattfindendes Ergebnis- und Maßnahmencontrolling beauftragt, um den Druck von außen aufrechtzuerhalten.

Unter der Voraussetzung, dass der Berater auch für die Umsetzung[24] beauftragt wurde, bildet die Projektübergabe den Projektabschluss. Das Projekt wird damit offiziell, in vielen Fällen im Rahmen einer Projektabschluss-Veranstaltung offiziell beendet und im Falle von Prozess-, Organisations- und IT-Projekten an die zukünftigen Process Owners übergeben. Die Übergabe beinhaltet einen schriftlichen Abschlussbericht, der Projektorganisation, Projekt-zielsetzung, Projektvorgehensweise, wesentliche Meilensteine und Inhalte sowie den Zieler-reichungsgrad umfasst.

Die Zusammenarbeit mit dem Beraterteam sollte, sei es am Ende des Soll-Konzepts oder der Umsetzung, einem kritischen Review unterzogen werden, und zwar sowohl kundenintern als auch im offenen Feedback an den Berater. Er dient beiden Seiten dazu, Ansatzpunkte für Verbesserungen zu finden, aber auch positive Aspekte zu unterstreichen.

---

[24]   Im Sinne des Slogans von *Droege & Comp.*: „Beratung ist Umsetzung nach allen Regeln der Kunst."

3 Industrieunternehmen als Kunden der Beratungsbranche

Als Untersuchungsobjekt stehen Industrieunternehmen im Mittelpunkt dieses Buches. In diesem Kapitel wird daher auf sie als umsatzbezogen wichtigste Kundenklientel für Unternehmensberatungen in Deutschland Bezug genommen. Im Anschluss an eine kurze Beschreibung der Marktdaten in Deutschland und Europa werden im Abschnitt 3.3 wesentliche Herausforderungen in Industrieunternehmen erläutert. Wesentlich dabei ist jeweils die Beantwortung der Frage, welche Auswirkungen der Trend auf das betroffene Industrieunternehmen hat und im nächsten Schritt, welcher mögliche Beratungsbedarf daraus entstehen kann, auf den sich eine marktorientierte Beratungsgesellschaft ausrichten sollte. Am Ende von Kapitel 3 werden Besonderheiten des Consulting in Industrieunternehmen im Überblick dargestellt.

3.1 Industrie in Deutschland: Industrie = Wirtschaft?

Im Zuge der Industrialisierung Westeuropas fand im 19. Jahrhundert ein Wandel von der agrargeprägten hin zur industriegeprägten Wirtschaft statt. Obwohl seit den 1970er Jahren in Westdeutschland davon gesprochen wird, dass ein Wandel hin zur Dienstleistungs- und Wissensgesellschaft, also in Richtung des dritten Wirtschaftssektors, stattfindet (auch als „sektoraler Strukturwandel" oder „Tertiarisierung"[25] bezeichnet), werden in der breiten Bevölkerung die Begriffe „Industrie" und „Wirtschaft", gedanklich und sprachlich, oft gleichgesetzt.

Die Tatsache, dass in Deutschland seit 1991 vier Millionen Arbeitsplätze in der Industrie verloren gingen, während fünf Millionen neue im Dienstleistungssektor geschaffen wurden, scheinen folgende Aussage zu bestätigen: „Wir befinden uns im Übergang von der Industriegesellschaft hin zur Wissens- und Informationsgesellschaft des 21. Jahrhunderts.", so Staatsminister *Bury* im Jahr 2002.[26] Heißt das im Endeffekt, dass Industrieunternehmen in der

---

[25] 1960 wurde 53 Prozent der Bruttowertschöpfung in Deutschland durch Industrie, aber nur 41 Prozent durch den Dienstleistungssektor erbracht. Heute hat sich das Verhältnis mehr als gedreht, indem ungefähr 70 Prozent auf Dienstleistung und nur 26 Prozent auf verarbeitendes Gewerbe entfällt.

[26] Die Ambivalenz zwischen Industrie und Dienstleistung wird auch, diesmal jedoch mit umgekehrten Vorzeichen, an einer Aussage des ehemaligen Bundeskanzlers *Schröder* deutlich: „Keine Industriegesellschaft kann es sich leisten, dazu überzugehen, sich nur noch gegenseitig die Haare zu schneiden."

westlichen Welt eine aussterbende Spezies darstellen und in Zukunft nur Dienstleister sich dauerhaft etablieren können? Diese Frage kann eindeutig verneint werden, da es in weit entwickelten Volkswirtschaften nicht um „Industrie oder Dienstleistung", sondern um „Industrie und Dienstleistung" geht, da viele Dienstleistungen für (z. B. Facility Management) oder sogar durch Industrieunternehmen[27] (z. B. produktbegleitende Dienstleistungen) erbracht werden. Der scheinbare Konflikt löst sich dadurch auf.

Bevor auf statistische Daten eingegangen wird, soll an dieser Stelle der Begriff „Industrie" erläutert werden. Der Begriff kommt vom Lateinischen „industria" und steht für Fleiß und Betriebsamkeit. Industrie bezeichnet die gewerbliche Gewinnung, Bearbeitung und Verarbeitung von Einsatzgütern zu (materiellen) Sachgütern. Auch heute noch gilt die Definition aus dem Jahr 1876, nach der Industrie „die Gesamtheit derjenigen Arbeiten [ist], welche die Erhöhung des Werths der von der Natur dargebotenen Rohstoffe ... mittels technischer Verrichtungen zum Zwecke haben; im engeren Sinne aber versteht man darunter insbesondere den fabrikmäßigen Gewerbebetrieb und nennt demgemäss einen Fabrikanten auch einen Industriellen."[28]

Industriebetriebe als Einheiten der Industrie lassen sich vielfältig unterscheiden, etwa nach der Unternehmensgröße in KMU und Großbetriebe oder nach der Rechtsform. In der öffentlichen Statistik und im Verbandswesen wird indes nach Branchen (oder Wirtschaftszweigen) differenziert, sie reichen beim Industrieverband BDI von „A" wie „Automobil" bis „Z" wie „Zucker". Hieran wird deutlich, dass es *das* Industrieunternehmen nicht gibt.

Die Bedeutung von Industrie und produzierendem Gewerbe soll anhand einiger statistischer Daten für Deutschland verdeutlicht werden. Vergleicht man die Erwerbstätigenzahlen im produzierenden Gewerbe[29] ohne Baugewerbe, so arbeitete 2008 – trotz rückläufiger Zahlen – jeder Fünfte in diesem Wirtschaftsbereich[30]. Dies entspricht circa acht Millionen Personen.

Fokussiert man im nächsten Schritt auf den Industriesektor (also produzierendes Gewerbe abzüglich Handwerk) und betrachtet die Beschäftigtenzahlen, reduziert sich diese auf knapp 5,4 Millionen[31] Beschäftigte[32], wobei deren Industriebetriebe 2008 einen Umsatz von 1624 Milliarden Euro erwirtschaften, von dem 45 Prozent auf das Ausland entfiel.[33] Splittet man die Umsätze im verarbeitenden Gewerbe in die wichtigsten Wirtschaftszweigen auf, ergibt sich folgende Verteilung[34]:

---

[27]   „Unternehmen" und „Betrieb" wird im Folgenden synonym verwendet.

[28]   Meyers Konversations-Lexikon (1876), S. 271.

[29]   In der amtlichen Statistik gilt: Produzierendes Gewerbe = Industrie + produzierendes Handwerk

[30]   Vgl. Institut der deutschen Wirtschaft (2009), S. 12.

[31]   In Betrieben mit mindestens 50 Beschäftigten.

[32]   Vgl. Institut der deutschen Wirtschaft (2009), S. 35.

[33]   Vgl. Institut der deutschen Wirtschaft (2009), S. 30.

[34]   Vgl. Institut der deutschen Wirtschaft (2009), S. 35.

- Ernährung: 8,6 Prozent
- Textil und Bekleidung: 1,2 Prozent
- Holzgewerbe: 0,9 Prozent
- Papier, Verlage, Druck: 4,5 Prozent
- Chemie: 10,5 Prozent
- Gummi und Kunststoff: 3,8 Prozent
- Glas, Keramik, Steine/Erden: 1,7 Prozent
- Metall: 12,2 Prozent
- Maschinenbau: 13,6 Prozent
- Elektrotechnik/DV-Geräte: 11,3 Prozent
- Fahrzeugbau: 22,9 Prozent

Anhand dieser Übersicht wird deutlich, dass der Fahrzeugbau inkl. Zulieferindustrie mit 23 Prozent den größten Stellenwert in Deutschland innehat: Somit bleibt auch in so genannten postindustriellen Gesellschaften das verarbeitende Gewerbe für Beschäftigung und Export wesentlich – auch unter Berücksichtigung der Auswirkungen auf die unternehmensbezogenen Dienstleistungsunternehmen, etwa Ingenieurdienstleister der Automobilindustrie.

Der deutsche Industriesektor kann einerseits über Daten des statistischen Bundesamtes beschrieben werden, andererseits aber auch über die Verbände, die ihn in Deutschland vertreten. Im drittgrößten Industrieland nach den USA und Japan vertreten gleich drei Spitzenverbände die Interessen der Industrieunternehmen gegenüber Politik und interessierter Öffentlichkeit. Es handelt sich um den Deutschen Industrie- und Handelskammertag (DIHT) als Spitzenverband der regionalen Industrie- und Handelskammern, die Bundesvereinigung der Deutschen Arbeitgeberverbände (BDA) als Dachorganisation der sozialpolitischen Verbände sowie um den Bundesverband der Deutschen Industrie (BDI) als Spitzenverband der Industriebetriebe mit 38 Mitgliedsverbänden und über 100.000 vertretenen Betrieben.

Trotz unterschiedlicher Schwerpunkte hat kein Verband eine Alleinvertretungsbefugnis. Vielmehr kommt es häufiger vor, speziell bei wirtschafts- und konjunkturpolitischen Fragestellungen, dass sich mehrere Verbände mit ein und demselben Gesetzesvorhaben der Bundesregierung kritisch auseinandersetzen. Als Verbandsverbände vertreten DIHT, BDA und BDI ihre in den einzelnen Wirtschaftsverbänden organisierten Industrieunternehmen nicht nur national, sondern auch auf internationaler Ebene.

Die Industrieunternehmen agieren auf sehr unterschiedlichen Märkten, sowohl regional als auch wirtschaftszweigbezogen. Vor diesem Hintergrund ist es schwer, generelle Aussagen zu Entwicklungs- und Geschäftsperspektiven zu treffen: „Es ist unklar, wie der Industriestandort Deutschland die sich aktuell abzeichnende konjunkturelle Schwächephase überwinden wird"[35]. Mit Blick auf die mittelfristige Zukunft im Zeitraum von zwei bis drei Jahren können folgende konjunkturellen Aussagen getroffen werden:

Im Gegensatz zu den Jahre 2005 bis 2007 entwickelt sich seit 2008 das Geschäftsklima negativ in Deutschland: „Noch vor wenigen Wochen [im Spätsommer 2008] hat *Peer Steinbrück*

---

[35] Deutscher Industrie- und Handelskammertag (2009), S. 4.

verboten, von Rezession zu reden. Umsonst. Jetzt scheint klar, dass die deutsche Wirtschaft einen Abschwung erlebt. Und die Frage ist eher, ob die Zeit noch reicht, um zu verhindern, dass daraus eine gefährliche Abwärtsspirale wird."[36,37] Nicht nur Politiker, auch Verbandsvertreter schätzten die Lage lange Zeit falsch ein. So konstatierte BDI-Präsident *Thumann* Anfang November im Rahmen des Automobilwoche-Kongresses 2008, dass die globale Finanzkrise keine Krise der Industrie sei.

Ob Deutschland auch nach 2008 „Exportweltmeister"[38,39] vor China sein wird, ist umstritten und hängt stark von der Wechselkursentwicklung ab. Den Export dämpfende Faktoren bilden insbesondere der hohe Eurokurs, die schwache US-Konjunktur sowie stark volatile Rohstoffpreise[40] in den letzten beiden Jahren, vor allem bei Rohöl (vgl. Abbildung 5):

---

[36] *Fricke, T.* (2008), S. 30.

[37] Der Wahrnehmungswandel bzgl. der wirtschaftlichen Entwicklung hat beim Finanzminister im September 2008 stattgefunden: „Nach dem, was wir bisher wissen, werden die Auswirkungen der jüngsten Entwicklungen in Deutschland sehr begrenzt sein." (am 16.09.2008). Nur neun Tage später findet der Meinungsumschwung statt: „Die Welt wird nicht wieder so werden wie vor der Krise." (zitiert nach *Financial Times Deutschland* vom 25.02.2009, S. 10).

[38] 2008 wurde Deutschland, wenn auch nur knapp, zum 9. Mal in Folge Exportweltmeister.

[39] „Exportportweltmeister" als Bezeichnung einer Volkswirtschaft, deren Gesamtwert von Exporten (an Waren und Dienstleistungen) von keinem anderen Land in einem bestimmten Jahr überschritten wird. Im Exportwert sind auch importierte Vorleistungen (von Zulieferbetrieben) enthalten.

[40] Trotz andauernder Krise verdoppelte sich etwa der Preis für Rohöl zwischen Februar und Juni 2009, wobei die Preisexplosion kaum etwas mit Angebot und Nachfrage zu tun hat, sondern eher von Spekulanten getrieben wird.

Abbildung 5: Entwicklung des Rohölpreises pro Barrel (159 Liter)[41]

Berücksichtigt man diese ersten, branchenübergreifenden Einflussfaktoren, wird deutlich, dass sich die deutschen Industrieunternehmen mit verschärften Wettbewerbsbedingungen in der Mittelfristplanung auseinandersetzen müssen. Damit hat die Finanzkrise die Realwirtschaft seit Herbst 2008 erreicht: In der Automobilindustrie gibt es massive Überkapazitäten: GM eröffnete am 1. Juni 2009 das bislang größte Insolvenzverfahren der Welt, nachdem Wettbewerber Chrysler bereits Ende April unter Gläubigerschutz gestellt wurde. Produktionskürzungen (Daimler, VW, Toyota) oder das vorübergehende Schließen von Werken (Fiat, BMW) entwickeln sich im ersten Halbjahr 2009 zu Standardinstrumenten zur Anpassung der Kapazitäten. Früher oder später werden diese Maßnahmen auch Personalabbau (wie bei Volvo, Renault, Nissan) nach sich ziehen, wobei teilweise argumentiert wird, dass die Börsenturbulenzen die Industrie wohl negativ beeinflussen, aber nicht unbedingt Ursache der Absatzkrise seien.[42] Diese Personalanpassungsmaßnahmen haben bereits zu einem starken Abbau von Zeitarbeitskräften geführt und werden – spätestens dann, wenn nach Ablauf der Kurzarbeitsregelungen keine Absatzmarkterholung in Sicht sein wird – zu einer Reduktion der Stammbelegschaft führen.

---

41 Enthalten in: http://www.tecson.de/pexcrude.htm (Abruf am 25.08.2009).

42 Vgl. *Krix, P.* (2008).

Nicht nur die Automobilindustrie, sondern auch andere exportorientierte Industriezweige werden stark von der Wirtschaftskrise beeinflusst: Der VDMA teilte Ende Juni 2009 mit, dass der Auftragseingang von März bis Mai 2009 um real 47 Prozent (In- und Ausland) niedriger als im Vergleichszeitraum des Vorjahres lag, bei Auslandsaufträgen sogar um 48 Prozent. Der Verband rechnet mit einem Arbeitsplatzabbau von 50.000 Arbeitskräften im laufenden Jahr.

So verwundert es kaum, dass in Deutschland das Bruttoinlandsprodukt (BIP) im ersten Quartal 2009 um sechs Prozent gegenüber dem Vorjahreszeitraum sank und damit stärker von der Krise betroffen ist als weniger exportorientierte Volkswirtschaften wie Frankreich (minus 3,2 Prozent), die eher vom nationalen Konsum abhängen. Für das Gesamtjahr 2009 geht der Internationale Währungsfonds von einer Veränderung des deutschen BIP von minus 5,6 Prozent gegenüber dem Vorjahr aus.[43]

3.2   Industrie in der EU: Ein Sektor neben mehreren…

Als wichtigster Industrie- und Arbeitgeberverband vertritt Businesseurope seit 1958 (bis 2007: „Union of Industrial and Employers' Confederation of Europe" (UNICE)) die Interessen von 40 Mitgliedsverbänden[44] aus 34 Ländern. Seit Juli 2009 ist der ehemalige BDI-Präsident *Thumann* Vorsitzender der Lobbyorganisation, um die Interessen von 20 Mio. Unternehmen aller Größen in Brüssel zu vertreten.

Unabhängig von der Unternehmensgröße gibt es aus deutscher Sicht kaum noch Industriebetriebe, die sich auf den nationalen Markt beziehen. Dennoch ist es schwierig, über geeignetes und aktuelles Zahlenmaterial einen adäquaten Einblick in die Stellung der Industrie innerhalb der EU[45] zu erhalten. Von den ca. 19 Millionen aktiven Unternehmen der gewerblichen Wirtschaft[46] entfielen 2004 mit 2,3 Millionen Betrieben nur zwölf Prozent auf das verarbeitende Gewerbe der EU-27 und damit auf ähnlichem Niveau wie im Mitgliedsstaat Deutschland (vgl. Abbildung 6):

---

[43]   Stand: April 2009.

[44]   Für Deutschland sind sowohl der BDA als auch der BDI vertreten.

[45]   Aus Gründen der Datenverfügbarkeit soll im Folgenden ausschließlich Bezug auf EU-Mitgliedsstaaten genommen werden.

[46]   „Gewerbliche Wirtschaft" = Industrie, Baugewerbe, Handel und Dienstleistungen, jedoch ohne Finanzdienstleistungen und öffentliche Dienstleistungen.

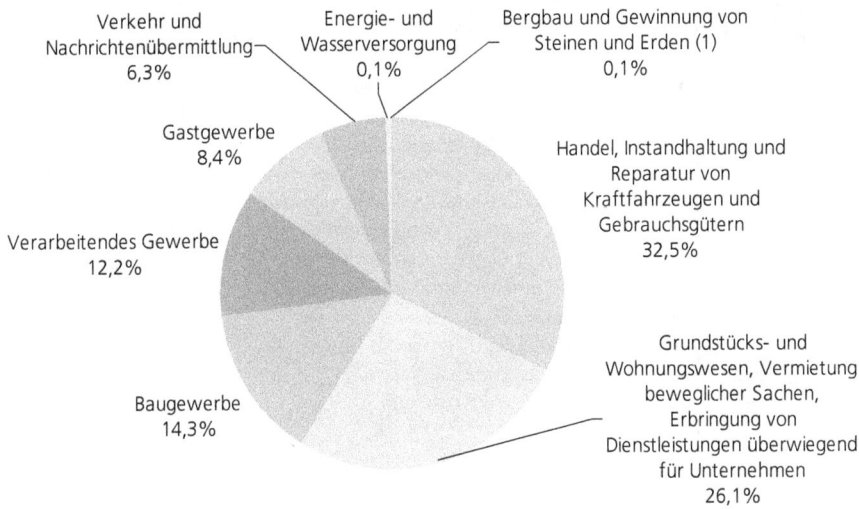

Abbildung 6: Unternehmen der gewerblichen Wirtschaft, EU-27, 2004[47]

Für die Ermittlung der wirtschaftlichen Bedeutung für eine Volkswirtschaft hilft das Kriterium „Wertschöpfung"[48] weiter als die „Anzahl an Unternehmen". Hier liegt des verarbeitenden Gewerbes am Gesamtwert des nichtfinanziellen Bereichs der gewerblichen Wirtschaft bei 31,5 Prozent im Jahr 2004 im EU-27-Durchschnitt und ausschließlich bezogen auf das hoch industrialisierte Deutschland gar bei knapp 40 Prozent.[49] Betrachtet man im nächsten Schritt die Wertschöpfungsanteile einzelner Industriebranchen, so wird deutlich, dass es – im Gegensatz zu Deutschland – in der EU keine Dominanz der Fahrzeugbranche gibt. Vielmehr existiert in Europa eine relativ gleichmäßige Verteilung der Industriebranchen (vgl. Abbildung 7), wobei „Metallerzeugung und -bearbeitung" (ca. zwölf Prozent) mit leichtem Vorsprung am stärksten ausgeprägt ist und Fahrzeugbau erst an vierter Stelle und damit vor dem „Maschinenbau" steht:

---

[47]   Enthalten in: Eurostat (2008), S. 279.

[48]   „Wertschöpfung" = Differenz zwischen Produktionswert und den in die Produktion einfließenden Vorleistungen, abzüglich Produktionssubventionen, Kosten, Steuern und Abgaben.

[49]   Vgl. Eurostat (2008), S. 281.

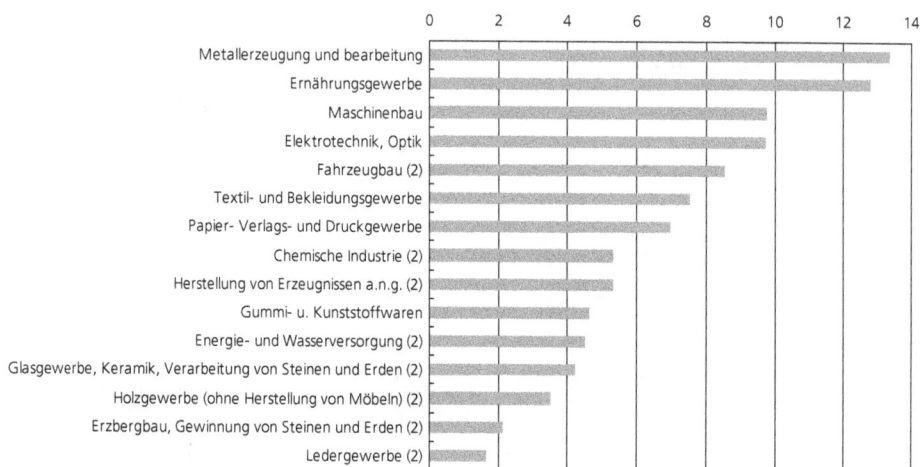

(1) Ohne Kokerei, Mineralölverarbeitung, Herstellung und Verarbeitung von Spalt- und Brutstoffen.
(2) Schätzung.

Abbildung 7: Aufteilung der Wertschöpfung der Industrie, EU-27, 2004[50,51]

Nicht nur bezogen auf Deutschland, sondern auch bezogen auf das erweiterte EU-Europa waren die Jahre 2004 bis 2006 positiv. Bezogen auf den Produktionsindex[52] lag das jährliche Wachstum EU-27-weit bei 2,4 (2004), 1,2 (2005) bzw. 3,9 (2006) Prozent, Deutschland jeweils leicht oberhalb dieser Durchschnittswerte. Treiber der wirtschaftlichen Entwicklung waren allerdings mittel- und osteuropäische Staaten wie Tschechien, Estland, Litauen, Ungarn oder Polen, die teilweise zweistellige Prozentzuwächse aufwiesen (vgl. Abbildung 8):

---

[50] In Prozent der Wertschöpfung der Industrie.

[51] Enthalten in: Eurostat (2008), S. 293.

[52] „Produktionsindex" = volumenmäßige Entwicklung der Wertschöpfung zu Faktorkosten.

	Produktionsindex (1)		
	2004	2005	2006
EU-27	2,4	1,2	3,9
Eurozone	2,2	1,3	4,0
Belgien	3,2	-0,4	5,1
Bulgarien	17,3	6,8	5,9
Tschechische Republik	9,2	6,7	11,4
Dänemark	-0,2	1,8	3,5
Deutschland	3,1	3,3	5,9
Estland	9,7	11,1	7,5
Irland	0,3	3,0	5,1
Griechenland	1,2	-0,9	0,5
Spanien	1,6	0,6	3,9
Frankreich	2,0	0,2	0,9
Italien	-0,3	-0,8	2,6
Zypern	1,5	0,8	3,4
Lettland	6,8	5,6	5,7
Litauen	10,8	7,1	7,3
Luxemburg	4,0	0,7	2,3
Ungarn	6,7	7,2	10,8
Malta	:	:	:
Niederlande	4,1	-1,1	1,2
Österreich	6,3	4,2	8,2
Polen	12,2	4,6	12,2
Portugal	-2,7	0,3	2,7
Rumänien	4,5	2,4	7,7
Slowenien	4,6	3,9	6,5
Slowakei	4,1	3,8	9,9
Finnland	4,9	0,3	8,1
Schweden	3,9	1,8	4,1
Vereinigtes Königreich	0,4	-1,3	0,2
Kroatien	3,0	5,4	4,6
Türkei	9,8	5,7	5,8
Norwegen	2,3	-0,8	-2,4
Schweiz	4,4	2,7	7,8
Japan	5,3	1,2	4,6
Vereinigte Staaten	2,5	3,3	3,9

(1) Arbeitstäglich bereinigt.
(2) Bruttoreihen.

Abbildung 8: Entwicklung des Produktionsindex in der Industrie ausgewählter Staaten[53]

Hierbei ist zu beachten, dass es sich um Durchschnittswerte handelt, denn nicht alle Indus-triebranchen konnten sich seit Beginn des 21. Jahrhunderts positiv entwickeln: Während die

---

[53] Enthalten in: Eurostat (2008), S. 297.

„Chemische Industrie", „Elektrotechnik und Optik", der „Fahrzeugbau" und „Maschinenbau" durchschnittlich um zwei bis drei Prozent jährlich zwischen 2001 und 2006 wuchsen,
mussten die „Textil- und Bekleidungsindustrie" sowie das „Ledergewerbe" prozentuale Ein-
bußen von fünf bis über sieben Prozent p. a. hinnehmen.[54] Auch an diesen Kenngrößen wird
deutlich, dass es kaum möglich ist, branchenübergreifende pauschale Aussagen über Industriebetriebe und ihr europäisches Umfeld zu treffen.

3.3   Fünf Herausforderungen in Industrieunternehmen

3.3.1   Kostenmanagement: A und O der BWL

In zahlreichen Branchen kommt dem Kostenmanagement nach wie vor eine hohe Bedeutung
zu: Aussagen wie „Nur wer die Kosten im Griff hat, hat seinen Betrieb im Griff!" oder „Wer
die Kosten im Griff hat, hat auch die Mittel für zukünftige Investitionen." verdeutlichen in
der Post-E-Hype-Phase die betriebswirtschaftlichen Grundregeln der Unternehmensführung.
Dass der „alte Hut" Kostenoptimierung nichts an Aktualität verloren hat, liegt im Wesentlichen an folgenden Hintergründen:

- stagnierende Absatzmärkte in der Triade USA, Japan und Deutschland/Westeuropa und
  daraus resultierend verschärfter Wettbewerb und steigende Preissensibilität der Nachfrager
- Wettbewerber aus so genannten „Low Cost Countries" (Osteuropa, China, Indien) in
  angestammten Märkten
- Verkürzung von Produktlebenszyklen und damit steigende F&E-Kosten und reduzierende
  Vermarktungsfenster
- hohes (Westeuropa)[55] bzw. steigendes Arbeitskostenniveau (Osteuropa) sowie hohe Ab-
  gabenlast (Westeuropa) bedingt durch Unternehmensteuern
- steigende Preise für Rohstoffe und Energie
- zunehmende Austauschbarkeit der technisch-physikalischen Produkte mit der Folge eines
  verstärkten Absatzes „über den Preis"

Welche Kostenarten haben im Unternehmen jedoch welchen Stellenwert? Stellen die Personalkosten generell den größten Kostentreiber dar? Konzentriert man sich auf die Hauptkos-
tenblöcke im Industrieumfeld, wird deutlich, dass die Personalkosten auch in einem Hoch-
lohnland wie Deutschland erst an zweiter Stelle nach den Materialkosten stehen (vgl.
Abbildung 9):

---

[54]   Vgl. Eurostat (2008), S. 298.

[55]   Im Vergleich zu asiatischen Anbietern, aber auch im Vergleich zu den nationalen Sektoren „Handel" und
       „Handwerk".

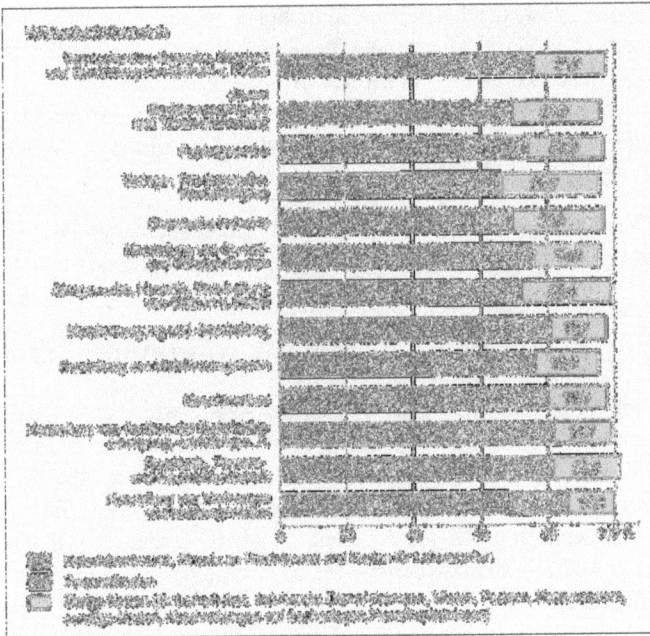

Abbildung 9: Kostenartenverteilung ausgewählter Industriezweige 2003[56]

Relativierend ist jedoch anzumerken, dass sich ein Teil der Personalkosten auch in den „übrigen Kosten" versteckt und damit die Bedeutung der Personalkosten de facto höher liegt. Zu den versteckten Personalkosten zählen etwa Kosten für Leiharbeiter und Freiberufler, welche für das Unternehmen tätig sind, unter Umständen weit mehr als eine Marginalie: Im Falle von BMW am Standort Leipzig war im Jahr 2007 jeder dritte Monteur ein Leiharbeiter.

Ein ähnliches Bild über die Kostenartenverteilung ergab 2007 eine Befragung der deutschen Automobilindustrie, in der 70 Prozent der 207 befragten Unternehmen die Materialkosten, 57 Prozent die Personalkosten und mit großem Abstand Energiekosten (20 Prozent) sowie Entwicklungsprozesse (16 Prozent) als Kostentreiber nannten.[57]

Hiermit korrespondieren auch die Ergebnisse, dass „Beschaffung und Einkauf" sowie „Montage, Fertigung, Produktion" als wichtigste Handlungsfelder im Kostenmanagement tituliert wurden.[58]

---

[56] Enthalten in: Statistisches Bundesamt (2006), S. 284.

[57] Vgl. PriceWaterhouseCoopers (2007), S. 10. Interessanterweise stellte sich heraus, dass die Kostentreiber „Materialkosten" und „Personalkosten" um so wichtiger eingestuft wurde, je weiter das Unternehmen am Anfang der Supply Chain stand: Während für 55 Prozent der Automobilhersteller (OEMs) die Materialkosten den größten Kostentreiber bildeten, galt diese Aussage bei den Zulieferern der Zulieferer (so genannte Second Tiers) sogar für 72 Prozent der Befragten.

[58] Vgl. PriceWaterhouseCoopers (2007), S. 12.

Kostenmanagement im Industriebetrieb ist kein Selbstzweck. Vielmehr soll es helfen, die Wettbewerbsfähigkeit am Markt zu erhöhen, geplante Kosten einzuhalten und natürlich auch Kosten zu senken. Diese exemplarischen Ziele greifen verschiedene Facetten derselben Medaille auf und widersprechen sich nicht. Während Maßnahmen zur Materialkostensenkung meist außerhalb der öffentlichen Wahrnehmung stattfinden, gilt dies für Ansätze im Personalkostenbereich weniger.

An dieser Stelle wird auch deutlich, dass der Trend „Kostenmanagement" nicht abgekoppelt vom Trend „Globalisierung" betrachtet werden darf, der im Folgenden behandelt wird.

3.3.2   Globalisierung: „Die Welt wird immer globaler ..."

„Die Welt wird immer globaler." – eine ebenso pauschale wie wahre Aussage, die sowohl Unternehmensberater *Roland Berger* als auch Ex-Wirtschaftsminister *Michael Glos* zugerechnet wird. Globalisierung erweist sich als ein vielschichtiger Begriff: Modewort und zugleich betriebswirtschaftlicher Grundlagen-Begriff, mal als Bedrohung („Jobs, die in Deutschland zu teuer sind, müssen ins Ausland verlagert werden."[59]), mal als Chance („Investitionen in China sichern auch Arbeitsplätze in Deutschland."[60]), aber in sämtlichen Fällen emotional diskutiert.

Globalisierung stellt zweifelsohne kein neues Phänomen dar, sondern existierte bereits vor über 2000 Jahren v. Chr. in Form der Seidenstraße von Japan bis nach Europa. Auch später fand bei Ägyptern, Griechen und Römern ein reger Warenaustausch zwischen Städten und Kolonien statt. Im Mittelalter erlebte der internationale Handel erst in Norddeutschland über den Hanse-Verbund, später in Süddeutschland durch den Handel mit Leinen, Tüchern, Edelmetallen etc. seine Blüte. Der Handel mit Übersee entstand wiederum drei Jahrhunderte später durch die Gründung so genannter Überseegesellschaften, die Handel zwischen Mutterland und Kolonie betrieben.

Ging es bis Mitte des 19. Jahrhunderts in erster Linie um Handelsbeziehungen, führt die industrielle Revolution nicht nur zu Direktinvestitionen im Ausland, sondern auch zu einem starken Welthandelszuwachs bis zum Ausbruch des Zweiten Weltkriegs. Wesentlicher Treiber war hier das Vereinigte Königreich, welches fast die Hälfte aller Direktinvestitionen erbrachte und somit den Welthandel zum damaligen Zeitpunkt beherrschte: „The United States is not now and may never be as open to trade as the United Kingdom has been since the reign of Queen Victoria"[61]. Seit Ende des Zweiten Weltkriegs verschieben sich die Welthandelskräfte von Nordamerika in Richtung Asien, welches mehr als 27 Prozent am gesamten Welthandel trägt. Während Mittel- und Südamerika ebenso wie Afrika stark an Bedeutung verloren, trägt Europa seit den 1960er Jahren über 40 Prozent des Gesamthandels.

---

[59] SAP-CEO *Kagermann* im Jahr 2004.

[60] Bundeskanzler *Schröder* im Interview mit der Süddeutschen Zeitung am 07.12.2004.

[61] *Krugman, P. R.* (1993), S. 23.

Bezogen auf die mikroökonomische Ebene haben viele Industrieunternehmen im 20. Jahrhundert eine dreiphasige Entwicklung durchlaufen:

Phase 1: In dieser Phase der Globalisierung findet ein verstärkter Export von Produkten in das Ausland statt, während Beschaffung und Produktion weiterhin national erfolgen.

Phase 2: Hier findet eine internationale Ausrichtung auch von Einkauf und Produktion statt. Es wird dort beschafft und produziert, wo auch abgesetzt wird. Allerdings entwickeln sich die einzelnen Standorte eher autonom voneinander.

Phase 3: Die höchste Stufe der Globalisierung bildet die cross-funktionale Zusammenarbeit mit internationalen Lieferketten,[62] die Ausdruck der internationalen Arbeitsteilung sind. Internationale Beschaffungs-, Produktions- und Absatznetze führen aber auch zu anfälligen Supply Chains, etwa durch Streiks, Naturkatastrophen oder Rohstoffknappheit.

Die Phasen stellen einen idealtypischen Verlauf dar, da unterschiedliche Branchen unterschiedliche Durchdringungsgrade der Globalisierung aufweisen. Selbst wenn es sich um eine globale Branche handelt, müssen per se nicht sämtliche Marktteilnehmer global aufgestellt sein. Als Beispiel steht hier der Biermarkt, der als globaler Markt sowohl Global Players als auch regionale Nischenanbieter umfasst. Für die meisten Industrieunternehmen gilt jedoch grundsätzlich folgende Aussage:

> *„Die Teilnahme am internationalen Wettbewerb ist keineswegs mehr ein „Kann",*
> *sondern eine zwingende Notwendigkeit."[63]*

Globalisierung der Wirtschaft ist kein neues Phänomen, findet seit dem Ende des 20. Jahrhunderts jedoch beschleunigt statt. Treibende Kräfte hierfür lassen sich unter „Nachfrage", „Angebot" und „wirtschaftspolitische Rahmenbedingungen" zusammenfassen und sollen hier lediglich stichwortartig genannt werden:

Nachfrage

- zunehmende Homogenisierung der Käuferpräferenzen
- ähnlich hohe Kaufkraft in industrialisierten und Schwellenländern durch steigenden Wohlstand
- einheitliche technische Standards
- stagnierende Absatzmärkte in der traditionellen Triade Nordamerika, Westeuropa, Japan

Angebot

- große Unterschiede bei Arbeitskosten und Lohnstückkosten
- kürzere Produktlebenszyklen und damit erhöhter Absatzdruck
- Zugang zu Ressourcen („Global Sourcing")
- Skaleneffekte in Forschung & Entwicklung, Produktion und Einkauf

---

[62] Als Beispiel sei die VW-Gruppe (ohne Porsche) mit einem logistischen Liefer- und Produktionsnetzwerk von 44 Fertigungsstätten und über 70.000 Lieferadressen genannt.

[63] *Michael Porter*, US-amerikanischer Professor für strategisches Management.

- sinkende bzw. stagnierende Transportkosten im internationalen Umfeld (Ausnahme: Lkw-Frachtraten in Europa)

Wirtschaftspolitische Rahmenbedingungen

- Bildung von Wirtschaftsgemeinschaften (EU, NAFTA, ASEAN, ...) und damit vereinfachter Waren- und Kapitalfluss
- Abbau wirtschaftsgemeinschaftsübergreifender tarifärer und nicht tarifärer Handelshemmnisse
- Wettbewerb von Volkswirtschaften um Unternehmen („Wirtschaftsförderungs- und Ansiedelungspolitik")
- weitgehend freier Kapitalverkehr

Globalisierung kann unterschiedliche Ziele verfolgen. Neben Kostenreduktion werden Risikominierung, Know-how-Erwerb, Wachstum, politisch-rechtliche Gründe oder Marktpräsenz von Unternehmen genannt. Die Ziele wiederum wirken sich letztendlich darauf aus, in welches Land investiert werden soll, um das jeweilige Ziel zu erreichen.

Nicht immer werden die angestrebten Ziele auch tatsächlich im gewünschten Umfang erreicht. Während zu (Produktions-)Verlagerungen ins Ausland inzwischen zahlreiche empirische Studien vorliegen, gibt es zu Rückverlagerungen nur wenige Erkenntnisse, wenn man von prominenten Einzelfällen absieht.[64] Eine branchenübergreifende Studie des Fraunhofer Instituts für System- und Innovationsforschung kam 2006 zu dem Ergebnis, dass 339 Verlagerungen 59 Rückverlagerungen gegenüber standen, vor allem bei Branchen mit komplexen Produktionsstrukturen.[65] Als Gründe werden vor allem fehlende Flexibilität und Qualität, weit vor Koordinationskosten, Infrastruktur und Personal genannt.[66] Die Zahlen werfen zwar nur ein Schlaglicht auf das Thema Verlagerungen und Rückverlagerungen, sie heben indes zwei Erkenntnisse indirekt hervor: Erstens gibt es nach wie vor einen Trend zu Produktionsverlagerungen, aber auch einen signifikanten Gegentrend in Richtung Rückverlagerung. Zweitens zeigt die Gegenüberstellung der beiden Trends auf, dass trotz absolut betrachteter rückläufiger Verlagerungszahlen nach wie vor Standortverlagerungen aus Deutschland stattfinden. Globalisierung wird also auch unter „Kostenzielen" auf absehbare Zeit weiterhin auf der Tagesordnung des strategischen Managements stehen.

3.3.3   Prozessmanagement: Permanent besser werden

Das Kompetenzzentrum für Prozessmanagement kommt in einer Befragung zu dem Ergebnis, dass branchenübergreifend 83 Prozent der 146 befragten Personen aus Finanzdienstleis-

---

[64] Als Beispiel sei auf die geplante Produktionsrückverlagerung des Plüschtierherstellers Steiff aus China verwiesen. Gründe für den Schritt sind laut Geschäftsführung Qualitätsprobleme sowie die fehlende Flexibilität durch lange Lieferzeiten, speziell bei Modeartikeln wie etwa dem Eisbären Knut.

[65] Vgl. *Kinkel, S./Maloca, S.* (2008).

[66] Vgl. *Kinkel, S./Maloca, S.* (2008), S. 10.

tung und Industrie mit einer wachsenden Bedeutung des Themas „Prozessmanagement" rechnen.[67] Dabei handelt es sich nicht um ein besonders modernes Thema, denn schon in den 1930er-Jahren stellte *Nordsieck* fest: „Der Betrieb ist in Wirklichkeit ein fortwährender Prozess, eine ununterbrochene Leistungskette… anzustreben ist in jedem Fall eine klare Prozessgliederung."[68] Im Management-Alltag wurde es vor allem durch das Buch „Business Reengineering" von *Hammer/Champy* bekannt.[69] Durch die radikale Neugestaltung von Prozessen sollten Effizienzsteigerungen um bis zu 70 Prozent möglich sein. Effizienzsteigerungsprogramme wie KVP/KVP^2 (Volkswagen), top/top+/top++ (Siemens), Fit for the Future (BASF), ICE/ICE^2 (Deutsche Bahn) und PVP (Porsche) unterstreichen deutlich, dass (Geschäfts-) Prozessmanagement längst Einzug in Unternehmen genommen hat.

Was aber versteht man unter „Prozessmanagement"? Stark vereinfacht geht es um:

- Beschreiben und Darstellen von Prozessen („Mapping")
- Messen der Prozess-Performance (Prozesszeit, -kosten, -qualität)
- sinnvolles Planen neuer Prozesse
- kontinuierliches Optimieren von Prozessen

Grundlage eines effektiven Prozessmanagements ist die Transparenz über die eigenen Prozesse. Sie führt zu einer gemeinsamen Sichtweise auf Prozesse, einheitliches Prozessdenken, aber auch zum Erkennen von Schwachstellen bzw. bildet sie die Grundlage für Benchmarkings. Wichtig ist dabei, den richtigen Detaillierungsgrad zu finden, d. h. kritische Prozesse und Teilprozesse besonders fein darzustellen, um so Kosten der Prozessdokumentation und den daraus generierten Nutzen in Einklang zu bringen.

Da ein Gesamtunternehmen aus zahlreichen verschiedenen Prozessen besteht, ist es zunächst erforderlich, ein unternehmensspezifisches Prozessmodell (auch als Prozesslandkarte bezeichnet) zu entwickeln. Als Beispiel sei hier das Siemens Referenz Prozess-Haus genannt.

Siemens Referenz Prozess-Haus

Seit 2005 ist das Siemens Referenz Prozess-Haus verbindlich in sämtlichen Geschäftsbereichen und -gebieten eingeführt. Dies führte nicht nur zur Definition und Verabschiedung von ca. 3.500 Standardprozessen, sondern auch zu organisatorischen Veränderungen und Auswirkungen auf das bestehende Qualitätsmanagementsystem. Im Gegensatz zum „klassischen" SCOR-Modell geht das Siemens-Referenzmodell über das Themenfeld Supply Chain Management hinaus und integriert innerhalb der so genannten „Business Processes" neben SCM auch CRM und PLM („Product Lifecycle Management"). Im Sinne einer das Gesamtunternehmen abdeckenden Prozesskarte werden über die Kernprozesse/Business Processes hinaus auch die Management- und Supportprozesse bei Siemens im Referenzmodell abgebildet (vgl. Abbildung 10):

---

[67] Vgl. *Knuppertz, T./Schnägelberger, S.* (2008).

[68] Vgl. *Nordsieck, F.* (1932).

[69] Vgl. *Hammer, M./Champy, J.* (1996).

Management Processes

| Strategic Planning | Business Review | Strategic Controlling |

Business Processes

Customer Relationship Management (CRM)

| Plan | Understand | Sell | Care |

Supply Chain Management (SCM)

| Plan | Source | Make | Deliver | Return |

Product Lifecycle Management (PLM)

| Plan | Product Portf.-Mgt. | Define | Realize | Commer-cialize | Phase out |

Support Processes

| QM | Environ-ment | HR | Financ. | Procure-ment | IT-Maint. | Process Mgt. | Inform. Mgt. | Partner-shipm. | Commu-nication | Facility Mgt. |

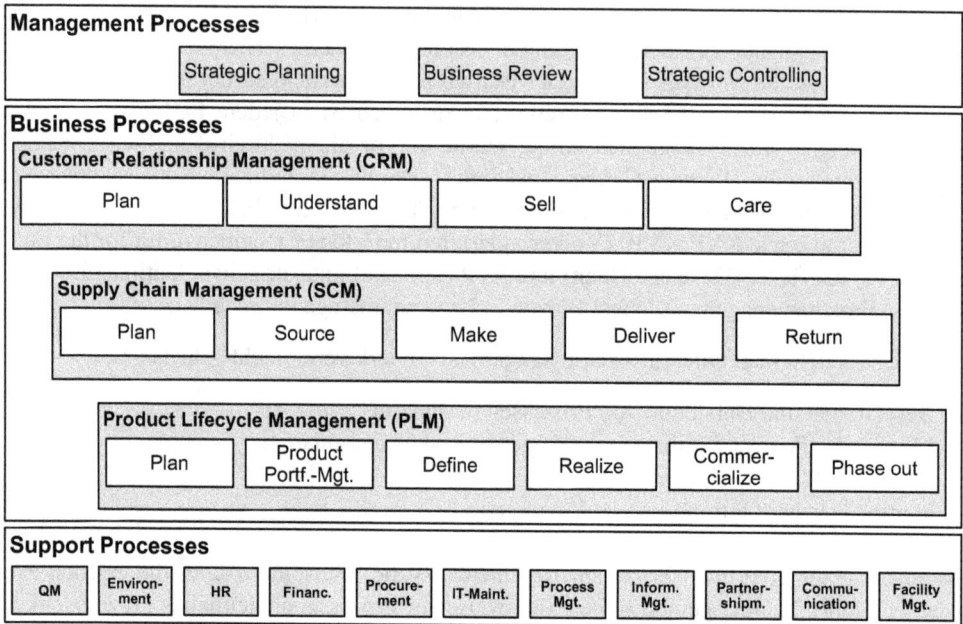

Abbildung 10: Siemens Referenz Prozess-Haus

Das Siemens Referenz Prozess-Haus ist nicht isoliert zu betrachten, sondern wird inhaltlich und organisatorisch („Siemens Corporate Information Office") gebündelt. Angelehnt an das Six-Sigma-Gedankengut, gibt es verschiedene Prozessrollen, die dafür Sorge tragen, dass die Prozessoptimierung nicht auf der Stufe der Prozessstrukturierung und Standardisierung verharrt:

- Process Sponsor als Management-Vertreter und Projekttreiber
- Process Framework Executive und Process Executive als Basis für das Standardisieren und Modellieren von Prozessen
- Process Owner als Verantwortlicher im Tagesgeschäft
- Process Manager als Verantwortlicher für die Prozessveränderung

Über diese Rollenverteilung entsteht zwar einerseits ein gewisser hierarchischer Formalismus, der teilweise auch im Konflikt zur Linienorganisation stehen kann, andererseits stellt er eine umfassende Einbindung der Hierarchien und Interessengruppen bei Siemens sicher.

Getreu der Aussage des deutschen Unternehmers *Philip Rosenthal*: „Wer aufhört, besser zu werden, hat aufgehört, gut zu sein." sollen insbesondere folgende Ziele durch Prozessmanagement verfolgt werden:

1. Reduzierung von Durchlaufzeiten: Erreichen eines höheren Kundennutzens durch kürzere Lieferzeiten und schnellere Reaktion auf Kundenwünsche, z. B. im Rahmen eines Auf-

tragsabwicklungsprozesses für eine Sondermaschine oder eines Just-in-Time-Belieferung eines Großkunden

2. Reduzierung von Bearbeitungszeiten: Konzentration auf die wertschöpfenden Aktivitäten („schlankere Prozesse") in Entwicklung, Beschaffung, Produktion, Vertrieb und Service, um dadurch unnötige Prozesskosten, z. B. in Form von Personalmehrbedarf, zu vermeiden

Um diese Ziele zu erreichen, bieten sich verschiedene Optimierungsrichtungen an, die in Abbildung 11 dargestellt sind:

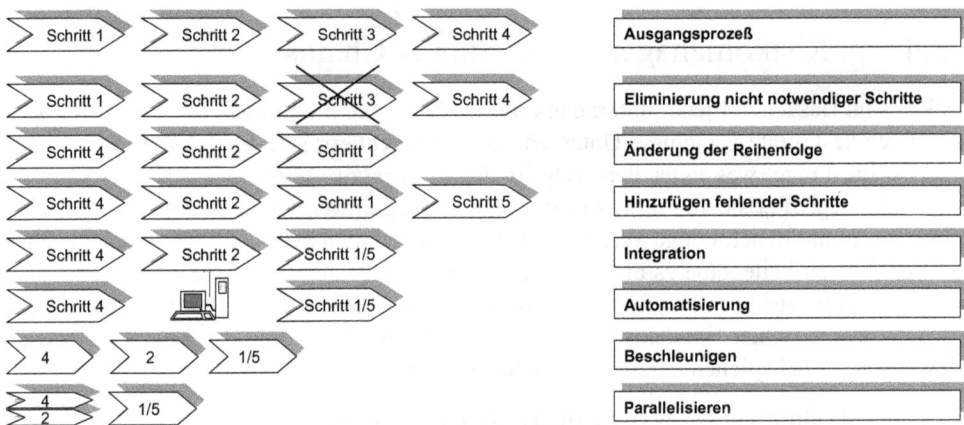

Abbildung 11: Ansatzpunkte einer Prozessoptimierung[70]

Obschon Prozessmanagement für Industrieunternehmen, speziell in den direkten Kernprozessen wie Produktion und Beschaffung, oft bereits langjährig praktiziert wird, gibt es nach wie vor Defizite, die an dieser Stelle zusammengefasst werden sollen:

- fehlende Verknüpfung zwischen Unternehmensstrategie, Unternehmenszielen und Prozessmanagement (systematischer Ansatz)
- keine Zentralinstanz im Sinne eines „Chief Process Owners", der den Ansatz top-down im Betrieb vorantreibt
- fehlendes Interesse und Engagement auf den unteren Ebenen („Rationalisiere ich mich durch eigene Prozessmanagement-Initiativen am Ende selbst weg?")
- Fokus auf direkte Bereiche, obwohl gerade bei großen Industrieunternehmen Wertschöpfung insbesondere in den indirekten Bereichen wie Administration und Forschung und Entwicklung verloren geht[71]

---

[70] Enthalten in: *Wildemann, H.* (2003), S. 167.

[71] In der Beratungspraxis wird dies unter „Lean Administration" oder „Lean Office" aktuell diskutiert. Nur wenige Industriebetriebe setzen es jedoch konsequent um. Als Beispiel sei hier die Initiative „Büro SYNCHRO" der Trumpf Werkzeugmaschinen GmbH & Co. KG für die Bereiche Einkauf, Vertrieb und Kundendienst genannt.

- kein Gesamtmodell (einzelne Geschäftsprozessbetrachtung anstelle einer Prozessland-
  schaft wie im Siemens Referenz Prozess-Haus)
- ausbaufähiges Controlling der Prozessmanagement-Aktivitäten („Welche Effekte wurden
  durch Prozessmanagement erzielt?")

Stellt man diese Schwachstellen der sich verschärfenden Wettbewerbssituation („schneller –
besser – günstiger") gegenüber, wird deutlich, dass Prozessmanagement speziell in den unterstützenden Geschäftsprozessen von Industriebetrieben (Personalwesen, Forschung und
Entwicklung, IT, …) vielfach eher noch am Ende denn am Anfang steht.

3.3.4   Risikomanagement in Supply Chains

Risiken sind Bestandteil jeder unternehmerischen Aktivität. Sie bringen die Gefahr mit sich,
dass durch bestimmte Ereignisse Unternehmensziele nicht erreicht werden. Daher stellt sich
zunächst die Frage, was unter dem Begriff des Risikos zu verstehen ist. Hierzu kann der
lateinische Begriff „risicare = etwas wagen" herangezogen werden. Unternehmerisches Handeln birgt grundsätzlich einige Wagnisse. Ohne diese würden auch keine Risiken entstehen.
Auf der anderen Seite gäbe es ohne Wagnisse auch keine Chance auf Gewinn. Risiko kann
somit als das bewusste in Kauf nehmen von Gefahren gesehen werden, welches im Bereich
des unternehmerischen Handelns auftritt. Somit wird deutlich, dass der bewusste Umgang
mit Risiken Basis jeglichen unternehmerischen Handelns ist.

Ist es nur ein „altes" betriebswirtschaftliches Problem, für das ein griffiges Modewort gefunden werden musste oder handelt es sich tatsächlich um etwas Neues? Schaut man in die einschlägige Literatur, so geht es i. e. S. um das Erfassen, Bewerten und Steuern von Risikoursachen und -auswirkungen sowie um die Suche um Umsetzung geeigneter Absicherungsstra-
tegien. Im weitesten Sinn spielen aber auch organisatorische Regelwerke zum Erkennen
und Behandeln von Risiken eine wichtige Rolle, die nicht einmalig auf akute Risiken reagieren (z. B. Autobahnstau für eine dringende Ersatzteillieferung per Lkw), sondern einen dau-
erhaften Prozess unterstützen. Als wesentliche Unterschiede zum „klassischen" Umgang mit
Risiken, auch in Supply Chain und Logistik, ergeben sich durch ein Risikomanagement:

- gezielte Suche nach Risiken (Agieren statt Reagieren)
- systematisches Bewerten (unter Einsatz von Tools) von Risiken (Messen statt Bauchge-
  fühl)
- Einbinden des operativen Managements
- regelmäßiger Prozess statt Einzelaktionen

Auch der Gesetzgeber hat diese Notwendigkeit eines funktionierenden Risikomanagement-
systems erkannt und daher das Gesetz zur Kontrolle und Transparenz im Unternehmensbereich (KonTraG) erlassen. Hierbei ist vor allem der Paragraph 91 Abs. 1 AktG zu nennen.
Dieser fordert die Einrichtung eines betriebsinternen Überwachungssystems, welches zur
Aufgabe hat, Entwicklungen, die den Fortbestand des Unternehmens gefährden, frühzeitig
aufzudecken. Allerdings lassen sich allein aus diesen gesetzlichen Bestimmungen noch keine
Mindestanforderungen an ein Risikomanagementsystem ableiten.

Während neue Bestimmungen wie KonTraG und Basel II sowie geänderte Rahmenbedingungen bei HGB[72] und AktG[73] sämtliche Unternehmen in Deutschland betreffen und damit ein institutionalisiertes Risikomanagement erforderlich erscheinen lassen, geht Risikomanagement bei Industriebetrieben weiter, da speziell in Supply Chains (von Beschaffungs- über Produktions- bis Liefernetzwerke) Risiken auftreten können.

Als wesentlicher Faktor für das zugenommene Risikopotenzial kann die starke Zunahme der Komplexität und Dynamisierung der Wirtschaft genannt werden. Dabei spielen die steigenden Kundenanforderungen im Hinblick auf Themen wie Just in Time eine wichtige Rolle. Auch die zunehmende Globalisierung trägt hierzu bei. Am Beispiel einer Lieferkette soll dies kurz verdeutlicht werden: Mittlerweile ist es zum Normalfall geworden, dass Unternehmen Güter aus Fernost oder anderen weit entfernten Gebieten der Welt beziehen oder dort absetzen. Aus logistischer Sicht sind hiermit längere Beschaffungswege verbunden, welche es zu überbrücken gilt. Jedoch sind solche längeren Beschaffungswege durch eine höhere Anzahl unterschiedlicher Verkehrsträger, zusätzliche Umschlagprozesse, administrative Tätigkeiten wie Zoll und längeren Wegzeiten im Vergleich zu ortsnahen Lieferanten wesentlich anfälliger für Störungen. Diese wirken sich dabei negativ auf das Risikopotenzial in der Supply Chain aus. Weitere Risiken entstehen durch die erhöhte Komplexität von Supply Chains. Diese zeigt sich in verschiedenen Ausprägungen wie einer höheren Teilnehmerzahl in der Supply Chain[74], unvollständigen Informationen, zunehmender Variantenvielfalt und sich schnell ändernden Rahmenbedingungen. Daneben konzentrieren sich viele Unternehmen zunehmend auf ihre Kernkompetenzen, wodurch sich die Schnittstellen von Supply Chains und im Folgenden auch das Risikopotenzial erhöht.

Die Risikoarten in Supply Chains an sich sind sehr vielfältig und können hier nur exemplarisch genannt werden: Durch externe Risikoereignisse wie Naturkatastrophen, Kriege und Terroranschläge können absatz- oder lieferseitig beteiligte Partner beeinträchtigt werden. Weiterhin können Störungen im Bereich der Informationstechnologie, z. B. beim Nutzen komplexer SCM-Software. Der Einsatz von IT-Systemen für die Steuerung und Koordination von Logistikprozessen birgt neben Chancen auch Risiken. Es entsteht leicht eine Abhängigkeit von solchen Systemen. Bei auftretenden Störungen oder Totalausfall kann es somit schnell zu massiven Störungen innerhalb der Supply Chain kommen. Weiterhin sind an die eingesetzte Software hohe Anforderungen zu stellen, da auch der Richtigkeit der Ergebnisse, die eine solche Lösung liefert, vertraut werden muss. Weitere Risiken ergeben sich aus der Variantenvielfalt von Produkten, kurzen und schwer vorhersehbaren Produktlebenszyklen und langfristigen Preis- und Abnahmevereinbarungen. Transportrisiken entstehen dadurch, dass die Ware während des Transports beschädigt wird oder verloren geht.[75] Durch schlechte Verkehrsbedingungen kann es zu Verzögerungen bei der Anlieferung kommen.

---

[72] Siehe speziell §§ 289 und 315 HGB.

[73] Siehe § 91 AktG.

[74] So verfügt beispielsweise Siemens über 370.000 verschiedene Lieferantenadressen, die jedoch im Sinne von Single und Dual Sourcing reduziert werden sollen.

[75] Etwa durch Seepiraterie in südostasiatischen Gewässern.

Im Bereich der Lagerhaltung können weitere Risiken wie Schwankungen im Wert der gelagerten Güter, schnelle Veralterung sowie hohe Kapitalbindungskosten auftreten. Störungen im Informationsfluss führen zu weiteren Risiken. Dabei können fehlende oder falsche Informationen zur Verstärkung von Risiken bzw. deren Auswirkungen führen. Unterschiedliche Bedarfsprognosen können z. B. durch erhöhte Sicherheitsbestände und falsch interpretierte Informationen zum so genannten Bullwhip-Effekt führen. Der Bullwhip-Effekt bezeichnet dabei die Verstärkung von Nachfrageschwankungen in der Supply Chain und wurde u. a. im Nachfrageverhalten von Konsumgütern des Herstellers Procter & Gamble nachgewiesen.[76]

Risikomanagement befasst sich indes nicht nur mit der Risikoidentifikation, sondern ist als Prozess zu verstehen. Gesamthaft lässt sich der Risikomanagement-Prozess in vier Phasen untergliedern, angefangen bei der Risikoidentifikation (z. B. welche Risiken könnten bei dem eigenen Kundendienst-Personal auftreten?) über die Risikoanalyse und -bewertung (z. B. welche Auswirkungen hat ein fünfminütiger Software-Ausfall?) und die Risikosteuerung (beispielsweise: Wie soll mit dem Thema Lieferverzögerung aus China umgegangen werden?) bis hin zur Risikokontrolle (z. B. was hat uns der Wechsel des Logistikdienstleisters gebracht?) (vgl. Abbildung 12):

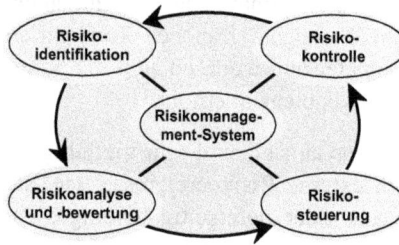

Abbildung 12: Risikomanagement-Prozess im Überblick

Für den Umgang mit Risiken im Industriebetrieb ist die Phase „Risikosteuerung" von elementarer Bedeutung, indem sie versucht, die Risikolage positiv zu beeinflussen. Die zu treffenden Maßnahmen werden unterschieden in wirkungsbezogene und ursachenbezogene. Bei den ursachenbezogenen Maßnahmen wird versucht, die Risikoursachen zu beseitigen bzw. zu vermindern. Somit soll das Eintreten von negativen Zielabweichungen verhindert werden. Die wirkungsbezogenen Maßnahmen haben hingegen zum Ziel, die bei Eintritt einer negativen Zielabweichung eintretenden Effekte zu verringern.

Diese werden erst wirksam nach Eintreten von Risikofällen. Zur Bewältigung von Risiken existieren im Risikomanagement drei grundsätzliche strategische Ansätze:

---

[76] Vgl. ausführlich zum Grundmodell: *Forrester, J. W.* (1958).

1. Risikovermeidung

2. Risikoüberwälzung

3. Risikoübernahme

Die Strategie der Risikovermeidung ist ursachenbezogen. Es werden hierbei Maßnahmen eingesetzt, die in den Risikoentstehungsprozess eingreifen und so Risiko auslösende Faktoren beeinflussen. Dies kann dadurch geschehen, dass Ereignisse erst gar nicht eintreten oder die Eintrittswahrscheinlichkeit verringert wird.

Eine wirkungsbezogene Strategie ist die der Risikoüberwälzung. Hierbei wird versucht durch vertragliche Regelungen, Schäden die entstehen, auf den Verursacher überzuwälzen. Dies ist generell durch Abschluss von entsprechenden Vertragsklauseln mit Schadenersatzpflichten und Konventionalstrafen möglich. Auch das Outsourcing von Leistungen oder die Verlagerung von Haftung auf Geschäftspartner kann dazu dienen, das Risiko für das eigene Unternehmen zu reduzieren. Zu beachten ist hierbei jedoch, dass sich eine Risikobegrenzung bezogen auf die gesamte Supply Chain nur erreichen lässt, wenn Risiken auf Unternehmen übergewälzt werden die nicht an der Supply Chain beteiligt sind oder auf Unternehmen, welche eine höhere Risikotragfähigkeit besitzen. Als Beispiel kann hier eine Abnahmeverpflichtung genannt werden, mit der ein Unternehmen das Absatzrisiko eines Supply Chain Partners reduziert.

Da diese Mittel durch rechtliche Gründe insbesondere im Hinblick auf der Durchsetzung von Schadensersatzforderungen und vertragliche Regelungen begrenzt sind, bleibt als letzte Strategie noch die der Risikoübernahme. Diese ist wiederum wirkungsorientiert. Hierbei werden die eintretenden Auswirkungen von Risiken vom Unternehmen selbst getragen. Es werden Maßnahmen eingesetzt, um die wirtschaftlichen Auswirkungen so gering wie möglich zu halten, bzw. eine Zielerreichung dennoch zu gewährleisten. Hierzu gehört das Bilden von finanziellen, güterbezogenen und personellen Reserven. Das kann z. B. die Bildung von Rücklagen und Rückstellungen sein. Darüber hinaus können angemessene Lagerbestände gebildet und Reservepersonal vorgehalten werden. Auch die Einplanung von Pufferzeiten zwischen den Gliedern der Supply Chain gehört hierzu. Andere Maßnahmen können Flexibilitätserhöhungen bei den an der Supply Chain beteiligten Unternehmen darstellen. Dies kann in Form von flexiblen Produktionsprogrammen, leicht substituierbaren Materialien sowie einer anpassungsfähigen Bestell- und Lagerplanung erfolgen.

3.3.5 Wettbewerbsdifferenzierung durch industriellen Service

„Products are Plattforms for Services."[77]

„Das erste Produkt verkauft der Vertrieb, die nächsten der Kundendienst" – nicht umsonst wird der Service in vielen Industrieunternehmen als Aushängeschild des Betriebs betrachtet.

---

[77] *Bo Edvardsson*, internationaler Dienstleistungsforscher.

Schließlich ist er zugleich Problemlöser, Beschwerdeempfänger, Verkäufer, Berater und Repräsentant.

Das Phänomen industrieller Serviceleistungen ist trotz seiner Bedeutungszunahme in den letzten Jahren keineswegs neu. So wird in der Firmengeschichte des Klavierherstellers *Heinrich Steinway* berichtet, dass die Tochter *Doretta* 1853 in New York anfing, kostenlosen Klavierunterricht für Käufer anzubieten, um auf diesem Weg den Absatz der Musikinstrumente zu erhöhen.[78] Um das Bewusstsein für Service im Industrieunternehmen zu erhöhen, entließ 1923 *Coca-Cola* sämtliche Verkäufer (salesmen) und stellte sie am Folgetag als „servicemen" wieder ein. Ihre Aufgabe bestand nicht mehr nur darin, Produkte zu verkaufen, sondern auch Schulungen und Beratungstätigkeiten für Abfüller anzubieten. In der Literatur ist die Bedeutung industrieller Serviceleistungen seit knapp 70 Jahren[79] bekannt, populär jedoch erst seit *Peters/ Waterman*.[80]

Welche Bedeutung industrielle Serviceleistungen tatsächlich haben, wurde lange Zeit in Wissenschaft und Praxis unterschätzt.[81] Die Realität widerlegt die Drei-Sektoren-Theorie von *Fourastié*[82], nach der Services die Industrie als wichtigste Stütze westlicher Volkswirtschaften ablösen wird. *Kaske* bezeichnet die Vision einer reinen Servicegesellschaft sogar als einen „gefährlichen Irrtum".[83] *Albach* konnte eindrucksvoll belegen, dass Industrie- und Dienstleistungssektor nicht in konfliktärer, sondern komplementärer Beziehung zueinander stehen.[84] Verlagerungseffekte durch Outsourcing von Industrieunternehmen auf selbstständige Dienstleister (z. B. Marktforschung, Forschung und Entwicklung und Beratungsleistungen) führen zur statistischen Erfassung im tertiären Sektor. Diesen Erklärungsansatz bezeichnet *Albach* als „Theorie der industriellen Dienstleistung".

Industrielle Serviceleistungen haben nicht nur im Hinblick auf ihre wissenschaftliche Aufarbeitung wesentlichen Erkenntniszuwachs erfahren, sondern auch bezogen auf die Bedeutung innerhalb der Unternehmung. Dabei wurden drei Phasen durchlaufen:

1. Industrielle Serviceleistung als gesetzlicher (technischer) Kundendienst

2. Industrielle Serviceleistung als Ergänzung zur Sachleistung (Sekundärleistung)

3. Industrielle Serviceleistung als selbstständiges „Produkt" (Primärleistung)

So vielfältig die Ausprägungsformen von industriellen Serviceleistungen in der Praxis sind (von Schulungen über Leasing-Angebote bis hin zu Marktforschungsstudien für Kunden), so

---

[78] Vgl. *Ratcliffe, R.V.* (1992).

[79] Vgl. *Vershofen, W.* (1940).

[80] Vgl. *Peters, T./Waterman, R.* (1982).

[81] Vgl. im Folgenden ausführlich: *Hartel, D.* (2002).

[82] Vgl. *Fourastié, J.* (1954).

[83] Vgl. *Kaske, K.* (1991).

[84] Vgl. *Albach, H.* (1989).

unterschiedlich sind auch die Definitionsansätze in der betriebswirtschaftlichen Literatur. Zunächst soll daher eine Einordnung in die Service-Systematik erfolgen (vgl. Abbildung 13):

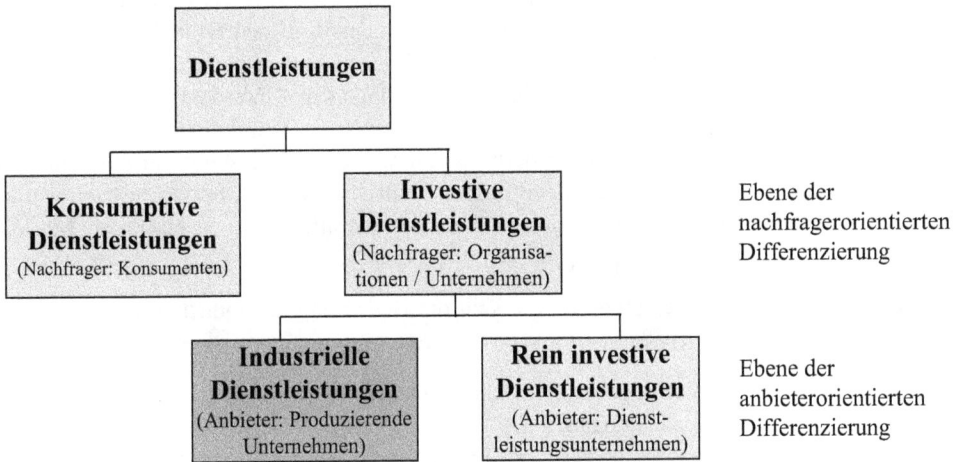

Abbildung 13: Einordnung industrieller Dienstleistungen in die Dienstleistungssystematik[85]

Entwickelt aus dem technischen Kundendienst, herrschte lange Zeit die Auffassung, dass industrielle Serviceleistungen ausschließlich technische Tätigkeiten wie Reparatur, Wartung und Instandhaltung umfassen. Erst Mitte der 1980er Jahre wurde Kundendienst um „kaufmännische" Aspekte erweitert (vgl. Abbildung 14):

Technische Services	Kaufmännische Services
• Engineering/Software	• Finanzierung und Zahlungsbedingungen
• Entsorgung	• Vermietung
• Transport/Ersatzteilversorgung	• Leasing
• Montage	• Absatzhilfen
• Reparatur	• Service-Verträge
• Wartung/Inspektion	• Fuhrpark-Management

Abbildung 14: Beispiele technischer und kaufmännischer industrieller Serviceleistungen

---

[85] Enthalten in: *Sontow, K.* (1998), S. 11.

Industrielle Serviceleistungen umfassen inhaltlich ein breites Spektrum an Leistungen. Sie treten in unterschiedlicher Ausprägung und Intensität in nahezu sämtlichen Industriezweigen auf. Schwerpunkte hierbei bilden der Maschinen- und Anlagenbau. Gründe für die Auswahl liegen sowohl in der hohen volkswirtschaftlichen Bedeutung für die Bundesrepublik als auch in der starken Ausprägung industrieller Serviceleistungen in diesen Branchenzweigen. Eigenständige industrielle Services sind in diesen Branchen von strategischer Relevanz. So ergab bereits eine Befragung von Maschinen- und Anlagenbau-Unternehmen im Jahr 1996, dass industrielle Serviceleistungen nicht nur dem Aufbau neuer Geschäftsfelder dienen (Einschätzung: „sehr hohe Bedeutung"), sondern „durch positive Ausstrahlungseffekte auch das klassische Produkt-Geschäft" positiv beeinflussen.[86] Insbesondere im Servicebereich werden große Profilierungspotenziale sowie höhere Umsatzrentabilitäten in wachsenden Märkten erwartet.

Auf Grundlage verschiedener Studien lässt sich die Bedeutung des industriellen Servicemanagements heute folgendermaßen empirisch resümieren:[87]

- 15 Prozent aller Beschäftigten im deutschen Maschinen- und Anlagenbau befassen sich mit industriellen Serviceleistungen.
- Service wird als Margenmotor gesehen: Er wird als etwa doppelt so hoch wie das Produktgeschäft betrachtet.
- Drei von vier Investitionsgüterherstellern erwirtschaften im Service Gewinn.
- Durch industrielle Serviceleistungen werden Kunden stärker an das Unternehmen gebunden; im Gegensatz zum reinen Produktgeschäft ist Service weniger leicht imitierbar.

Anhand dieser Schlaglichter wird deutlich, dass hinter extern angebotenen Services keine beliebige Erweiterung des Produktgeschäfts oder ein Gag des Marketings steht, sondern klare finanzielle Interessen in der Industrie verfolgt werden. Dieser Trend wird sich im Zuge von Wettbewerbsdruck, Globalisierung und der zunehmenden Austauschbarkeit von „Hardware" vermutlich in Zukunft sogar noch verstärken: So gehen mehr als 90 Prozent der Befragten davon aus, dass der Service weiter an Bedeutung gewinnen wird und so der Umsatzanteil des Servicegeschäfts weiter steigt.[88] Exemplarisch sei an dieser Stelle Fresenius Medical Care genannt: Bei dem Systemanbieter für Dialyseprodukte und -dienstleistungen beträgt der Service bereits 74 Prozent des Umsatzes.

---

[86]   *Sontow, K./Kurpiun, R./Jaschinski, C.* (1997), S. 2; über die Bedeutung industrieller Serviceleistungen im Maschinen- und Anlagenbau vgl. auch VDMA (1999), VDMA (2001) und aktuell *Bienzeisler, B./Kunkis, S.* (2008).

[87]   Die Aussagen basieren auf den Studien von Arthur D. Little (2001), Arthur D. Little (2004), Impuls (2003), VDMA (2001), *Wildemann, H.* (1999).

[88]   Vgl. Impuls (2003).

3.4 Auswirkungen der Trends auf Consulting-Themen

In Kapitel 3.3 wurden die wesentlichen aktuellen Herausforderungen für Industrieunternehmen zusammenfassend dargestellt:

1. Kostenmanagement
2. Globalisierung
3. Prozessmanagement
4. Risikomanagement in der Supply Chain
5. Service

Sie haben über einzelne Industriezweige hinweg einen hohen Einfluss auf Erfolg bzw. Misserfolg der Geschäftspolitik. Damit prägen sie sowohl das Management als auch strategische und operative Themen, mit denen sich die Führungskräfte in Zukunft verstärkt auseinandersetzen müssen. Diese Themen beeinflussen darüber hinaus stark solche Beratungen, die sich in diesem Branchenumfeld bewegen. Aus diesem Grund soll hier die Frage beantwortet werden, welche Consulting-Themen, bedingt durch die o. g. industriellen Herausforderungen, im Zeitraum der nächsten drei bis fünf Jahre voraussichtlich verstärkt nachgefragt werden.

Dabei werden sowohl eher kurzfristige Modethemen als auch solche Beratungsinhalte vernachlässigt, die nur von ganz wenigen Consultancies angeboten werden. Im Vordergrund stehen vielmehr Themen, welche zum Produkt-Portfolio eines breit aufgestellten Beratungshauses zählen. Im Umkehrschluss bedeutet es jedoch nicht, dass selbst kleinere Unternehmensberatungen sämtliche Themenfelder inhaltlich abdecken sollten. Schließlich kam das Berater-Ranking 2006 des manager magazins zu dem Ergebnis, dass gerade mittelständische Consultants wie Management Engineers und Barkawi & Partner dann erfolgreich sind, wenn sie sich auf eine Nische spezialisieren.[89]

In den beiden folgenden Abbildungen werden die Herausforderungen an Industrieunternehmen den daraus abzuleitenden Consulting-Themen gegenübergestellt. Da Prozessmanagement und Kostenmanagement in der betrieblichen Praxis häufig identische Ziele verfolgen, werden diese beiden Herausforderungen in den Abbildungen zusammengefasst. In diesem Kontext wurde eine Trennung in Consulting-Themenfelder für Strategieberatungen einerseits und für Prozess-, Organisations-, und IT-Beratungen vorgenommen, wohl wissend, dass auch Überschneidungen zwischen den Beratungsarten nicht nur bei Randthemen denkbar sind:

---

[89] Vgl. *Student, D.* (2006).

Herausforderung	Auswirkungen auf Consulting
1. Kostenmanagement und 2. Prozessmanagement	▪ Make-or-Buy / Kernkompetenz-Bestimmung ▪ Outsourcing / Ausgründungen ▪ Standortentscheidungen. und -verlagerungen ▪ Business Process Reengineering ▪ Initiierung Prozessmanagement in indirekten Bereichen ▪ Plattformstrategien und Variantenmanagement ▪ Flexibilisierung der Produktion ▪ Kundenbindungsmanagement
3. Globalisierung	▪ Auswahl von Absatzmärkten ▪ Gestaltung von Markteintrittsstrategien ▪ Global Sourcing ▪ Mergers & Acquisitions
4. Risikomanagement in Supply Chains	▪ Gestaltung Risikomanagementsystem ▪ Risikomanagement strategischer und finanzieller Risiken (z. B. Wechselkurssicherung) ▪ Compliance Management
5. Industrieller Service	▪ Entwicklung einer Service-Strategie ▪ Fixierung eines Service-Portfolios und Ableitung neuer Service-„Produkte"

Abbildung 15: Herausforderungen und Auswirkungen auf strategische Beratungen

Herausforderung	Auswirkungen auf Consulting
1. Kostenmanagement und 2. Prozessmanagement	▪ „Lean"-Ansätze in direkten („Lean Produktion") und indirekten („Lean Logistics", „Lean Administration") Funktionsbereichen ▪ Optimierung von Zulieferketten / Bestandsmanagement ▪ Prozessorientierte Aufbauorganisationen ▪ Implementierung eines nachhaltigen KVP-Systemen ▪ Aufbau von Performance-Measurement ▪ Vereinheitlichung von IT-Systemen
3. Globalisierung	▪ Aufbau, Anlaufmanagement und Reorganisation von Auslandsstandorten ▪ Ausrichtung von Auslandsstandorten an Unternehmensstandards (Unternehmensvision, Organisation, Prozesse)
4. Risikomanagement in Supply Chains	▪ Risk Audits ▪ Umsetzung Risikomanagementsystem (personell, organisatorisch, prozessual) ▪ Risikomanagement operativer Risiken
5. Industrieller Service	▪ Service Audits ▪ Wirtschaftlichkeitsbetrachtungen extern angebotener Services ▪ IT- und Prozessmanagement im Service

Abbildung 16: Herausforderungen und Auswirkungen auf Prozess- und IT-Beratungen

3.5   Besonderheiten in der Beratung von Industrieunternehmen

Bei der Beratung von Industrieunternehmen sind spezifische Besonderheiten zu berücksichtigen, die teilweise direkt, teilweise indirekt das Projekt oder zumindest die Zusammenarbeit zwischen Berater und Kunde beeinflussen. Basierend auf den Erfahrungen des Autors einerseits in Industrieprojekten, andererseits aber auch in davon abweichenden Projekten in der Dienstleistungswirtschaft, handelt es sich im Wesentlichen um folgende sechs Punkte, die natürlich nicht auf jedes Industrieunternehmen zutreffen müssen:

Kostensensibilität

Vor dem Hintergrund starker internationaler Konkurrenz, im Vergleich zu Dienstleistungsbetrieben eher knapper Gewinnmargen sowie der Auswirkungen des Hochlohnstandorts Deutschland sind Auftraggeber aus Industrie bezogen auf Beratungsprojekte i. d. R. sehr kostensensibel.[90] Das führt meist dazu, dass geplante Projektinhalte im Angebot sehr detailliert aufzuschlüsseln und mit geplanten Manntagen zu hinterlegen sind. Auch anfallende Nebenkosten für Reisen und Spesen werden nicht pauschal, sondern eher über Einzelnachweise abgerechnet, da Industrieunternehmen auch intern nach Optimierungsansätzen im Travel Management suchen und dies vom Berater ebenfalls erwarten.

Erfahrungen mit Beratern

Unabhängig, ob Mittelstand oder Großunternehmen, fast alle Unternehmen des produzierenden Gewerbes haben bereits einschlägige Erfahrungen mit Beratungen sammeln können, während dies für öffentliche Auftraggeber und Dienstleister seltener zutrifft.[91] Dies führt zu drei Effekten: Erstens existieren nicht selten Vorbehalte auf Mitarbeiterseite gegenüber Unternehmensberatungen. Zweitens wissen die potenziellen Auftraggeber sehr gut, welche Erwartungen sie an Consultants stellen können und welche nicht. Drittens führt die starke Ausrichtung vieler Consultants auf Themenfelder der Industrie dazu, dass der (eher preissensiblen) Beratungsnachfrage ein hohes -angebot gegenübersteht, welches zu entsprechendem Wettbewerb führt.

Betriebsrat als Stakeholder

Traditionell zeichnen sich Industriebetriebe in westlichen Ländern durch einen hohen Organisationsgrad der Mitarbeiter aus. Zwar rangiert Deutschland insbesondere im Vergleich zu Skandinavien, Belgien und Österreich mit knapp 20 Prozent nur im mittleren Feld, jedoch haben Betriebsräte, speziell aus den Branchen Metall- und Elektroindustrie, starken Einfluss auf die Unternehmenspolitik. Dies führt dazu, dass Berater in Konsens geführten Betrieben regelmäßig über den Projektstatus zu berichten haben, oder Vertreter des Betriebsrats sogar ständige oder temporäre Projektmitglieder stellen. In Einzelfällen beauftragt der Betriebsrat sogar selbst Unternehmensberater, um den eigenen Standpunkt zu vertreten oder gutachterliche Stellungsnahmen, z. B. vor geplanten Betriebsänderungen, einzuholen.

Fokus auf Produktions- und produktionsnahe Themen

Auch wenn in vielen Industriebranchen der eigene Anteil an der Wertschöpfung teilweise nur noch zehn bis 15 Prozent[92] beträgt, bilden an die Produktion angrenzende Bereiche wie die Logistik vielfach das Rückgrat des Geschäftsmodells von Industrieunternehmen. Vor

---

[90] Hiervon gibt es in der Praxis üblicherweise nur zwei Ausnahmen: Entweder handelt es sich um ein geplantes Projekt, bei dem der Berater oder die Beratungsgesellschaft über das Top-Management des Auftraggebers positioniert wurde, oder es liegt ein Restrukturierungs- oder Sanierungsprojekt vor, bei dem der Auftrag wegen des hohen Handlungsdrucks kurzfristig vergeben wurde.

[91] Eine potenzielle Ausnahme spielen inhabergeführte Betriebe, die auch in der Industrie tendenziell seltener auf externes Know-how zurückgreifen.

[92] Wertschöpfungsanteile der Automobilmarken Smart und Porsche.

diesem Hintergrund finden tendenziell Beratungsprojekte in diesem Funktionsbereichen statt, wobei hiervon insbesondere Prozess- und Organisationsberatungen profitieren.

Doppelstrategie aus Kostensenkung und Umsatzsteigerung

Bis auf wenige Beratungen, die sich als „Cost Cutters" etabliert haben oder sich zu etablieren versuchen, befassen sich Industrieprojekte sowohl mit der Kosten- als auch mit der Absatzseite von Projekten. So wird nicht nur erwartet, dass erarbeitete Lösungsansätze die Kostensituation im Untersuchungsbereich bei gleich bleibendem Qualitätsniveau verbessern, sondern darüber hinaus möglichst absatzfördernd wirken. Schließlich geht es auch bei eher klassischen Cost Centers wie Einkauf und Logistik auch vielfach um die Frage, welchen Beitrag (z. B. verbesserte Lieferperformance, erhöhte Logistikqualität) bestimmte Maßnahmen auf den Vertrieb haben.

Technikaffinität

Nicht zuletzt wird von Beratern, auch bei Projekten in Verwaltung, Vertrieb/Marketing und Personalwesen, gerade im Industriegüterumfeld, eine gewisse Technikaffinität erwartet, da Ingenieuren im Betrieb traditionell eine zentrale Rolle zukommt.

4 Projekte und Projektmanagement im Industrieunternehmen

Im Kapitel 4 steht das Industrieprojekt als Betrachtungsobjekt des Unternehmensberaters im Vordergrund. Nach einer Konkretisierung des Begriffs „Projekt" wird eine typische, so genannte dreigliedrige Projektorganisation vorgestellt, wie sie sich bei größeren Projekten in der Praxis bewährt hat. Anschließend wird der Projektablauf von der -initiierung bis zum -abschluss behandelt, wobei ausgewählte Analyseinstrumente vertiefend betrachtet werden. Schließlich stellen sie das „Handwerkszeug" eines seriösen Beraters dar, der fachlichen und methodischen Input liefert.

4.1 Was ist ein Projekt bzw. Projektmanagement?

Auch wenn keine allgemein gültige Definition für ein Projekt existiert, gibt es doch typische Merkmale, die es auszeichnen. Bei manchen Unternehmen gewinnt man den Eindruck, dass sämtliche Arbeit „Projektarbeit" sei. Aber macht eine solche Definition auch Sinn? In der Tat gibt es Unternehmen, deren Arbeitsalltag ausschließlich durch Projekte geprägt ist, z. B. Entwicklungsdienstleister in der Automobilindustrie, Planungsabteilungen großer Logistik-dienstleister oder auch (interne wie externe) Unternehmensberatungen. Welche Merkmale zeichnen demzufolge echte Projekte aus? Hierzu wichtige Faktoren in der Übersicht:

- Existenz einer konkreten Zielvorgabe
- befristeter Zeitrahmen, i. d. R. unter Zeitdruck
- definiertes Projektbudget
- Beteiligung mehrerer Personen und ggf. unterschiedlicher Organisationen/Organisations-einheiten
- Vorhandensein einer projektspezifischen Organisationsform (Projektorganisation) neben der bestehenden Aufbauorganisation der Linie oder Matrix

Anhand der oben dargestellten Merkmale wird deutlich, dass Projekte einerseits zeitlich befristet sein und andererseits einen hohen Stellenwert (für den Betrieb oder die Abteilung) bzw. eine entsprechende Größe haben müssen, denn nur dann rechtfertigt sich der Aufwand für die Erstellung eines eigenen Budgets und die Verabschiedung einer eigenen Projektorganisation sowie das Bereitstellen von personellen Ressourcen (Projektleiter, Projektmitarbeiter, ggf. Externe etc.). Trotz des Kriteriums „befristet" sollte berücksichtigt werden, dass Projekte – je nach Branche unterschiedlich – zwischen wenigen Wochen und Monaten (z. B. Automobilindustrie) bis zu vielen Jahren (z. B. Pharmaindustrie) dauern können.

Zur Verdeutlichung soll schließlich noch auf Beispiele eingegangen werden, die kein Projekt im Sinne der oben aufgeführten Merkmale bilden:

- Führungstätigkeiten und Tätigkeiten des Tagesgeschäfts
- Sonderaufgaben oder Sonderaufträge, die im Wesentlichen durch eine Einzelperson abgewickelt werden, z. B. spezifische Rechercheaufgaben
- Themen und Prozesse, die (unbefristet) auf eine permanente Verbesserung hinarbeiten, z. B. Six-Sigma-Initiativen oder kontinuierliche Veränderungsprozesse (KVP)

Projekte lassen sich wiederum nach unterschiedlichen Kriterien klassifizieren, z. B. nach dem betroffenen Funktionsbereich im Unternehmen (Einkaufsprojekt, IT-Projekt, Innovationsprojekt, Vertriebsprojekt etc.). *Boos/Heitger* unterscheiden hingegen in Abhängigkeit der Kriterien „soziale Komplexität" und „Aufgabenstellung" (vgl. Abbildung 17):

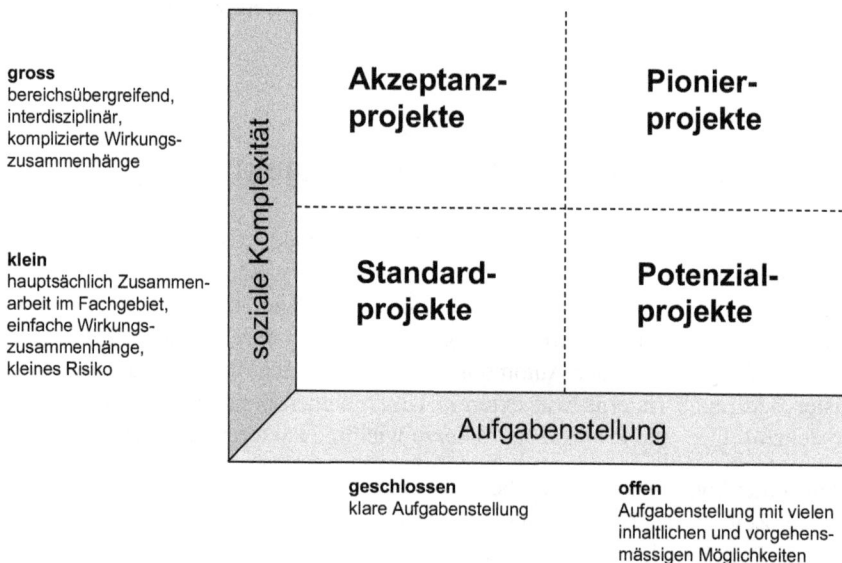

Abbildung 17: Projektarten nach Boos/Heitger[93]

Während „Standardprojekte" (z. B. Einführung einer neuen Produktionsanlage) üblicherweise unternehmensintern abgewickelt werden, erfolgt dies bei „Pionierprojekten" (z. B. Zu-

---

[93]   Vgl. ausführlich z. B. *Boos, F./Heitger, B.* (1996).

sammenführung von zwei Unternehmensbereichen) und „Akzeptanzprojekten" (z. B. Einführung von Lean Management in der Administration) meist mit externer Unterstützung. Bei „Potenzialprojekten" (z. B. Durchführung einer Kundenwertanalyse) gibt es i. d. R. beide Formen, also mit und ohne externe Consultants.

Voraussetzung für die erfolgreiche Umsetzung eines Projekts, und zwar unabhängig von der Ausprägungsform, ist ein effektives Projektmanagement. Es bedeutet nicht nur lediglich das „Managen von Projekten neben dem Tagesgeschäft", sondern umfasst sämtliche planerischen, koordinierenden, organisatorischen, steuernden und kontrollierenden Maßnahmen, die vor, während und am Ende eines Projekts auftreten.[94] Hieran werden zwei Aspekte deutlich: Erstens, dass Projektcontrolling (Planung, Steuerung und Kontrolle) faktisch einen Teil des Projektmanagements darstellt und zweitens, dass die eigentliche Projektdurchführung nicht zum Projektmanagement i. e. S. zählt. In der praktischen Umsetzung umfasst das Projektmanagement folgende Elemente:

Projektziele und -planung

Voraussetzung für ein erfolgreiches Projektmanagement sind eindeutige Ziele des Projekts. Sie geben die strategische Richtung des Projektes vor (z. B. sind bei einer Zielsetzung einer Bestandsreduzierung von 30 Prozent andere Maßnahmen und Ansatzpunkte erforderlich als bei einer Reduzierung um 3 Prozent), Zudem kann ohne ein konkretes Projektziel nicht am Projektende beurteilt werden, ob das Projekt erfolgreich war oder nicht (Erfolg abgeleitet aus Zielerreichungsgrad).

Während die Projektziele i. d. R. über den Auftraggeber oder Steuerkreis fixiert werden, obliegt die Projektplanung meist dem jeweiligen Projektleiter. Bei der Projektplanung geht es um die Planung des erforderlichen Budgets und der erforderlichen Mitarbeiterkapazitäten. Dabei ist meist zu beachten, dass nur in seltenen Fällen Projektleiter einem Projekt zu 100 Prozent zur Verfügung stehen. Dies gilt umso mehr für Teammitglieder in Projekten. Außerdem ist eine Terminplanung erforderlich (Wann soll welcher Teil des Projektes abgeschlossen werden? Welche Abhängigkeiten gibt es zwischen den einzelnen Projektphasen? etc.). Die Projektplanung wird in Kapitel 4.2 noch ausführlich behandelt.

Projektorganisation

Eine Projektorganisation teilt die Aufgaben und Kompetenzen zwischen den Beteiligten auf. Bei größeren Projekten empfiehlt sich eine dreistufige Projektorganisation aus Steuerkreis, Projektleitung und Projektteam (vgl. Abbildung 18)[95]:

---

[94] Die DIN 69901 konkretisiert den Terminus „Projektmanagement" relativ schlicht: „Gesamtheit von Führungsaufgaben, -organisation, -techniken und -mittel für die Abwicklung eines Projektes."

[95] Vgl. *Hartel, D.* (2008a), S. 59-62.

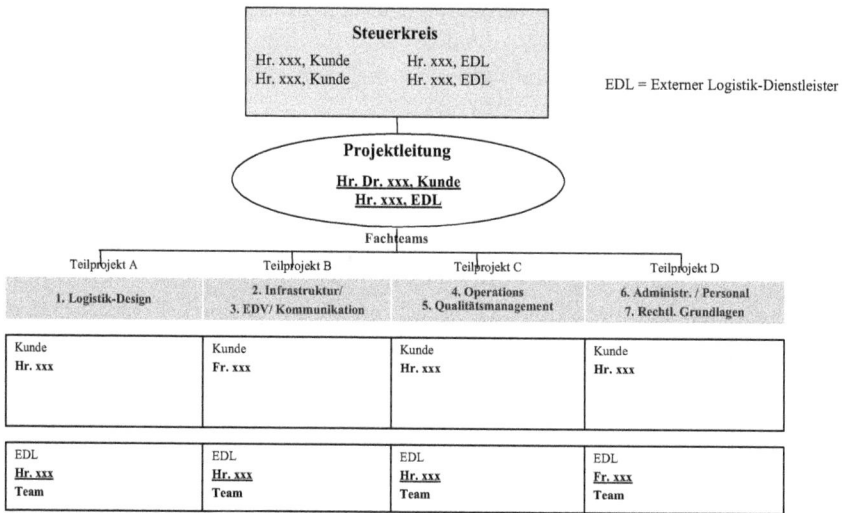

Abbildung 18: Dreigliedrige Projektorganisation

Nur bei größeren Projekten ist die Einrichtung eines Steuerkreises erforderlich. Bei kleineren und mittleren Projekten übernimmt diese Funktion häufig der jeweilige Auftraggeber. Der Steuerkreis legt die zuständige Abteilung, teilweise sogar namentlich den zuständigen Projektleiter fest, der wiederum sein Projektteam beruft. Unter Umständen gibt der Steuerkreis auch Empfehlungen zur Besetzung des Projektteams ab.

Projektsteuerung und -kontrolle

Die Projektsteuerung und -kontrolle dient der Überprüfung, inwieweit die Planung eingehalten wurde, und zwar im Hinblick auf die klassischen Erfolgsfaktoren Zeit, Kosten und Qualität. Typische Auslöser für die Durchführung von Projektsteuerungs- und -kontrollaktivitäten sind Projekt-Jours-fixes oder Steuerkreissitzungen.

Schließlich ist nicht nur der Projektleiter für ein erfolgreiches Projektmanagement und damit für ein erfolgreiches Projekt verantwortlich, sondern alle Beteiligten, d. h. auch der Steuerkreis (Lenkungsausschuss, Steering Committee) und die beteiligten Projektmitarbeiter. Dabei ist es wichtig, zu verstehen, dass Projekte wie z. B. die Vorbereitung und Durchführung eines Outsourcings von einem Lager oder eine Standortverlagerung nach Osteuropa komplexe Themen sind, die nicht in Form von „One-Man-Shows" abgearbeitet werden dürfen.

Das Projektmanagement wird vom Projektleiter, bei Vorhaben mit externer Unterstützung auch in Doppelbesetzung von einem interne Projektleiter und einem Pendant auf der Beraterseite, über den gesamten Projektverlauf wahrgenommen. Er beginnt nach dem „Go" des

Projektauftrags[96] mit der Projektplanung (Phase 1), geht anschließend in die Analyse- (Phase 2) und Soll-Konzeptphase (Phase 3) über und endet im Anschluss nach der Realisierung und Realisierungskontrolle schließlich mit dem offiziellen Meilenstein „Projektende":

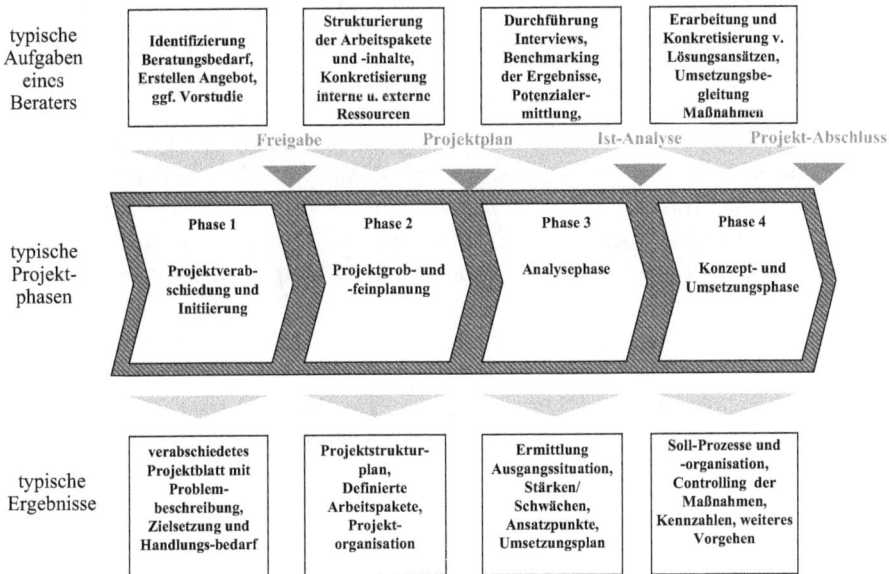

Abbildung 19: Vorgehensweise bei der Planung und Durchführung von Projekten

4.2   Projektplanung als Phase 1: „Wer nicht weiß ..."

... wohin er will, muss sich nicht wundern, wenn er ganz woanders ankommt".[97]

Trotz der Binsenweisheit, dass eine realistische und konkrete Planung kritischer Erfolgsfaktor eines Projekts ist, wird in der Praxis diese Phase, speziell wenn sie ohne professionellen Projektleiter durchlaufen wird, oft vernachlässigt. So stellte *Rothengatter* von der TH Karlsruhe in einer internationalen Vergleichsstudie fest, dass durchschnittlich mehr als jede fünfte Verkehrsinvestition die geplanten Kosten überschritten hat. Als prominente Projektbeispiele nennt er den Suez-Kanal (1900 Prozent Kostenüberziehung), die Oper in Sydney (1400 Prozent) oder das Dach des Münchener Olympiastadions (900 Prozent). Unabhängig davon, ob es sich um ein verkehrswirtschaftliches oder betriebsindividuelles Projekt handelt, lassen sich die Auswirkungen auf folgende Ursachen zurückführen:

---

[96]   Der vorgelagerte Prozess der Projektakquisition durch den Berater wird hier nicht weiter vertieft (siehe speziell *Hartel, D.* (2008a)).

[97]   *Mark Twain*, amerikanischer Schriftsteller.

Verzögerungen beim Projektstart

Nicht selten dauert es länger als ursprünglich geplant, speziell wenn eine vorgeschaltete Beraterauswahl stattfand, bis das Projekt offiziell gestartet wurde (bei größeren Projekten i. d. R. in Form eines offiziell unterschriebenen Projektauftrags und Vergabe einer internen Projektnummer). Aus diesem Grund möchte man die Planung so kurz wie möglich halten.

Aktionismus bei Projektleiter und -team

Gerade bei Projekten, bei denen angebliche Probleme und mögliche Lösungsansätze schon lange bekannt zu sein scheinen, setzen sich die Verantwortlichen teilweise unter Druck. Aussagen wie „Die Probleme kennen wir doch schon ewig." oder „Wir wissen doch, wie wir das Problem lösen können." sind Ausdruck dessen, dass man am liebsten gleich mit der Konzeptphase, vielleicht sogar eher „hemdsärmelig" mit der Umsetzungsphase starten möchte.

Fehlende Kenntnisse bzgl. Tools und Hilfsmitteln

Der Projektleiter ist bei der Projektplanung, die ihm u. U. abstrakt erscheint, ungeübt. Da die Software MS-Project nicht zum Standard-Office-Paket zählt, fehlt ihm vermeintlich[98] das nötige Handwerkszeug.

Projekte ohne geplante Kosten für externe Dienstleistungen

Nicht in sämtlichen Projekten fallen externe Kosten an. In solchen Fällen gehen manche Projektleiter davon aus, dass sie demzufolge auch keine Budgetplanung vornehmen müssten. Dies ist aus drei Gründen bedenklich: Erstens geht die Projektplanung über die reine Budgetplanung hinaus. Zweitens gibt es selbst bei rein intern besetzten Projekten häufig die Situation, dass externe Kosten anfallen, etwa für Reisen oder Datenbankzugänge. Drittens sollten generell auch interne Kosten kalkuliert werden („Opportunitätskosten der eigenen Mitarbeiter").

Die o. g. Ausführungen legen nahe, dass eine Projektplanung unumgänglich erscheint. Sie teilt sich in folgende Kategorien auf:

1. Fixierung von Projektzielen und -organisation
2. Grobplanung (Projektstrukturplan) nach Projektphasen, Meilensteinen, ggf. Teilprojekten/Arbeitspaketen und Ressourcenbedarf
3. Feinplanung bzgl. Erstellen von Tätigkeitslisten und Ressourceneinsatzprofilen

---

[98] „Vermeintlich" in dem Sinne, dass durchschnittlich komplexe Projekte auch mit MS-Excel planbar sind.

Checkliste: Aufgaben und Ergebnisse der Phase „Projektplanung"

Abgrenzung von Ziel und Untersuchungsbereich (Wird der Projektauftrag richtig widergespiegelt?)

Abgestimmte Grobplanung des Projekts (Passen Grobplanung und Projektauftrag zusammen?)

Festlegung von Anforderungsprofilen für die Projektmitarbeiter (Für welche Tätigkeit wird welche Qualifikation benötigt? Fachlich? Sozial? Methodisch?)

Fixierung einer Projektorganisation und Zuordnung von Namen zu Projekt bzw. Teilprojekt (Passt jeder einzelne in das Projektteam?)

Abgestimmte Feinplanung des Projekts (Existiert ein detaillierter Ablauf- und Terminplan?)

Erstellung von Ressourceneinsatzprofilen (Wann werden welche Personalressourcen im Projekt benötigt?)

Zunächst ist das Projektziel zu formulieren. Die Definition muss dabei die SMART-Prinzipien erfüllen. SMART steht dabei für:

- **S**pezifisch (konkret beschrieben)
- **M**essbar (Verbesserung messbar)
- **A**ngemessen (ambitioniert, aber mit angemessenen Mitteln erreichbar)
- **R**ealistisch (realistisch zu erreichen)
- **T**erminiert (Zielerreichung terminiert)

Folgende exemplarische, durchaus übliche Projektformulierungen erfüllen vor diesem Hintergrund nicht die Anforderungen von SMART:

- „Reduzierung der Entwicklungskosten um 15 Prozent" (Bis wann? Welche Kostenarten? Durch wen? An welchem Standort? In welcher Abteilung? ...)
- „Signifikante Optimierung der Prozesse" (Welche? Prozessbeginn und -ende? Mit welchem Ziel? Bis wann? Was bedeutet „signifikant"? ...)
- „Analyse der IT-Funktionalitäten im Beschwerdemanagement bis zum 31.07.2009" (Durch wen? Ist die „Analyse" bereits das Ziel? Was ist eine Beschwerde? ...)

Auf den ersten Blick mag die exakte Formulierung von Zielen übertrieben wirken, sie ist jedoch aus folgenden Argumenten unerlässlich:

- Schaffung eines einheitlichen Verständnisses zwischen Auftraggeber und Projektleiter
- Ziel-Transparenz zwischen Projektleiter und Projektteam
- Überprüfbarkeit der Projektergebnisse an Meilensteinen und am Projektende hinsichtlich der Zielerreichung (Projekt erfolgreich: ja/nein?)

Diese Aspekte gelten bei Projekten, die ausschließlich mit internen Ressourcen besetzt sind, aber ganz besonders auch für Projekte mit Unterstützung externer Berater.

Da bereits weiter vorne auf die Projektorganisation eingegangen wurde, erfolgt nun die Grobplanung. Sie dient in erster Linie dazu, Projekte – je nach Größe und Komplexitätsgrad – so zu strukturieren, dass sie in der Durchführung auch steuerbar sind. So stellte bereits der chinesische Philosoph Konfuzius fest: „Wer nicht an die Zukunft denkt, der wird bald große Sorgen haben." Zunächst ist das Projekt in Projektphasen einzuteilen, die jeweils mit einem Meilenstein abschließen.

Mindestens am Ende jeder Projektphase sollte ein Meilenstein gesetzt werden, in größeren Projekten sind diese auch in einer Projektphase sinnvoll. Meilensteine dienen der kontinuierlichen Überwachung des Projektfortschritts. Sie sollen exemplarisch folgende Fragen beantworten:

- Welche Ergebnisse (zeitlich, inhaltlich, qualitativ) sind bis zum Meilenstein zu erzielen?
- Liegen diese Ergebnisse in adäquater Form schriftlich vor?
- Welche Entscheidungen sind vonseiten des Projektleiters und/oder des Lenkungsausschusses zu treffen?
- Welche Konsequenzen hat ein Nichterreichen eines Meilensteins zum vereinbarten Zeitpunkt?
- Wer legt fest, ob ein Meilenstein erreicht oder nicht erreicht wurde?

An besonders kritischen Meilensteinen findet zeitgleich ein Projekt-Review statt. „Kritisch" bedeutet in diesem Kontext, dass Entscheidungen zu treffen sind, die wesentliche Auswirkungen auf den Projektfortschritt und das Projektziel haben werden, etwa bei der Auswahl eines Lösungsweges bei verschiedenen möglichen Alternativen. Bereits im Rahmen der Grobplanung wird das Projekt nicht nur in Teilprojekte aufgegliedert, was sich wiederum in der Projektorganisation widerspiegelt (vgl. Abbildung 18), sondern in einen Projektstrukturplan weiter untergliedert. Ein Projektstrukturplan kann sich an Objekten oder Tätigkeiten ausrichten.

Ein Arbeitspaket[99] stellt die Gesamteinheit an Tätigkeiten dar, die in sich ein abgeschlossenes Ergebnis liefern. Hierfür sollte eine Arbeitspaketbeschreibung mit folgenden Inhalten erstellt werden:

- Bezeichnung
- Voraussetzungen / abgeschlossene Arbeitspakete
- Tätigkeiten und nicht enthaltene Tätigkeiten
- geplantes Ergebnis
- Aufwand (ggf. getrennt nach intern/extern)
- Arbeitspaket-Verantwortlicher
- Ergänzungen

Im dritten und letzten Schritt der Projektplanung ist die Feinplanung zu erstellen. Aus Effizienzgründen empfiehlt sich, den Projektstrukturplan hierfür zu nutzen. In ihm werden nun die Arbeitspakete in Tätigkeiten zergliedert und um Abhängigkeiten, Ressourcenbedarfe und

---

[99] Auch „Aufgabenpaket" genannt.

Termine ergänzt. Durch den Abgleich aus erforderlichen Ressourcen (Planung) und verfügbaren Kapazitäten (Ist) ergeben sich in der Praxis vielfach folgende drei Probleme:

1. Die Feinplanung überschreitet den verfügbaren Zeithaushalt der Grobplanung.
2. Die erforderlichen Ressourcen stehen intern nicht zur Verfügung.
3. Die gewünschten externen Ressourcen (Beratermanntage) überschreiten das vereinbarte Volumen bzw. externe Projektbudget mit der Beratung.

Zur Problemlösung bieten sich grundsätzlich mehrere Ansatzpunkte an:

- Beschleunigung von Projektaktivitäten durch vermehrtes Parallelisieren
- Verkürzung der Tätigkeitsdurchlaufzeiten durch Reduzieren von Inhalten
- Verlagerung von Tätigkeiten (aus dem Tages- oder Projektgeschäft) auf Kollegen oder Externe („Outsourcing")
- Verschiebung – soweit möglich – einzelner Tätigkeiten an die verfügbaren Kapazitäten
- Projektpriorisierung gegenüber anderen Projekten
- Ultima Ratio: Anpassung des Grobplans (bzgl. Zeit, Ressourcen und Budget)

Bei den Ansatzpunkten ist zu beachten, dass sie auch kombiniert eingesetzt werden können, die beiden letztgenannten Möglichkeiten jedoch nur in Abstimmung mit dem Lenkungskreis bzw. dem Auftraggeber zum Einsatz kommen sollten.

Checkliste: Erfolgsfaktoren der Phase „Projektplanung"

Projektziel-Definition nach SMART (Kann das Projektziel am Ende als erreicht oder nicht erreicht eingestuft werden?)

Eindeutige Abgrenzung des Untersuchungsbereichs (Was betrifft, was betrifft nicht das Projekt?)

Enge Abstimmung der Grobplanung zwischen Auftraggeber und Projektleitung bzw. Projektleitung und Projektleitern anderer Projekte (Gibt es Überschneidungen? Wenn ja, wie ist damit umzugehen?)

Enge Abstimmung der Feinplanung zwischen Projektleitung und Projektteam bzw. zwischen Projektleitung und Linienvorgesetzten

Einplanung zeitlicher Puffer (Sind regelmäßig wiederkehrende Termine, z. B. Fachmessen, bei der Ressourcenplanung berücksichtigt worden?)

Fixierung von Vertreterregelungen (Gibt es einen Plan B, wenn jemand ausfällt?)

Visualisierung der abgestimmten Planungen, z. B. durch Aushänge an Projektbrettern

Verwendung möglichst eines einzigen IT-Tools, welches Planung, Steuerung und Kontrolle des Projekts in einem abdeckt

4.3   Ist-Analyse: Je exakter die Ist-Analyse ...

... desto einfacher lassen sich Schwachstellen identifizieren und Lösungsansätze daraus ableiten.

„Das Problem zu kennen ist wichtiger, als die Lösung zu finden, denn die genaue Darstellung des Problems führt automatisch zur richtigen Lösung.[100]

In der Praxis als Berater ist dies meist nicht einfach umsetzbar. Der Kunde hat häufig direkten Handlungsdruck, nicht selten bereits Verzögerungen in der Projektarbeit (bevor der Consultant überhaupt beauftragt wurde), knappe Projektbudgets und ist demzufolge vielfach an einer schnellen, aber nachhaltigen Lösung interessiert. Eine fundierte Situationsanalyse wird daher als zeitraubend, akademische Trockenübung oder gar als komplett überflüssig betrachtet. Hiervon darf sich der Consultant nicht irritieren lassen, denn ohne Transparenz über die Ausgangssituation, etwa bzgl. des Untersuchungsbereichs oder der konkreten Zahlenbasis, lassen sich stabile Soll-Konzepte kaum entwickeln.

Da mögliche Inhalte von Ist-Analysen genauso vielschichtig wie Projekte an sich ausfallen, soll im vorliegenden Kapitel weniger auf Inhalte, sondern vielmehr auf mögliche Analyseinstrumente, das Handwerkszeug des Consultants, eingegangen werden. Sie zeichnen sich sowohl durch ein breites Einsatzspektrum als auch relative Bekanntheit auf Kundenseite aus, sodass zeitaufwändige Erklärungsansätze („Was ist denn der Sinn des Analyseinstruments?") vermieden werden können. Analyseinstrumente sollen im Wesentlichen drei Funktionen erfüllen:

- Transparentmachung der Ausgangssituation
- Identifizierung von Schwachstellen
- Idealerweise: Hinweis auf mögliche Lösungsansätze auf Grundlage allgemein gültiger Handlungsempfehlungen

Nach der grundlegenden Darstellung der Instrumente werden Hinweise gegeben, auf welche Aspekte ein Berater bei den scheinbar so einfach wirkenden Instrumenten achten sollte.

4.3.1   Strategische Analyseinstrumente

Strategische Analyseinstrumente dienen dazu, Unternehmen, Organisationseinheiten, Produkte, Dienstleistungen oder Geschäftsprozesse auf ihre grundlegende Effektivität hin zu beurteilen und möglichst Hinweise für Verbesserungsansätze in Richtung Neuausrichtung der Strategie zu geben. Sie finden sich nicht ausschließlich in der strategischen Unternehmensberatung wieder, sondern können auch zu Beginn eines Projektes aus dem Prozess- und Organisationsbereich durchaus sinnvoll sein. In einem solchen Fall bilden sie i. d. R. die Grundlage für anschließende operative Analyseinstrumente.

---

[100] *Albert Einstein*, deutscher Physiker.

a) Portfolio-Analyse

Die Portfolio-Technik bildet das wohl bekannteste Analyseinstrument. Der Begriff geht ursprünglich auf das französische Portefeuille aus dem Wertpapierhandel zurück.

Hintergrund und Zielsetzung

Im Finanzbereich steht eine möglichst gute Mischung aus Anlagen mit geringem Risiko, aber auch geringer Rendite, und solchen mit hohen Renditen bei gleichzeitig hohem Risiko-Potenzial im Vordergrund des Investors. Aus der jeweiligen Positionierung sollen nicht nur Handlungsempfehlungen für das einzelne Produkt, sondern auch für den Gesamt-betrachtungsbereich abgeleitet werden.

Seit Ende der 1960er Jahre, in denen Unternehmen verstärkt auf eine Diversifikation der Geschäftsaktivitäten setzten, wurde von der Strategieberatung Boston Consulting Group (BCG) die gleichnamige BCG-Matrix als Instrument der Strategieentwicklung ganzer Unter-nehmen entwickelt. Je nach Positionierung in einer zweidimensionalen Darstellung, die im klassischen Modell die unternehmensexterne und -interne Sichtweise abbilden soll, werden Normstrategien für das Untersuchungsobjekt fixiert.

Aufbau und Vorgehensweise

Im BCG-Ansatz dienen die Kriterien „Marktwachstum" und „relativer Marktanteil"[101], je-weils unterteilt in „hoch" und „niedrig" der Einteilung der möglichen Quadranten. Sie wer-den als „question marks", „stars", „cash cows" und „poor dogs" bezeichnet. Da der Portfo-lioansatz eng mit dem Produktlebenszykluskonzept einher geht, wird davon ausgegangen, dass neue Produkte und/oder Dienstleistungen typischerweise als question marks beginnen, sich anschließend im positiven Fall zu stars entwickeln, um später als cash cows und schließ-lich poor dogs zu enden. Im negativen Fall[102] entwickeln sie sich direkt von question marks zu poor dogs, ohne jeweils positive Erträge erwirtschaftet zu haben.

Die ursprüngliche Form des BCG-Portfolios wird nach über 35 Jahren Anwendung in der Praxis kontrovers diskutiert. BCG als Erfinder kommt zu folgendem Ergebnis: „Für diversi-fizierte Unternehmen ist die Portfolioanalyse als Grundlage von Investitionsentscheidungen und Wachstumsstrategien unverzichtbar. Schon in den 1980er Jahren wandten 75 Prozent aller Unternehmen die Portfoliomatrix bei Investitionsentscheidungen und in der Strategie-entwicklung an. Heute gibt es praktisch kein diversifiziertes Unternehmen, das nicht mit dem Portfoliokonzept arbeitet."[103] Zu einem anderen Ergebnis kommt *Drews*, der dem BCG-Ansatz kritisch gegenübersteht.[104]

Eine Weiterentwicklung der vierfeldrigen „Marktwachstums-Marktanteils-Matrix" von BCG bildet etwa das „Marktattraktivitäts-Wettbewerbsstärke-Portfolio" von McKinsey (in Zu-

---

[101] „Relativ" bedeutet in diesem Kontext „in Bezug zum wichtigsten Wettbewerber" oder „zum jeweiligen Markt-führer".

[102] In der Konsumgüterindustrie wird etwa von Flopraten von bis zu 70 Prozent ausgegangen.

[103] BCG (2009), o. S.

[104] Vgl. *Drews, H.* (2008).

sammenarbeit mit General Electric), welches stärker differenziert und in neun mögliche Felder einteilt (vgl. Abbildung 20) und daraus wiederum Strategien ableitet:

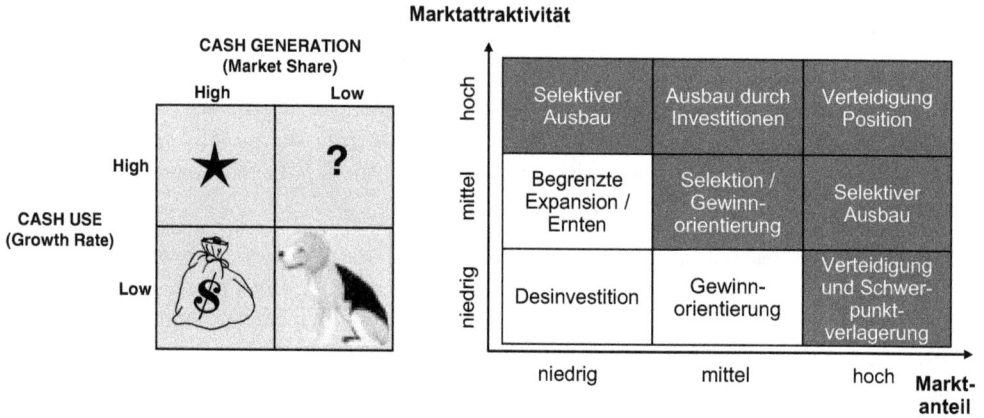

Abbildung 20: BCG- und McKinsey-Portfolios[105]

Im Gegensatz zu den Portfolio-Ursprüngen, die der Ableitung von Geschäftsfeld-Handlungs-empfehlungen dienten, wird die Portfolioanalyse auf zahlreiche andere Betrachtungsobjekte ausgedehnt, z. B. Länder, Risiken, Projekte etc. Das in Abbildung 21 dargestellte Beispiel half in einem Industrieprojekt der Klassifizierung von Lieferanten bzgl. ihrer logistischen Anbindung, wobei jeder Kreis einen Lieferanten bzw. eine bestimmte Materialgruppe darstellte und der Durchmesser wiederum das Beschaffungsvolumen widerspiegelte.

---

[105] BCG-Portfolio (Original-Abbildung von 1973) enthalten in: *Henderson, B.* (1973), S. 1.

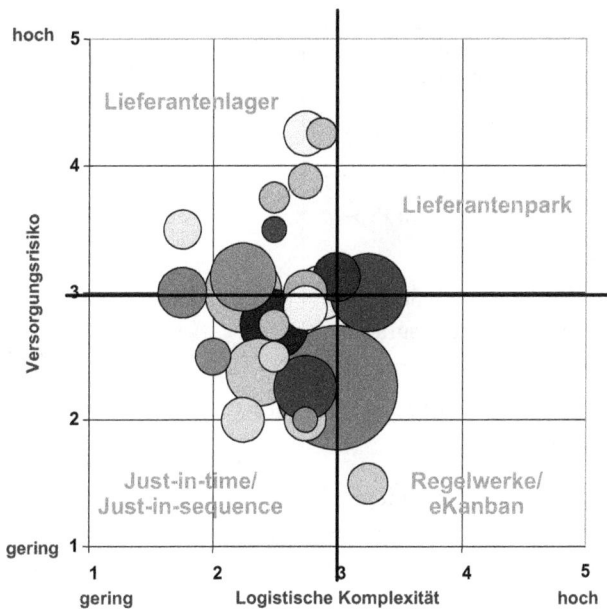

Abbildung 21: Lieferantenportfolio der logistischen Anbindung[106]

Die Erstellung eines Portfolios erfolgt in wenigen, einfachen Schritten:

1. Festlegung des Betrachtungsgegenstands und des Betrachtungszeitraums
2. Festlegung der Achsenbezeichnungen (als Beurteilungskriterien)
3. Im Fall qualitativer Beurteilungskriterien: Hinterlegen quantitativer Messgrößen[107]
4. Fixierung, bei welchen Ausprägungsformen der Kriterien „hoch", „mittel" oder „gering" vorliegt
5. Datenerhebung
6. Positionierung der Betrachtungsgegenstände im Portfolio
7. Ableitung von Handlungsempfehlungen / Interpretation der Ergebnisse

Kritische Würdigung

Das aufgeführte Beispiel unterstreicht das breite Einsatzspektrum der Portfolio-Analyse, weit über den klassischen BCG-Ansatz hinaus. Dabei sind indes spezifische Vor- und Nachteile zu beachten (vgl. Abbildung 22):

---

[106] Enthalten in: *Hartel, D.* (2004b), S. 36.

[107] Z. B. für das qualitative Kriterium „Versorgungsrisiko": „Wiederbeschaffungszeit", „Termintreue", „Mengentreue" etc.

Vorteile	Nachteile
▪ kompakte und anschauliche Visualisierung der Ist-Situation	▪ statische Betrachtungsweise
▪ Konzentration auf das Wesentliche	▪ Fehlinterpretationsgefahr durch willkürliche Fixierung der Grenzen pro Bewertungskriterium
▪ breites Einsatzspektrum im Projektalltag	▪ Verlust von Detailinformationen durch starke Datenverdichtung
▪ geringer Erklärungsaufwand durch hohen Verbreitungsgrad in der Praxis	▪ Begrenzung auf zwei Dimensionen
	▪ Annahme der völligen Unabhängigkeit zwischen den Betrachtungsobjekten
▪ geringer Erhebungs- und Darstellungsaufwand	
▪ Ableitung von Normstrategien	▪ Gefahr der Fehlinterpretation durch Normstrategien

Abbildung 22: Vor- und Nachteile der Portfolioanalyse

Die Portfolio-Analyse ist in der Beratungspraxis ein sehr beliebtes Analyseinstrument, da es in anschaulicher Art und Weise komplexe Zusammenhänge einfach abbildet. Auch der universelle Einsatzcharakter führt zur starken Verbreitung im Berateralltag. Dennoch sind bei der Erstellung von Portfolios für den Consultant einige Aspekte zu beachten, die ein Standard-Portfolio von einem vorbildlichen Portfolio unterscheiden.

Tipps & Tricks: Portfolioanalyse

Die Portfolios sollten auf metrisch skalierten Achsen aufsetzen, um qualitative „Bauch-Aussagen" zu vermeiden.

Die auf den Achsen abgebildeten Kriterien müssen zwingend unabhängig voneinander sein.

Es empfiehlt sich, die beste Positionierung rechts oben, die schlechteste links unten im Portfolio zu positionieren.

Um dem Kritikpunkt der Statik zu begegnen, erscheint es hilfreich, dem Portfolio ein Pendant aus einem vergleichbaren früheren Zeitraum gegenüberzustellen, um so zeitraumbezogene Aussagen treffen zu können.

Die Betrachtungsgegenstände sollten zwingend eindeutig voneinander abgrenzbar und unabhängig voneinander sein: Normstrategien lassen sich nur dann für jedes einzelne Objekt sinnvoll ableiten, wenn diese jeweils unabhängig voneinander sind.

Der Schwellenwert, ab dem sich ein „niedrig" in ein „hoch" wandelt, sollte wohlüberlegt definiert werden, da er maßgeblichen Einfluss auf das Portfolioergebnis hat.

Normstrategien sind als solche darzustellen. Sie stellen keine Wahrheiten dar, sondern sollen helfen, die richtigen Entscheidungen zu treffen.

Vom Berater werden Aussagen erwartet, wie denn ein optimales oder zumindest Soll-Portfolio im betrachteten Fall aussehen sollte.

Am Projektende, also nach Umsetzung des Soll-Konzepts, empfiehlt sich die erneute Durchführung einer Portfolioanalyse: Haben sich die Ergebnisse im Sinne des Projekt verändert? Wo besteht noch Handlungsbedarf?

b) SWOT-Analyse

Die SWOT-Analyse ist mehr als eine einfache Analyse, da sie im Regelfall mehrere Analyseergebnisse zusammenfasst. SWOT steht dabei für die englischen Begriffe Strengths (S), Weaknesses (W), Opportunities (O) und Threats (T). Durch die SWOT-Analyse kann ermittelt werden, ob die Stärken und Schwächen eines Unternehmens geeignet sind, um mit den Chancen und Risiken der Unternehmensumwelt umzugehen.

Hintergrund und Zielsetzung

Während die Portfolioanalyse sich nicht zwingend aus einer internen und einer externen Komponente zusammensetzt, zielt die SWOT-Analyse gerade darauf ab, die unternehmens-interne Sichtweise (S und W) der -externen Sichtweise (O und T) gegenüberzustellen, um zu erkennen, ob die derzeitige Unternehmensstrategie zu den marktgetriebenen Umweltfaktoren zusammenpasst. Die (internen) Stärken und Schwächen sind hier als relative Größen zu betrachten, nämlich im Verhältnis zu den jeweiligen Wettbewerbern.

Neben der BCG-Matrix stellt die SWOT-Analyse eines der beliebtesten strategischen Analyse-Tools dar, da es auf eine Weise versucht, interne und externe Faktoren in Verbindung zueinander zu setzen und somit den unternehmensspezifischen Bedürfnissen gerecht zu werden. Ihr Einsatz bietet sich nicht nur bei Fragen der Unternehmensplanung oder -strategie an, sondern auch bei der Frage nach der richtigen Positionierung von Produkten und Dienstleistungen.

Aufbau und Vorgehensweise

Die SWOT-Analyse differenziert nach Stärken, Schwächen, Chancen und Risiken.

Stärken: Stärken sind relative Faktoren, die zu Wettbewerbsvorteilen gegenüber der Konkurrenz führen. Hierzu zählen etwa Ressourcen, Fähigkeiten oder Potenziale. Typische Fragestellungen sind etwa:

- Worin sind wir gut?
- Worin sind wir besser als der Wettbewerb?
- Warum sind wir besser als die Konkurrenten?
- Warum entscheiden sich Kunden für unsere Dienstleistungen und Produkte?
- Haben wir etwas Einzigartiges (USP)?

Schwächen: Sie bilden das Gegenstück zu den Stärken. Schwäche bedeutet, dass man gegenüber der Konkurrenz Defizite nach innen und außen aufweist. Die Fragestellungen entsprechen denen zu den Stärken, allerdings mit umgekehrten Vorzeichen.

Chancen: Darunter sind derzeitige oder sich abzeichnende Absatzmarktbedingungen zu verstehen, die die Nachfrage nach einem Produkt oder einer Dienstleistung fördern. Typische Fragestellungen sind dabei beispielsweise:

- Gibt es Trends am Markt, die sich positiv abzeichnen?
- Welches Marktpotenzial liegt heute vor?
- Welche neuen Zielgruppen sind im Entstehen?
- Gibt es Rechts- oder sonstige Rahmenbedingungen, die sich positiv auf das Marktvolumen auswirken werden?

Wichtig ist in diesem Zusammenhang, sauber zwischen Stärken/Schwächen einerseits und Chancen/Risiken andererseits zu differenzieren. Das in Abbildung 23 aufgeführte Beispiel soll dies verdeutlichen: Hier geht es um die Frage eines Pkw-Massenherstellers, ob es für ihn sinnvoll erscheint, Hybridmodelle flächendeckend in das Motorenangebot aufzunehmen.

Beispiel: Hybridmodell für Pkw-Massenhersteller

Strengths	Weaknesses
• Qualifizierte Ingenieure • Fortgeschrittenes Technologie-Know-how im Konzern • Breites Servicenetz • Passend zum Markenimage	• Fehlende Erfahrungen am Absatzmarkt Hybridfahrzeuge • Hoher Entwicklungsaufwand • Voraussichtlich hoher Pkw-Preis
Opportunities	**Threats**
• Markt mit hohem Wachstumspotenzial • Verschärfte Umweltauflagen	• Noch fehlende Etablierung ggü. anderen Alternativantrieben • Kaufzurückhaltung in angestammten Märkten

Abbildung 23: (Vereinfachte) SWOT-Analyse am Beispiel eines Pkw-Herstellers

Die SWOT-Analyse endet indes nicht mit der Gegenüberstellung der Ergebnisse der Unternehmensanalyse mit denen der Umweltanalyse. Im nächsten Schritt sind für die vier möglichen Fälle (SO, ST, WO, WT) geeignete Strategien abzuleiten und im Soll-Konzept mit geeigneten Maßnahmenpaketen zu hinterlegen (vgl. Abbildung 24).

	Auflistung der eigenen Stärken (Strengths S)	Auflistung der eigenen Schwächen (Weaknesses W)
Auflistung der externen Chancen (Opportunities O)	SO-Strategien („Ausbaustrategie"): Einsatz von Stärken zur Nutzung von Gelegenheiten	WO-Strategien („Aufholstrategie"): Überwinden der eigenen Schwächen durch Nutzung von Gelegenheiten
Auflistung der externen gefahren (Threats T)	ST-Strategien („Absicherungsstrategie"): Nutzung der eigenen Stärken zur Abwehr von Bedrohungen	WT-Strategien („Abbaustrategie"): Einschränkung der eigenen Schwächen und Vermeidung von Bedrohungen

Abbildung 24: Abzuleitende Strategien einer SWOT-Analyse

Für das Erstellen einer SWOT-Analyse sind folgende Schritte erforderlich:

1. Festlegung des Betrachtungsgegenstands und des Betrachtungszeitraums
2. Durchführung der internen Stärken-/Schwächen-Analyse (Aufzeigen, Analysieren, Bewerten) und anschließende Auflistung und Hinterlegung mit entsprechendem Datenmaterial
3. Durchführung der externen Chancen-/Risiken-Analyse (Aufzeigen, Analysieren, Bewerten) und anschließende Auflistung und Hinterlegung mit entsprechendem Datenmaterial
4. Konkretisierung der vier möglichen Kombinationen (SO, ST, WO, WT)

Kritische Würdigung

Als typisches Instrument der Ist-Analyse berücksichtigt die SWOT-Analyse per se die interne und externe Blickrichtung und sichert so den Unternehmens- wie Marktbezug:

Vorteile	Nachteile
■ Berücksichtigung von Markttrends und unternehmensindividueller Stärken/Schwächen ■ Visualisierung auf einen Blick ■ Konzentration auf das Wesentliche ■ flexible und einfache Handhabung ■ geringer Erhebungsaufwand ■ Beachtung positiver wie negativer Aspekte	■ keine Gewichtung der Stärken/Schwächen bzw. Chancen/Risiken ■ Gefahr der Oberflächlichkeit (vor allem, wenn vertiefende Hintergrundanalysen fehlen) ■ Bewertung der Stärken und Schwächen oft einseitig aus Sicht der eigenen Mitarbeiter ■ Erfordernis regelmäßiger Aktualisierung ■ fehlende Existenz von Normstrategien

Abbildung 25: Vor- und Nachteile der SWOT-Analyse

Die SWOT-Analyse ist nicht nur beliebt, sie wird häufig auch unzureichend angewendet, indem sie in vielen Fällen bei der reinen Aufzählung von Stärken, Schwächen, Chancen und Risiken endet. Fast genauso häufig werden interne und externe Faktoren miteinander vertauscht oder zumindest nicht sauber voneinander abgegrenzt.

Tipps & Tricks: SWOT-Analyse

Wichtig ist, nicht zuletzt als Consultant, darauf hinzuwirken, dass sich offen und kritisch mit den Faktoren „Risiken" und „Schwächen" auseinandergesetzt wird.

Bei den Faktoren „Stärken" und „Schwächen" des Unternehmens sollten nicht nur Interne, sondern unbedingt auch Externe befragt werden. Gegebenfalls reicht schon eine explorative Befragung ausgewählter Kunden oder Geschäftspartner wie Absatzmittler und -helfer aus.

Für eine objektivere Betrachtung erscheint es sinnvoll, dass das Beraterteam zusammen mit den Kunden nicht nur eine SWOT-Analyse für das betrachtete Unternehmen erstellt, sondern flankierend versucht, eine ähnliche Untersuchung auch für den stärksten Wettbewerber zu erstellen.

Die vier Faktoren von SWOT sollten um zeitraumspezifische Faktoren ergänzt werden, um eine rein statische Beurteilung zu vermeiden. Hier bietet sich speziell für die Umweltanalyse die Szenariotechnik an.

Als Consultant sollte man besonders darauf achten, dass die interne und externe Sicht nicht vermischt wird. „Stärken/Schwächen" gelten ausschließlich für das eigene Unternehmen, „Chancen/Risiken" für alle Teilnehmer des relevanten (Markt-)Segments.

Stärken und Schwächen sowie Chancen und Risiken sollten nicht nur aufgezählt, sondern in Bezug zueinander gesetzt werden. Zu klären ist etwa die Frage, inwieweit Zusammenhänge existieren bzw. hergestellt werden können.

c) Benchmarking

Benchmarking und Unternehmensberatung sind zwei Begriffe, die fast untrennbar miteinander verbunden sind. Seit vielen Jahren eingesetzt, ist Benchmarking mehr als ein Modewort, zumal vielfach einer der Hauptgründe der Beauftragung externer Consultants darin liegt, über diese Zugang zu Benchmarks zu erhalten.

Hintergrund und Zielsetzung

Die Anfänge der theoretischen Grundlagen von Benchmarks kamen von dem amerikanischen Unternehmen Xerox aus dem Jahre 1979, welches aufgrund von gestiegenen Kundenanforderungen und des zunehmenden Konkurrenzkampfes am Markt ein wissenschaftliches und objektives Verfahren gesucht hat, um Vergleichsfaktoren zu definieren, die eine Gegenüberstellung mit der Konkurrenz ermöglichen. Zu Beginn wurden lediglich die produktbezogene Kenngrößen wie etwa die Herstellkosten, das Gewicht oder die Größe der Erzeugnisse mit den führenden Wettbewerbern am Markt verglichen. Xerox erkannte im Laufe seiner Untersuchungen, dass sich ein aussagefähiger Benchmark nicht nur aus den Unternehmen in der näheren Konkurrenz bestehen sollte, sondern dass es auch vorteilhaft sein kann, Unternehmen aus anderen Branchen zum Vergleich heranzuziehen, die sich mit ähnlichen Problemstellungen in ihren Arbeitsprozessen befassen. Xerox bemerkte in den Untersuchungen, dass man durch dieses Vorgehen innovative Lösungsansätze generieren und sich Wettbewerbsvorteile gegenüber der Konkurrenz erarbeiten kann.

Im Gegensatz zur landläufigen Meinung bedeutet Benchmarking somit mehr als ein Konkurrenzvergleich. Benchmarking zeichnet sich durch folgende konstitutiven Merkmale aus:

- Instrument zum Vergleich von Unternehmen, Produkten, Dienstleistungen, Prozessen (z. B. interne Geschäftsprozesse wie Auftragsabwicklung oder Vertriebsprozess) und Methoden betrieblicher Funktionen (z. B. Einsatz von Controlling-Tools im Vertrieb)
- Vergleich über mehrere Unternehmen oder Unternehmensbereiche (Business Units, Regionen, Ländergesellschaften, Werke, Niederlassungen etc.)
- branchenspezifisch oder branchenübergreifend

„Der Begriff „Benchmarking" stammt ursprünglich aus der Landvermessung und bedeutet soviel wie „Festpunkt" und dient als Bezugs oder Referenzpunkt."[108] Auf die Betriebswirtschaft bezogen bedeutet dies, dass sich ein Unternehmen mittels Kenngrößen seiner stärksten Konkurrenten oder mit Marktführern aus anderen Branchen vergleicht, um somit eine Orientierung für ihre Stellung am Markt zu erhalten. Genau wie bei der Vermessung können sie mittels der gewählten Kennzahlen ihre Position in Bezug auf ihre Umwelt bestimmen. Als einer der ersten hat sich *Camp* mit dieser Thematik beschäftigt und wird in der Literatur meist auch als der Vater des Benchmarking bezeichnet. Für ihn ist Benchmarking die stetige Suche nach Lösungsansätzen, die auf den besten Praktiken und Verfahren der Wirtschaft, den so genannten Best Practices, basieren und ein Unternehmen zur Marktführerschaft verhelfen sollen. Für *Camp* ist dabei von besonderer Bedeutung, das man sich die „Landmar-

---

[108] *Luczak, H./Weber, J./Wiendahl, H.-P.* (2004), S. 6.

ken" (Vergleichsfaktoren) nach dem Best-Practice-Gedanken auswählt, um den Erfolg des Benchmarks zu gewährleisten.

Anhand dieser Merkmale wird deutlich, dass Benchmarking übergreifender („Blick über den Tellerrand der eigenen Branche") ist und u. U. eine Wettbewerbsanalyse umfassen kann. Gerade bei erfolgreichen Vertretern einer Branche findet ein verschiedene Industriezweige übergreifendes Benchmarking häufig Anwendung, da Ideen einer weiteren Verbesserung vor allem in anderen Branchen erwartet werden. So benchmarken führende Unternehmen der Automotive-Industrie ihre Logistiprozesse nicht nur mit Wettbewerbern, sondern auch mit Branchenfremden, wie beispielsweise großen Handelsunternehmen oder Großapotheken. Ein weiteres Beispiel sind Finanzdienstleister, die ihre Back-Office-Prozesse einem Benchmarking mit Fertigungsabläufen von Industriebetrieben unterziehen („Industrialisierung der Finanzdienstleistung").

Sowohl Betrachtungsobjekte als auch -subjekte können sehr weit reichen (vgl. Abbildung 26).

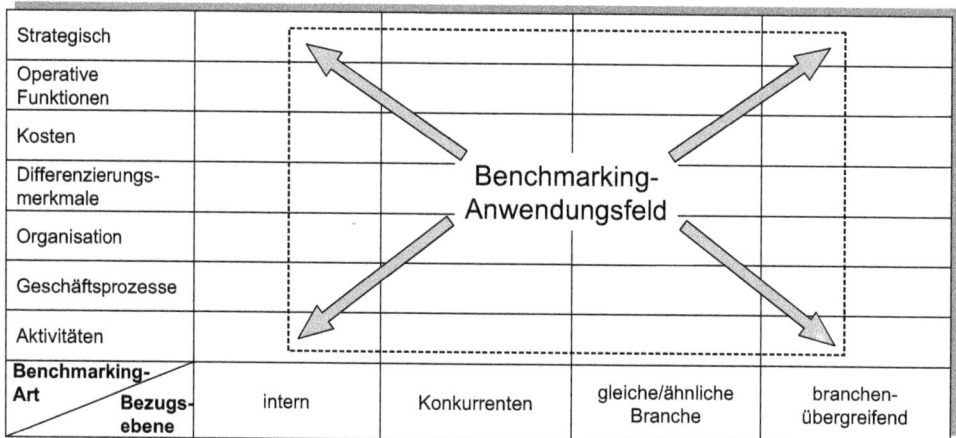

Abbildung 26: Anwendungsfelder von Benchmarking[109]

Benchmarks sind für ganz unterschiedliche Projektphasen interessant:

- Projektplanungsphase: Benchmarks als Grundlage zur Ableitung realistischer und zugleich ambitionierter Ziele (SMART-Prinzip)
- Ist-Analysephase: Benchmarks zur Identifikation von Leistungslücken und Verbesserungspotenzialen
- Soll-Konzeptphase: Benchmarks zur Ableitung von Lösungsansätzen aus Best Practice

---

[109] Enthalten in: *Wildemann, H.* (2002b), S. 158.

Unabhängig von der jeweiligen Projektphase soll Benchmarking im Sinne eines „Lernen von außen" folgende Ziele verfolgen:

- Offenlegen von Unterschieden zu Benchmark-Partnern
- Erkennen von Ursachen für Unterschiede
- Aufzeigen von Möglichkeiten für Verbesserungen
- Ermitteln wettbewerbsorientierter Zielvorgaben

Aufbau und Vorgehensweise

Grundsätzlich lässt sich in Abhängigkeit des oder der Benchmark-Partner zwischen internem und externem Benchmarking unterscheiden. Externes Benchmarking bedeutet dabei den Vergleich von Kennzahlen zur Identifikation von Leistungslücken im Vergleich zu anderen Unternehmen/Best-Performer, während bei internem Benchmarking interne Partner (Unternehmen des Konzernverbunds, Geschäftsbereiche, Produktionswerke) zur Verfügung stehen. Besonders Großunternehmen der Industrie sind in den letzten Jahren dazu übergegangen, verstärkt internes Benchmarking anzuwenden. So wird das GM-Kompaktmodell Astra derzeit an fünf Montagewerken in Europa produziert, so dass sich ein internes Benchmarking empfiehlt. Als Vorteile des internen Ansatzes sind zu nennen:

- Gewährleistung der Seriosität der Datenquellen
- geringer Datenerhebungs- und Analyseaufwand
- ähnliche oder identische Definition der Untersuchungsobjekte
- gute Vergleichbarkeit der Daten
- einfache Leistungskontrolle

Diesen Vorteilen stehen folgende Nachteile gegenüber:

- Orientierung an internen Strukturen
- kein Lernen von außen
- kein Vergleich zu Best Practice/Best Performers

Internes Benchmarking wird somit den ursprünglichen Zielen des Benchmarking nur teilweise gerecht. In der Regel führt ausschließlich ein externes Benchmarking zur Best-Practice-Lösung. Dies hängt jedoch unmittelbar mit der Wahl des richtigen Benchmarkpartners zusammen. Bei externen Partnern ist zwischen Wettbewerbern, Industrieführern, nationalen Prozessführern (branchenübergreifend) sowie internationalen World-Class-Prozessführern zu unterscheiden (vgl. Abbildung 27):

Partner   **Inhalt**

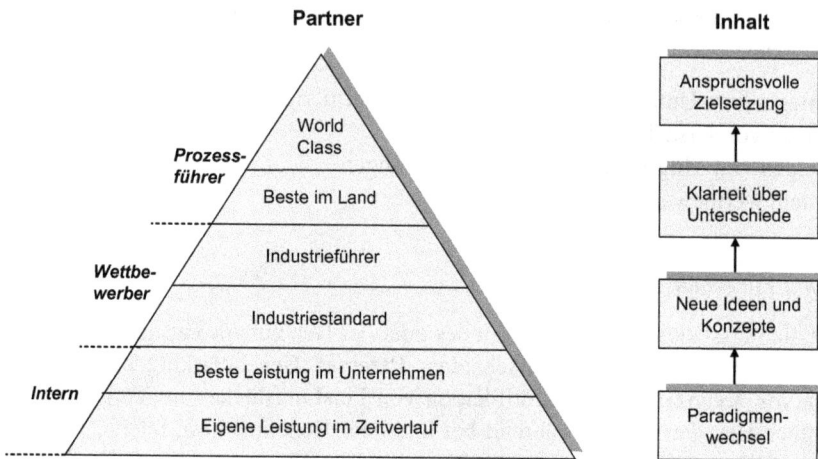

Abbildung 27: Benchmarking-Partner und -Anspruch[110]

Die Vorgehensweise beim Benchmarking gestaltet sich folgendermaßen:

1. Festlegung des Betrachtungsgegenstands und ggf. des Betrachtungszeitraums
2. Suche nach Benchmark-Partnern
3. ggf. Adjustierung des Betrachtungsgegenstands mit den Benchmark-Partnern
4. Datenerhebung
5. Aufzeigen, Analysieren und Bewerten von Leistungslücken
6. Eruierung der Ursachen für Leistungsunterschiede
7. Ableitung von Zielvorgaben
8. Übertragung der Lösungsansätze auf die eigene Situation
9. erneutes Benchmarking

Benchmarking ist kein einmaliger Vorgang, sondern ein kontinuierlicher Verbesserungsprozess. Für die einmalige Durchführung ist die Aufstellung eines Benchmarks viel zu kostenintensiv für eine Unternehmung und der Nutzen wäre auch nur sehr gering. Zudem steigt der Aussagewert eines Benchmarks mit der Erfahrung der am Prozess beteiligten Mitarbeiter. Dies bedeutet, je öfter das Benchmarking vollzogen wird, desto genauer ist die Datenqualität und damit verbunden der Aussagewert der Untersuchung. Es sollte daher einem festen Regelkreislauf unterliegen und in festgelegten Zeitintervallen wiederholt werden.

Kritische Würdigung

Der Erfolg des Benchmarking hängt stark vom Vorhandensein und der Wahl geeigneter Partner ab. Hier stehen Berater und Kundenmitarbeiter oft vor einem gewissen Dilemma:

---

[110] Enthalten in: *Wildemann, H.* (2002b), S. 159.

Auf der einen Seite soll der Benchmark-Partner, ob anonymisiert oder nicht, möglichst viele Parallelen zum eigenen Betrachtungsgegenstand aufweisen, um nicht „Äpfel mit Birnen" zu vergleichen. So stand der Autor selbst einmal im Rahmen eines Benchmarking-Projekts vor der Herausforderung, gezielte Anforderungen bezüglich der Auswahl eines Benchmark-Partners aus der Consulting-Benchmarkdatenbank zu erfüllen. Auf die Anmerkung des Beraters, dass für diese dezidierten Anforderungen das „n"[111] als Ergebnis der Datenbankabfrage doch recht gering ausfallen dürfte, kam folgende, leicht augenzwinkernde Antwort von Kundenseite: „Eigentlich erfüllt nur ein Unternehmen diese Anforderungen, genauer gesagt, sogar nur ein bestimmter Geschäftsbereich: der Geschäftsbereich xyz von Bosch am Standort Feuerbach."

Auf der anderen Seite ergeben sich echte Leistungslücken aber i. d. R. erst durch den Vergleich mit Branchenfremden, die eben nicht über vergleichbare Strukturen und Rahmenbedingungen verfügen. Hier verfügt der Berater über den Vorteil, dass er im Gegensatz zum Kunden über ein breiteres Erfahrungswissen in anderen Branchen verfügt und so Aussagen à la „Arbeiten Sie erst einmal wie ich seit 20 Jahren in der Chemieindustrie." entgegenwirken kann.

Im Übrigen bietet sich Benchmarking nicht nur im strategischen Umfeld an, sondern kann etwa in Form von Prozess-Benchmarkings auch als operatives Analyseinstrument zum Einsatz kommen.

Zusammenfassend stehen sich folgende Vor- und Nachteile gegenüber:

Vorteile	Nachteile
• realistische Standortbestimmung sowie Erkennen von Leistungslücken durch Blick über den Tellerrand • Lernen von außen und Förderung eines natürlichen internen Wettbewerbs • universeller Einsatz der Methode • Grundlage einer kontinuierlichen Verbesserung	• Oft begrenzte Verfügbarkeit von oder zumindest erschwerter Zugang zu seriösen Benchmarks • u. U. problematische Vergleichbarkeit der Benchmarkdaten, speziell bei branchenfremden Kennzahlen • maximal Kopieren, aber kein Überholen der Best-Practice-Lösung („Ewiger Zweiter"?)

Abbildung 28: Vor- und Nachteile des Benchmarking

Benchmarkings sind nicht nur beliebt, es wird damit auch viel Missbrauch in der Beraterpraxis betrieben. Dieser Missbrauch bezieht sich sowohl auf das Verletzten einer zugesagten Vertraulichkeit von Benchmarkdaten wie auch auf das „unerlaubte Anpassen" von Kenngrößen. In beiden Fällen wird gegen Grundsätze der Beraterethik massiv verstoßen, so dass hiervon unbedingt Abstand genommen werden sollte.

---

[111] „n" als Stichprobenumfang des Datenbankauszugs.

Tipps & Tricks: Benchmarking

Vor dem eigentlichen Benchmarking ist der Untersuchungsgegenstand exakt zu definieren. Als Berater sollte man jedoch nicht voreilig Benchmarks zusichern, die im Nachgang im Beratungshaus u. U. nicht vorliegen: Erst prüfen, dann das Datenmaterial zusagen.

Benchmarkdaten benötigen ausnahmslos Quellenangaben und genaue Spezifikationen (z. B. bei Vergleichen bzgl. Durchlaufzeiten in der Auftragsabwicklung: Wo beginnt, wo endet der Prozess?").

Benchmarks, die vor mehr als drei Jahren erhoben wurden, sind i. d. R. unbrauchbar für aktuelle Vergleiche.

Die Qualität des Benchmarking hängt nicht von der Anzahl an Benchmarks ab, sondern von der Güte der Vergleichszahlen. Statt viele Daten aus ungesicherten Internedatenbanken anzuführen, sollte der Berater lieber solche Benchmarks aus Projekten aufführen, zu denen er oder zumindest sein Arbeitgeber einen engen Bezug hat.

Bei vertraulichen Daten sind diese unbedingt als solche zu behandeln, auch wenn der Kunde u. U. darauf drängt, den Firmennamen zu erfahren. In der Regel reicht hier der Hinweis aus, dass der Kunde auch nicht wollen würde, dass seine Daten an Dritte weitergegeben werden würden.

Generell sollte der Berater sich an den Benchmarking Code of Conduct (neun Prinzipien) des International Benchmarking Clearinghouse und des Strategic Planning Institute Council on Benchmarking als Verhaltenskodex bei Benchmark-Projekten halten: Legalität, gegenseitiger Austausch, Vertraulichkeit, Nutzungsbeschränkung, unmittelbarer Kontakt, Kontakt zu Dritten, effiziente Durchführung, vollständige Erfüllung, gegenseitiger Umgang.

4.3.2   Operative Analyseinstrumente

Operative Analyseinstrumente dienen dazu, Organisationseinheiten, Produkte, Dienstleistungen oder Geschäftsprozesse auf ihre grundlegende Effizienz[112] hin zu beurteilen und möglichst Hinweise für Schwachstellen und Verbesserungsansätze für das Tagesgeschäft zu geben. Im Gegensatz zu den strategischen Analyseinstrumenten finden sie ausschließlich bei Prozess-, Organisations- und IT-Beratungen Anwendung.

a) Prozessanalyse
Im Jahr 2008 entfiel jeder zwölfte Euro an Beratungsumsatz in Deutschland auf Projekte aus dem Bereich Prozessmanagement, wobei Prozessthemen, die von IT-Beratungen betreut wurden, hiervon noch unberücksichtigt sind.[113] Gerade in wirtschaftlich schwierigen Zeiten nimmt der Druck zu, Prozesse kurzfristig, aber nachhaltig zu verbessern. Grundlage für das

---

[112] Effektivität = „Doing the right things" versus Effizienz = „Doing things right".

[113] Vgl. BDU (2009), S. 8.

Erkennen von Verbesserungsansätzen im Prozessmanagement ist dabei die Prozessanalyse. Sie stellt im Hinblick auf den Stellenwert und die Einsatzhäufigkeit das Pendant zur Portfolioanalyse dar.

Hintergrund und Zielsetzung

Um Prozesse sinnvoll darstellen und analysieren zu können, ist zunächst der Begriff des Geschäftsprozesses zu klären. Er lässt sich als eine logische Abfolge von Tätigkeiten umschreiben, die funktions- und -abteilungsübergreifend zu einem bestimmten Output führen.

Anhand dieser Definition wird deutlich, dass etwa der „Beschaffungsprozess" als Geschäftsprozess mehr umfasst als der Funktionsbereich „Beschaffung" oder „Einkauf" in einem Unternehmen. Während vielfach der Funktionsbereich oder die Organisationseinheit „Beschaffung" ausschließlich Tätigkeiten ab der Beschaffungsdurchführung (z. B. Suche und Auswahl qualifizierter Lieferanten) umfasst, beginnt der Beschaffungsprozess u. U. bereits in der Forschungs- und Entwicklungsabteilung bei der Suche nach Musterteillieferanten.[114]

Geschäftsprozesse sind darüber hinaus durch weitere Merkmale charakterisiert. Im Idealfall zeichnen sie sich durch folgende elf Kennzeichen aus (vgl. Abbildung 29):

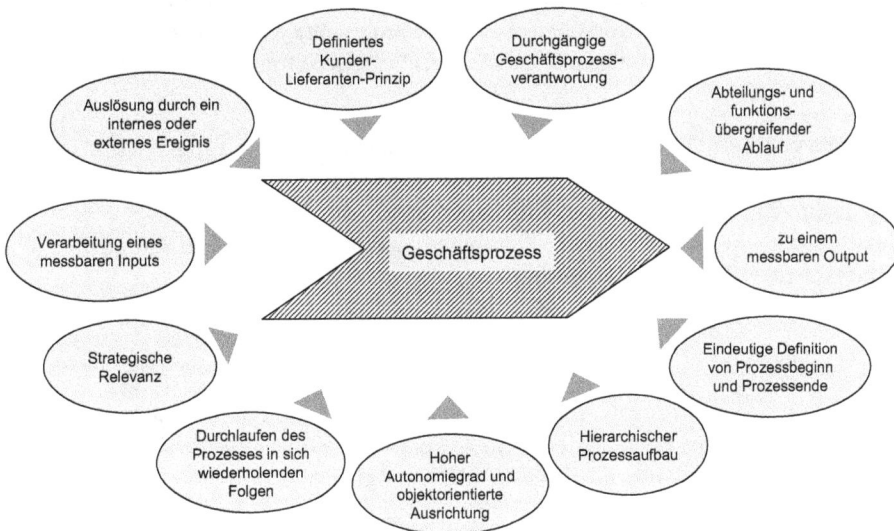

Abbildung 29: Merkmale von Geschäftsprozessen[115]

---

[114] Hier ist anzumerken, dass es andererseits in der Praxis natürlich auch zahlreiche Unternehmen gibt, bei denen die Beschaffungsabteilung sehr frühzeitig in den Beschaffungsprozess eingebunden wird („Advanced Purchasing").

[115] Enthalten in: *Wildemann, H.* (2002b), S. 235.

Geschäftsprozesse bilden die oberste Ebene ab. Sie bestehen aus mehreren Teilprozessen, die sich wiederum aus mehreren Teilprozesselementen zusammensetzen. In der vierten Ebene wird schließlich von Prozessaktivitäten gesprochen:

- Geschäftsprozess (1. Prozessebene): Wertschöpfungskette mit strategischer Relevanz für das Unternehmen, z. B. Auftragsabwicklungsprozess
- Teilprozess (2. Prozessebene): Gruppe von Aktivitäten innerhalb eines Geschäftsprozesses, die zu einer Teilleistung führt, z. B. Angebotsprozess (als Teil des Geschäftsprozesses Auftragsabwicklung)
- Teilprozesselement (3. Prozessebene): Untergruppe von Aktivitäten, die zu einem Teil der Teilleistung führen, z. B. Erstellen von Angebotsunterlagen (als Teil des Teilprozesses Angebotsprozess)
- Prozessaktivität/Prozessschritt (4. Prozessebene): einzelne Aktivitäten mit Prozessvarianten, z. B. Prüfen der Angebotsunterlagen auf Vollständigkeit (als Teil des Teilprozesselements Erstellen von Angebotsunterlagen

Geschäftsprozesse eines Unternehmens werden üblicherweise in Kernprozesse[116], unterstützende Prozesse[117] und Managementprozesse untergliedert. Nach Definition der für den Untersuchungsbereich des Projekts relevanten Geschäftsprozesse findet pro Geschäftsprozess (bzw. Teilprozess, Teilprozesselement oder Prozessaktivität) die Aufnahme der Prozessbestandteile mit Hilfe einer Prozessanalyse statt. Dabei werden mit Hilfe der Prozessanalyse folgende Ziele verfolgt:

- Erkennen von Zusammenhängen und Abhängigkeiten zwischen Tätigkeiten, Abteilungen und Geschäftsbereichen
- Aufzeigen nicht wertschöpfender Tätigkeiten und Redundanzen
- Identifizieren von Medienbrüchen, Zeittreibern und organisatorischen Schnittstellen
- Grundlage für Prozess-Benchmarking

Aufbau und Vorgehensweise

Gemeinsam mit den betroffenen Abteilungen erhebt der Consultant den relevanten Prozess, z. B. eine Reparatur vom Eingang des Anrufes vom Kunden bis zum Versand der Rechnung an diesen. Dabei sind sämtliche Teilaktivitäten möglichst detailliert zu berücksichtigen. Hierzu zählt neben der Beschreibung der Tätigkeit auch die Angabe der eingesetzten Hilfsmittel (Checklisten oder EDV-Tools) und der verantwortlichen Abteilung oder Gruppe sowie die notwendige Bearbeitungs- und Durchlaufzeit. Als Beispiel soll der Auftragsabwicklungsprozess bei einem Werkzeugmaschinenbauer herangezogen werden (vgl. Abbildung 30):

---

[116] Bei Siemens: Business Processes.

[117] Bei Siemens: Support Processes.

lfd. Nr.	Prozessschritte	beteiligte Stellen/Abteilungen										BAZ (pro FA)	DLZ	Papierfluss/ Formulare/ EDV	Maßnahmen Bemerkungen
		AV	Produktion	Spediteur	Logistik Leitung	Planung und Steuerung	WE / Lager	Ploten	Materialwirtschaft	Fertigungslogistik	Versand				
1	Planauftrag in Dispoliste				●	●						./.	./.		
2	Überprüfung Auftrag: Termine, Auftragsreservierung, Kapazitätsprüfung					●									aus Erfahrung
3	Bestandsprüfung					●						5 min	2 AT		
4	Materialverfügbarkeitsprüfung					●									
5	Eröffnen FA					●									
6	Weitergabe der markierten Auftragssammelliste					●						15 min	3 AT		
7	Zeichnungen plotten							●							
8	Weiterleitung der Zeichnungen und Sammelliste an AV							●				2 min			
9	Prüfung auf vorh. Arbeitspläne (inkl. Aktualität)	●										5 min			
10	Überarbeitung oder Erstellung der Arbeitspläne	●										10-20 min	2 Wochen (10 AT)		20 % Probleme mit Arbeitsplänen
11	Weitergabe der freigegebenen Zeichnungen zur Auftragsfreigabe	●										2 min			

lfd. Nr.	Prozessschritte	beteiligte Stellen/Abteilungen										BAZ (pro FA)	DLZ	Papierfluss/ Formulare/ EDV	Maßnahmen Bemerkungen
		AV	Produktion	Spediteur	Logistik Leitung	Planung und Steuerung	WE / Lager	Ploten	Materialwirtschaft	Fertigungslogistik	Versand				
12	Kapazitätsprüfung über System									●		1 min			
13	Kapazitätsbestimmung bei Engpässen und Aktualisierung					●						15 min	1 AT		5% der Spindelteile
14	Freigabe / Druck FA									●		3-5 min		Arbeitspläne bei ext. Vergabe (BANF)	
15	Weitergabe an Produktion						●					2 min			
16	Produktion		●									./.	./.		
17	Fertigmeldung FA am Bereitstellungsplatz									●		2 min		Barcode	
18	Kommissionierung an Spindellager (nur Spindeln)						●					30 min (pro Box)	1 AT		nur bei Spindelteilen
19	(tägliche) Beladung									●		10 min			
20	Fracht ins Montagewerk		●									./.	2 AT		
											Summe	108 min	19 AT		

Abbildung 30: Prozessanalyse (Ist) am Beispiel eines Auftragsabwicklungsprozesses

An dem Prozessoptimierungsworkshop nahmen damals sowohl Mitarbeiter aus direkten (Produktion) wie indirekten (Einkauf, Vertrieb, Logistik) Bereichen teil. Im Laufe der Sitzung wurde deutlich, dass jede am Auftragsabwicklungsprozess beteiligte Abteilung nur einen Ausschnitt des gesamten Prozesses kannte. Alle hatten jedoch das subjektive Gefühl, dass der Prozess „viel zu lange" dauern würde, da „die anderen ja kaum etwas machen und nur den Ablauf verzögern". So verwunderte im Nachhinein auch nicht, sondern führte nur zum allgemeinen Schmunzeln der Teilnehmer und des Autors (damals dort als Berater tätig), dass von einem Gruppenleiter aus der Fertigung folgende Aussage während der Prozessaufnahme fiel, als die indirekte Bereiche bzgl. ihrer Tätigkeiten befragt wurden: „Jetzt wird mir erst klar, was ihr den ganzen Tag macht!"

Während die Bearbeitungszeit lediglich den unmittelbaren Aufwand zum Abarbeiten der Tätigkeit wiedergibt, beinhaltet die Durchlaufzeit Bearbeitungs-, Transport- und Liegezeiten.

Die Erhebung der Zeiten sollte sich an typischen Fällen orientieren, um möglichst repräsentativ zu sein. Außerdem kann sie über Selbstaufschrieb, Beobachtung oder Abschätzung erfolgen. Starke Abweichungen zwischen diesen beiden Kennzahlen weisen auf eine fehlende Prozessorientierung und einen hohen Anteil nicht wertschöpfender Tätigkeiten hin. Im vorliegenden Projektbeispiel (vgl. Abbildung 30) lag der Anteil BAZ an der DLZ bei lediglich 1,4 Prozent (vgl. Abbildung 31):

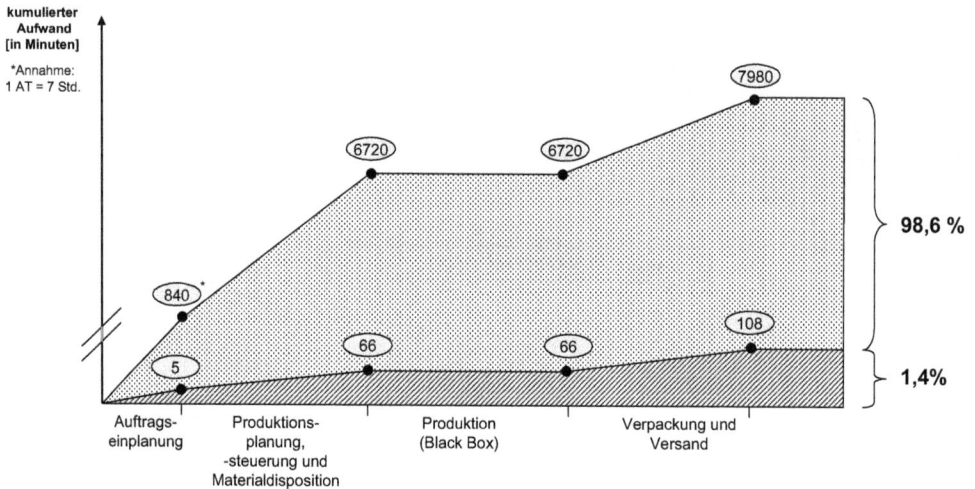

Abbildung 31: Verhältnis von BAZ und DLZ bei einem Auftragsabwicklungsprozess

Als Kennzahl zur Bewertung der Prozesseffizienz steht hier der Flussgrad zur Verfügung. Er gibt das Verhältnis von Bearbeitungszeit zu Durchlaufzeit eines Prozesses wieder.

Für die Erhebungstiefe der Prozessaufnahme gibt es keine Pauschalempfehlungen, vielmehr hängt der Detaillierungsgrad davon ab, welche Verbesserungspotenziale im jeweils untersuchten Prozess erwartet werden. Im Endeffekt steht hier das Aufwand-Nutzen-Verhältnis des Instruments (wie bei den anderen Instrumenten auch) wiederum im Vordergrund. Je detaillierter die Prozessaufnahme erfolgt, desto eher lassen sich Schwachstellen identifizieren bzw. desto schneller und konkreter lassen sich für den Berater Lösungsansätze ableiten.

Abbildung 32: Prozessdetaillierungsebene

Nachdem der Prozess erhoben wurde, findet im letzten Schritt ein Leistungsvergleich statt. Dabei werden die ermittelten Ist-Werte einem Referenzwert gegenübergestellt. Die Basis solcher Referenzwerte können Vergangenheitswerte, vorab definierte und vereinbarte Soll- und Zielwerte sowie interne und externe Benchmarking-Daten darstellen. Die Differenz zwischen dem Ist- und dem Referenzwert ist (in der Soll-Konzept-Phase) mit Hilfe geeigneter Maßnahmen zu minimieren und später auf Umsetzung und Wirkungsweise zu überprüfen. Dabei spiegelt das Ausmaß des Deltas (zwischen Ist und Soll) wider, ob lediglich effizienzorientierte Maßnahmen zur Verbesserung der Prozesse zu ergreifen sind (gezielte Leistungssteigerung oder KVP) oder ob er (bei starken Abweichungen) grundlegend neu gestaltet werden sollte (Restrukturierung oder Prozess-Reengineering).

Kritische Würdigung

Das Tool eignet sich, wenn das Projektteam Prozesse verstehen, analysieren und optimieren soll. Somit liegt der Fokus auf operativen Fragestellungen einer Organisations- und Prozessberatung oder einer IT-Beratung im Zuge der Einführung neuer Softwarelösungen in Geschäftsabläufen. Für strategische Problemstellungen eignet sich die Prozessanalyse eher weniger, da sich über sie zwar Aussagen zur Effizienz, aber nicht zur Effektivität von Prozessen treffen lassen. Erst durch ein sich anschließendes Prozess-Benchmarking oder eine Prozesskostenrechnung unterstützt eine Prozessanalyse bei Fragen wie Make-or-buy, das heißt interner Prozess oder externe Dienstleistung.

Zusammenfassend stehen sich folgende Vor- und Nachteile gegenüber:

Vorteile	Nachteile
<ul><li>vertiefter Einblick in Prozesse</li><li>einheitliches Verständnis und Transparenz von Prozessen</li><li>Grundlage für Prozesskostenrechnungen</li><li>bei detaillierter Analyse: Erkennen konkreter Ansatzpunkte für Verbesserungen</li><li>Instrument zur konkreten Prozessbewertung hinsichtlich der Faktoren Prozesszeit (DLZ), -kosten und -qualität</li></ul>	<ul><li>nur im Zusammenspiel mit Prozess-Bechmarking und Prozesskostenrechnung für strategische Analysen hilfreich</li><li>Gefahr der Verzettelung durch detaillierte Aufnahme unkritischer Prozesse</li></ul>

Abbildung 33: Vor- und Nachteile der Prozessanalyse

Wie bei der Portfolioanalyse auch, fühlen sich viele in der Lage, Prozessanalysen durchzuführen. Die Kunst besteht für den Berater jedoch nicht darin, Prozesse auf Flipcharts oder mit Hilfe von ARIS und Co. aufzunehmen, sondern Probleme in Prozessen sauber zu identifizieren und zu lokalisieren, um damit zügig Lösungsansätze zu erarbeiten. Gerade für Geschäftsprozesse, die sehr unternehmensindividuell ausfallen, gilt, dass Berater mit „Schema-F"-Lösungen zum Scheitern bei der Problemlösung verurteilt sind.

Tipps & Tricks: Prozessanalyse

Vor der Durchführung von Prozessanalysen sollte der Berater folgende Fragen klären: Ist der Prozess bei der Problementstehung und -wirkung für das Projekt relevant bzw. inwieweit ist er relevant? Wo beginnt der Prozess, wo endet er?

Nachdem die beiden Fragen geklärt sind, sollte der Consultant überprüfen, ob es einschlägige Vorarbeiten gibt, die die Prozessaufnahme beschleunigen könnten. Hierzu zählen etwa Altprojekt-Unterlagen, Verfahrenanweisungen, QM-Handbücher usf.

Nicht alle Prozesse sind in derselben Detaillierung zu erheben. Relativ unkritische Prozesse können auf Ebene von Prozesselementen erhoben werden, voraussichtlich kritische Prozesse sind auf der Ebene „Prozessschritt" zu konkretisieren.

Bei der Prozessaufnahme hat das Beraterteam sicherzustellen, dass Prozessschritte realistisch im Hinblick auf Rückkopplungsschleifen und Zeitbedarfe dargestellt und dokumentiert werden. Im Vordergrund steht nicht die Frage „Wie sollte der Prozess gemäß unserer ISO-Zertifizierung ablaufen?", sondern „Wie läuft der Prozess heute tagtäglich wirklich ab?".

Die Qualität der Prozessaufnahme hängt von der Methodenkompetenz des Beraters, den richtigen Fragen und Nachfragen sowie von der interdisziplinären Zusammensetzung des Teams ab. Gerade der kritische Blick über Abteilungsgrenzen hinweg zeigt Verbesserungspotenziale auf.

„Keiner macht absichtlich Fehler" – Das Aufzeigen von Schwachstellen dient nicht dazu, einzelne persönlich verantwortlich zu machen („Ist Ihnen der unlogische Ablauf nicht schon vorher aufgefallen?"), sondern dazu, gemeinsam den Blick nach vorne zu richten. Der Berater muss ein offenes Gesprächsklima ohne Misstrauen sicherstellen.

„Schnittstellen sind Abteilungen ohne Abteilungsleiter" – Schwächen in Prozessen liegen heute nur teilweise in den Prozessen selbst begründet. Echte Störgrößen liegen vielmehr im Zusammenspiel über Abteilungsgrenzen hinweg.

Zusammensetzung des Teams: Nicht immer erscheint es sinnvoll, die Prozesse in hierarchie-übergreifenden Teams zu erheben. Die Teilnahme von Vorgesetzten kann sogar kontraproduktiv wirken, wenn sich die Teilnehmer beobachtet fühlen.

Bei der Prozessaufnahme sollte immer jedem bewusst sein, dass sie nur die Grundlage der Prozessoptimierung ist und kein „Wert an sich". Eine Prozessanalyse ohne anschließende kritische Interpretation der Ergebnisse hat nur wenig Aussagekraft. Da inzwischen Kunden oft über interne Methodenkompetenzen bei Prozessanalysen verfügen, muss sich der Berater über seine Fachkompetenz bei der Auswertung von Prozesserhebungen und/oder durch verfügbare Prozess-Benchmarks differenzieren. Hier liegt oft ein signifikanter Mehrwert des Consultants gegenüber seinen Kunden.

b) Funktions- und Leistungsanalyse

Die Funktions- und Leistungsanalyse ist ein bewährtes Instrument zur Bewertung des Personaleinsatzes, speziell in indirekten Bereichen wie Administration, Vertrieb oder Einkauf.

Hintergrund und Zielsetzung

In einer abteilungs- und aktivitätenbezogenen Betrachtung werden Ansatzpunkte zur Verbesserung der Abläufe sowie zur Erhöhung der innerbetrieblichen Effizienz identifiziert. Basis hierfür ist die mitarbeiterbezogene Analyse der Tätigkeiten sowie die Einordnung der Teilaktivitäten in „wertschöpfend", „nicht wertschöpfend, aber notwendig" und in „Verschwendung und Blindleistung":

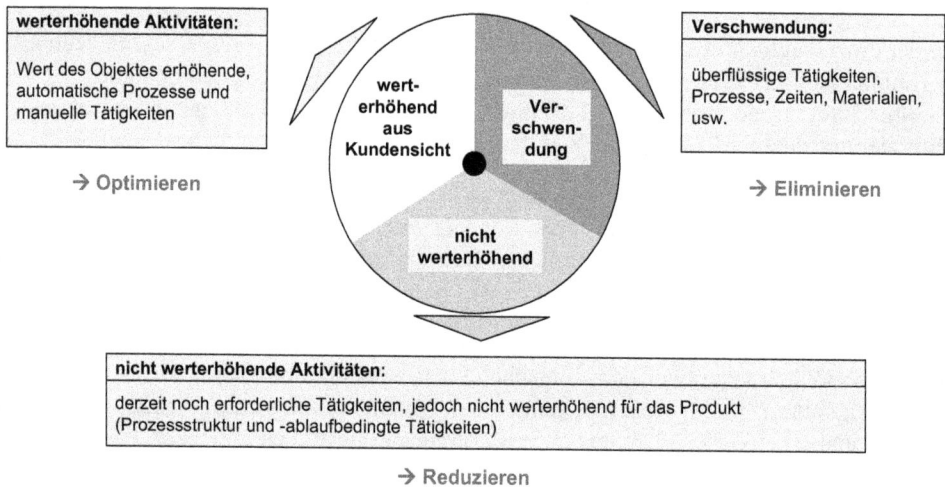

Abbildung 34: Einordnung von Tätigkeiten innerhalb der FuLA[118]

Die Tätigkeitsklassen sollen im Folgenden detailliert dargestellt werden und am Beispiel einer Montageabteilung konkretisiert werden:

werterhöhende Aktivitäten

- Bereitschaft des (internen) Kunden, für diese Leistung zu bezahlen

- Prozessschritte mit direktem Bezug zur Aufgabe des Teams (originäres Tagesgeschäft)

- vom Kunden wahrgenommen („werterhöhend")

- Beispiel aus einer Montageabteilung: Montage von Produktionsteilen, …

---

[118] In Anlehnung an: *Wildemann, H.* (2002b), S. 246.

nicht werterhöhende Aktivitäten, aber erforderlich

- Prozessschritte, die der internen Vorbereitung und Vereinfachung von wertschöpfenden Aktivitäten dienen

- zur Sicherstellung qualitativ hochwertiger Prozessergebnisse (im Sinne des Kunden)

- durch konsequente Einhaltung von „Qualität beim ersten Mal" u. U. vermcidbar bzw. reduzierbar

- vom Kunden nicht direkt wahrgenommen („nicht werterhöhend")

- Beispiel aus einer Montageabteilung: Buchen von Fertigungsaufträgen, Bereitstellen von Teilen, innerbetrieblicher Transport, Fertigungssteuerung ...

Verschwendung und Blindleistung

- zur Behebung von Prozessmängeln in vorgelagerten Prozessschritten

- verursachter Aufwand ohne Vergütung von Kundenseite

- vom Kunden nur indirekt wahrgenommen („Verschwendung")

- Beispiel aus einer Montageabteilung: Qualitätskontrolle, Nacharbeit, Abstimmungsaufwand intern, Abstimmungsaufwand mit Dritten ...

Was schließlich als wertschöpfend oder nicht wertschöpfend zu klassifizieren ist, entscheidet im Endeffekt der Kunde:[119] Ist er bereit, für die anfallende Tätigkeit zu bezahlen oder nicht?

Die Ziele der Funktions- und Leistungsanalyse lassen sich somit folgendermaßen zusammenfassen:

- Verifizierung der Kapazitätsverwendungen für die Hauptprozesse
- Identifikation nicht wertschöpfender Tätigkeiten und Funktionen
- Kategorisieren von Tätigkeiten in die Klassen „wertschöpfend", „nicht wertschöpfend, aber erforderlich" sowie „Verschwendung und Blindleistung"
- Aufzeigen und Bewerten nicht wertschöpfender Tätigkeiten und von Schnittstellen, die zu beseitigen oder zumindest zu minimieren sind
- Identifikation von Zeit- und Kostentreibern
- Erfassen von Doppelarbeiten
- Identifikation von Handlungsbedarfen für die Geschäftsprozessoptimierung und Neuausrichtung der Aufbau- und Ablauforganisation
- qualitative Schwachstellenanalysen in den Bereichen
- Grundlage für Prozesskostenrechnungen

---

[119] Kunde kann sowohl interner wie externer Kunde sein.

Aufbau und Vorgehensweise

Die Funktions- und Leistungsanalyse zielt darauf ab, mit Hilfe der Erfassung und Bewertung der Haupt- und Teilaufgaben einer Organisation Schwachstellen in den Tätigkeitsprofilen der Führungskräfte und Mitarbeiter zu identifizieren und daraus Verbesserungsansätze abzuleiten. Zunächst werden die Tätigkeiten sämtlicher Mitarbeiter, die direkt oder indirekt Tätigkeiten erbringen, erhoben. Dazu werden im ersten Schritt die Hauptaufgaben und Arbeitsschritte der Abteilung gemeinsam ermittelt.[120] Anschließend findet eine Ermittlung der individuellen Arbeitsverteilung mittels Mitarbeiterselbstaufschrieb statt. Auf Basis dieser Daten lässt sich die Arbeitsstruktur jedes einzelnen Mitarbeiters bestimmen, indem er in Mitarbeiterjahren angibt, welche Tätigkeit ihn auf das Jahr bezogen durchschnittlich zu wie viel Prozent auslastet. Darüber hinaus wird im Sinne einer internen Kunden-Lieferanten-Beziehung fixiert, wer Empfänger und wer Auslöser der jeweiligen Tätigkeit ist. Anhand dieser Informationen lässt sich auswerten, inwieweit sich die Organisationseinheit selbst beschäftigt bzw. wie hoch der Anteil der unmittelbar am (externen) Kunden ausgerichteten Aktivitäten ist.

In der praktischen Durchführung ergibt sich häufig das Problem, dass die befragten Personen kaum in der Lage sind, ihr tägliches Geschäft im Hinblick auf eine prozentuale Verteilung hin abzuschätzen („Das kann man so nicht sagen.", „Der Aufwand reicht von 20 Minuten bis zwei Tage pro Vorgang." ...), geschweige denn, auf einzelne Leistungen herunterzubrechen. Zum Validieren der Aussagen bieten sich zwei Methoden an. Zunächst sollten die getroffenen Aussagen zu den Aufwänden bottom-up aggregiert werden, also die Klärung folgender Frage: Entspricht der aufsummierte Personalaufwand der Einzeltätigkeiten in etwa[121] den tatsächlich vorhandenen Personalkapazitäten der Abteilung?

Als zweite Option bietet sich das so genannte „Contextual Inquiry" an, in dem der Kunde (als Meister) dem Consultant (als Lehrling) vor Ort am Arbeitsplatz den Prozess erklärt und auf diesem Weg die Kapazitätsbedarfe besser abgeschätzt werden können. Einschränkend ist zu dieser Lösung zu sagen, dass sie sehr zeit- und kostenintensiv ausfällt.

Nicht nur mitarbeiterbezogene, sondern auch teilprozessbezogene Auswertungen sind mit Hilfe der Tätigkeitsprofile möglich. Addiert man nämlich die Einzelwerte pro Mitarbeiter für eine spezifische Hauptaufgabe bzw. einen spezifischen Teilprozess (beispielsweise die Reklamationsannahme im Kundendienstbüro), so lässt sich der Personalaufwand für diesen Teilprozess ermitteln. Diese Auswertung ist vor allem dann relevant, wenn auch andere Abteilungen, z. B. der Produktvertrieb, diesen teilweise erfüllen. Hieran lassen sich dann Doppelarbeiten identifizieren, welche unnötig Kapazitäten binden (vgl. Abbildung 35):

---

[120] Hier kann beispielsweise auch auf einer vorgeschalteten Prozessanalyse aufgebaut werden.

[121] „In etwa" bedeutet, dass die Abweichung zwischen den beiden Gesamtwerten nicht größer als 10 bis 15 Prozent betragen sollte.

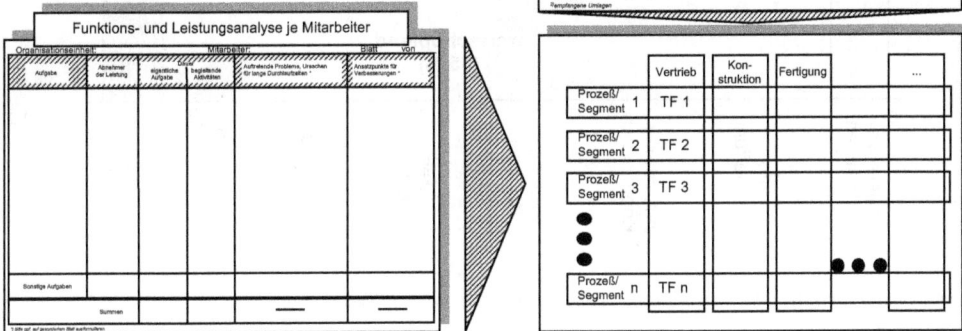

Abbildung 35: Aufbau einer Funktions- und Leistungsanalyse[122]

Eine weitere Möglichkeit, Ineffizienzen in den Funktionen des Betrachtungsgegenstands zu identifizieren, besteht darin, die Hauptaufgaben nach verschiedenen Klassen zu kategorisieren. Unabhängig von der jeweiligen Situation lassen sich folgende Kategorien ermitteln:

a) operative Tätigkeiten,

b) abteilungsinterne Koordination und Kommunikation,

c) abteilungsübergreifende Koordination und Kommunikation,

d) Führung und

e) sonstige Tätigkeiten.

Im Rahmen dieser aggregierten Daten lässt sich erkennen, wie hoch der Anteil der unmittelbar wertschöpfenden Tätigkeiten ausfällt. Hierzu zählen im engeren Sinne lediglich operative Tätigkeiten. Dabei handelt es sich um Tätigkeiten, die in regelmäßigen Abständen wiederkehren. Bei sehr hohen prozentualen Anteilen liegt jedoch die Vermutung nahe, dass die Arbeitsteilung innerhalb und zwischen den Abteilungen nicht optimal gelöst wurde; die Abläufe spiegeln sich nicht unmittelbar in der aufbauorganisatorischen Lösung wider (vgl. Abbildung 36):

---

[122] Enthalten in: *Wildemann, H.* (2000), S. 398.

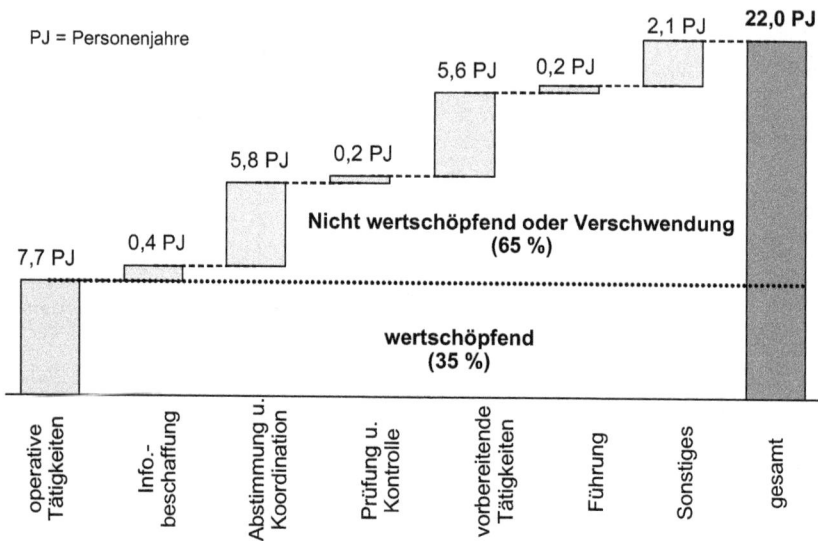

Abbildung 36: Beispielhafte Ergebnisdarstellung einer Funktions- und Leistungsanalyse

Kritische Würdigung

Der Einsatz einer Funktions- und Leistungsanalyse gibt zwar Auskunft über Schwachstellen in der Aufbau- und Ablauforganisation. Die Aussagekraft zur Ableitung von Verbesserungsansätzen ist im Allgemeinen aber eher begrenzt. Daher erscheint es als notwendig und sinnvoll, die Ergebnisse dieser Analyse einem Personal-Benchmarking gegenüberzustellen. So zeigt etwa ein Personal-Benchmarking auf, in welchen Abteilungen im Service höhere Personalkapazitäten zur Verfügung stehen als bei den Benchmarks. Diese Lücke kann mit Hilfe einer Funktions- und Leistungsanalyse auf ihre Ursächlichkeit hin validiert werden, indem sie darauf hinweist, dass der höhere Personalbedarf auf einen hohen Anteil an interner und externer Abstimmung zurückzuführen ist.

Vorteile	Nachteile
▪ quantitatives Beurteilen von Prozessen ▪ Erkennen abteilungsübergreifender Doppelarbeiten ▪ kritische Bewertung bestehender Strukturen im Hinblick auf ihre tatsächliche Wertschöpfung ▪ Nutzung für Kapazitätsplanungen	▪ teilweise problematische Abschätzung von Personalbedarfen auf Teilprozess- oder Tätigkeitsebenen ▪ relativ hoher Erhebungsaufwand

Abbildung 37: Vor- und Nachteile der Funktions- und Leistungsanalyse

Die Funktions- und Leistungsanalyse stellt ein Instrument dar, dass nicht nur für eine Ist-Analyse im Rahmen eines Projektes zur Verfügung steht, sondern sie sollte nach der erstmaligen Durchführung dauerhaft zum Einsatz kommen, da sie für weitere Verwendungszwecke geeignet erscheint und sich dadurch auch der Erhebungsaufwand besser rechtfertigen lässt:

- Ableitung abteilungs-, gruppen- und prozessspezifischer Kennzahlen (auf Basis der definierten Messgrößen)
- Ermittlung von Personalbedarfen (auf Jahres-, Monats- oder Wochenbasis)
- Kapazitätscontrolling auf Gruppenebene (benötigte versus eingesetzte Ressourcen)
- Kalkulation und Nachkalkulation von Produkten und Dienstleistungen im Sinne einer Prozesskostenrechnung

---

Tipps & Tricks: Funktions- und Leistungsanalyse

Um die Tätigkeitsaufnahme so effizient wie möglich zu gestalten, sollte vorab geklärt werden, ob Vorarbeiten, z. B. in Form von Prozessanalysen, bereits vorliegen.

Vor der eigentlichen Erhebung ist unbedingt der Betrachtungszeitraum zu fixieren. Um möglichst repräsentative Werte zu erhalten, sollte er das letzte Geschäftsjahr umfassen.

Bei der Aufwandsabschätzung für einzelne Tätigkeiten sollte der Berater unbedingt nachfragen, ob über die Stammbelegschaft hinaus Zeitarbeiter oder befristete Arbeitskräfte im Einsatz waren (z. B. Auszubildende im letzten Geschäftsjahr).

Für den Consultant empfiehlt sich, die befragten Personen im Rahmen der Kapazitätsabschätzung immer wieder darauf hinzuweisen, dass sich die genannten Zeitbedarfe am „real case" (also inkl. Rücksprachen und Abklärungsbedarfen) und nicht am „best case" (wenn der Prozess ideal „durchlaufen" würde) orientieren müssen.

Nach Abschluss der Ersterhebung sollte ein top-down-Cross-Check erfolgen: Passen die aufsummierten Aufwände mit den tatsächlich verfügbaren Mitarbeiterkapazitäten zusammen?

Um zu vermeiden, dass die Durchführung einer Funktions- und Leistungsanalyse eine Einmalaktion bleibt, sollte der Berater darauf drängen, dass pro Abteilung und/oder Gruppe ein Verantwortlicher definiert wird, der für die regelmäßige Aktualisierung der Daten einer Funktions- und Leistungsanalyse Sorge trägt.

---

c) Schnittstellenanalyse

Die Bildung von Funktionsbereichen[123] innerhalb einer Organisation schafft automatisch Schnittstellen, selbst wenn das Unternehmen auf oberster Hierarchieebene nach Sparten oder Kundengruppen gegliedert ist. Schnittstellen[124] definieren *Specht/Beckmann* als „Übergangs-

---

[123] Diese Form der Aufbauorganisation dient in erster Linie der vertieften Arbeitsteilung und der Spezialisierung.

[124] Schnittstellen stehen hier im Sinne von Überschneidungen, nicht von Trennung.

oder Verbindungsstellen zwischen relativ autonomen organisatorischen Einheiten, die auf gemeinsame Ressourcen zurückgreifen und/oder zusammenhängende Prozesse arbeitsteilig abwickeln."[125] Sie existieren innerhalb einer Abteilung, zwischen verschiedenen Funktionsbereichen und sogar nach außen zu Lieferanten, Absatzmittlern und Kunden. Da Schnittstellen zwischen organisatorischen Einheiten liegen, werden sie auch als „Abteilungen ohne Verantwortlichen" bezeichnet.

Hintergrund und Zielsetzung

Während externe Schnittstellen durch den Wechsel von Lieferanten, Dienstleistern und Kunden üblicherweise in regelmäßigen Abständen auf Prozessverbesserungsansätze hin überprüft werden, sind innerbetriebliche Schnittstellen im Zeitverlauf stabil.[126] Oft fallen Schnittstellen auf den ersten Blick nicht direkt auf, da sich die Beteiligten bereits an die täglichen Prozessschwächen gewöhnt haben und diese akzeptieren. Beispielhafte Ursachen für interne Schnittstellenprobleme sind etwa:

- unklare Vorgaben von (internen oder externen) Kunden
- Medienbrüche zwischen IT-Systemen, die zu Doppelarbeiten und Fehlerquellen führen
- unterschiedlich aufgebaute, unvollständige oder nicht aktualisierte Formulare
- räumliche oder zeitliche (Zeitzonenverschiebung) Trennung zwischen den Beteiligten
- fehlendes Feedback von Sender oder Empfänger

Im Industrieunternehmen betrifft das Thema innerbetriebliche Schnittstellenprobleme insbesondere das Zusammenspiel zwischen folgenden Funktionsbereichen:[127]

- Einkauf und Logistik, z. B. bei der Fixierung von Incoterms
- Vertrieb und Produktion, z. B. bei der Fixierung von Lieferterminen
- Auftragsabwicklung und Produktion, z. B. bei der Priorisierung von Aufträgen
- Entwicklung und Vertrieb, z. B. bei der Berücksichtigung individueller technischer Kundenwünsche
- Finanzbuchhaltung und Vertrieb, z. B. im externen Mahnwesen

Oft können auch eher kleine Schnittstellenprobleme zu massiven Problemen führen, die dann sogar über die eigenen Unternehmensgrenzen hinaus wirken:

- Bestandsaufbau über mehrere Stufen der Supply Chain
- unzufriedene Kunden, die das Gefühl haben, dass beim Lieferanten die rechte Hand nicht weiß, was die linke tut
- Auftragsverluste für zu lange Bearbeitungszeiten etc.

---

[125] *Specht, G./Beckmann, C.* (1996), S. 406.

[126] Hiervon auszunehmen sind formulierte Projekte, die sich explizit mit Prozessmanagement auseinandersetzen.

[127] Die Aufzählung erhebt keinen Anspruch auf Vollständigkeit oder Allgemeingültigkeit, sondern spiegelt die Erfahrungen des Autors in der Projektarbeit wider.

Vor diesem Hintergrund sollen mit Hilfe der Schnittstellenanalyse folgende Ziele verfolgt werden:

1. Ermittlung kritischer Schnittstellen
1. Identifikation von Hauptproblemen an den Schnittstellen
2. Wecken bzw. Stärken des Verständnisses für die Forderungen anderer Abteilungen und Bereiche
3. Erarbeiten von Lösungsansätzen zum Eliminieren bzw. zum Verbessern von Schnittstellen

Aufbau und Vorgehensweise

Die Schnittstellenanalyse ist ebenso einfach wie effektiv und lässt sich strukturiert abarbeiten:

1. Bestimmung der Abteilungen und Bereiche, die Teil der Analyse sein sollen
2. Sammelung von Anforderungen aus der Sicht der eigenen Abteilung an andere Abteilungen
3. Ermittlung der Anforderungen zwischen den Abteilungen und Bereichen
4. Durchführung von Gesprächen zur Gewichtung und Zufriedenheitsbeurteilung der ausgewählten Anforderungen in „formulierte Anforderungen A an B aus Sicht von A" und in „Selbsteinschätzung: erwartete Anforderungen B an A aus Sicht von A"
5. Positionierung der Anforderungen in der Schnittstellenmatrix zur Identifikation kritischer Schnittstellen
6. Durchführung von Schnittstellen-Workshops und anschließende Priorisierung von Maßnahmen

Für jeden Bereich/jede Abteilung lässt sich somit eine individuelle Schnittstellenmatrix ermitteln (vgl. Abbildung 38), in der die Hauptanforderungen abgebildet werden:

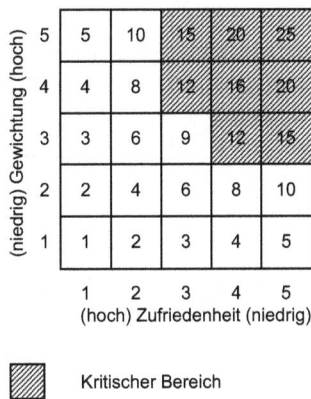

Abbildung 38: Aufbau einer Schnittstellenmatrix

Hauptanforderungen, die eine Bewertung von mehr als zehn Punkten erzielen, sind als kritisch einzustufen. Sie zeichnen sich durch hohe Unzufriedenheit bei hoher Bedeutung aus. Durch diese visuelle Unterstützung wird gewährleistet, dass eine Konzentration auf die wichtigsten Problembereiche stattfindet.

Aggregiert man die Abteilungssichtweisen zu einem Gesamtbild, z. B. im Rahmen eines Unternehmensaudits, ergibt sich auf einen Blick, wo sich kritische Bereiche befinden (vgl. Abbildung 39):

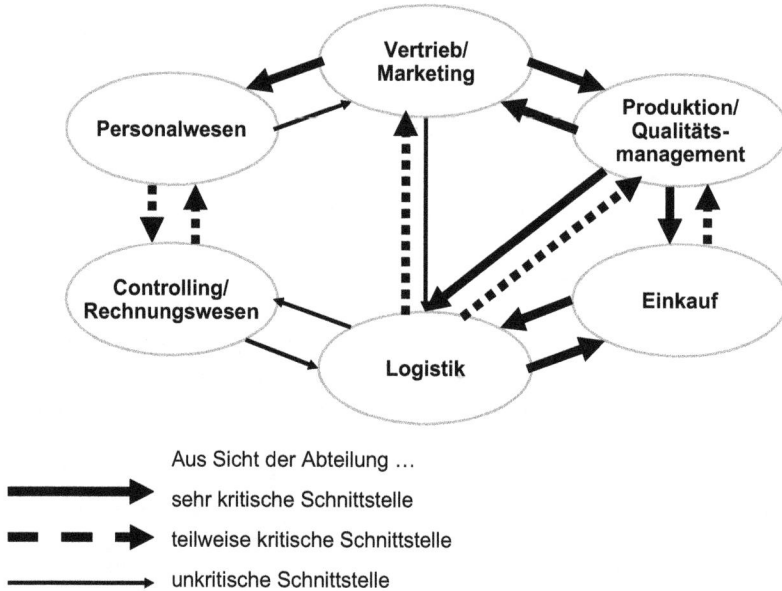

Abbildung 39: Beispielhafte Ergebnisbeispiel einer Schnittstellenanalyse

Um die durch die Analyse ermittelten Schwachstellen zu erheben, bieten sich regelmäßige Schnittstellengespräche zwischen den betroffenen Abteilungen an. Bei komplexeren Problemstellungen sollten ein- bis zweitägige Kurzworkshops unter Moderation eines Beraters, später eines Schnittstellen-Verantwortlichen durchgeführt werden, der auch das anschließende Maßnahmen- und Schnittstellencontrolling betreut.

Kritische Würdigung

Die Schnittstellenanalyse bietet sich als ergänzendes Instrument einer Prozessanalyse an. Sie hilft, Schwachstellen aufzudecken, die sich zwischen Prozessschritten befinden. Die Einfachheit in der methodischen Anwendung darf aber nicht darüber hinwegtäuschen, dass der Berater über ein hohes Maß an Sozialkompetenz verfügen muss, da sich drei Problemkreise bei der Analysendurchführung ergeben können:

1. fehlende Erfassung der relevanten Hauptanforderungen
2. keine offene Beurteilung der Hauptanforderungen
3. Beurteilung der Hauptanforderungen auf Basis persönlicher Befindlichkeit statt fachlicher Anforderungen

Ad 1) Hier besteht die Gefahr, dass die Interviewpartner sich nicht auf die wichtigsten Anforderungen einigen können und stattdessen Aufgaben oder Tätigkeiten in der Abteilung nennen.

Ad 2) Um Konflikte zu vermeiden, insbesondere auch vor dem Hintergrund der Anwesenheit eines Dritten (des Beraters), werden kritische Schnittstellen verschwiegen oder verharmlost. Es liegt an dieser Stelle am Berater, um für eine offene Kommunikation zu werben, um so Transparenz über Schwachstellen zu erhalten. Oft hilft auch der Hinweis, dass sich im Rahmen der Analyse eine einmalige Chance ergibt, Probleme nachhaltig zu lösen.

Ad 3) Selbst wenn eine offene Kommunikation bei der Erarbeitung der Schnittstellenanalyse vorliegt, ist dies noch kein Garant für eine erfolgreiche Durchführung, da die Gefahr besteht, dass sich die Bewertung der Schnittstellen zu angrenzenden Abteilungen von der fachlichen in die persönliche Ebene verschiebt. In diesem Fall ist der Consultant aufgefordert, die konstruktive Zusammenarbeit sowohl extern/intern als auch intern/intern sicherzustellen,

Berücksichtigt man diese potenziellen Problemkreise bei der Vorbereitung und Durchführung der Schnittstelleninterviews und der sich anschließenden Schnittstellen-Workshops, so ist das Instrument sehr geeignet, Prozessineffizienzen schnell zu erkennen und dauerhaft zu lösen.

Vorteile	Nachteile
<ul><li>einfache Methodik</li><li>Fokussierung auf Schnittstellen als typische Problemquellen von Prozessschwächen („Abteilungen ohne Zuständigen")</li><li>Anwendbarkeit auf den Ebenen „Gruppen", „Abteilungen", „Bereiche" und Gesamtunternehmen</li><li>Konzentration auf Hauptanforderungen</li></ul>	<ul><li>Gefahr gegenseitiger Schuldzuweisungen im Rahmen von Interviews und Workshops</li><li>statische Betrachtungsweise</li></ul>

Abbildung 40: Vor- und Nachteile der Schnittstellenanalyse

Um einen möglichst hohen Nutzen aus der Schnittstellenanalyse zu ziehen, sollte der Berater folgende Hinweise bei der Vorbereitung, Durchführung und Nachbereitung von Schnittstellenanalysen beachten:

Tipps & Tricks: Schnittstellenanalyse

Subjektive Aussagen bei der Beurteilung von Hauptanforderungen sollten durch objektive Zahlen, Daten, Fakten unterlegt werden. Sind etwa Vertriebsmitarbeiter der Ansicht, dass kundenspezifische Produktanpassungen in der eigenen Entwicklungsabteilung zu lange Zeit in Anspruch nehmen, sollte der Consultant darauf drängen, die Häufigkeit und die tatsächlichen Durchlaufzeiten zu erfassen.

Auf Repräsentativität der Aussagen achten: Bei der Beurteilung des Erfüllungsgrades von Anforderungen an eine Nachbarabteilung sollten sich die Interviewpartner nicht zu stark von aktuellen Ereignissen (positive wie negative) beeinflussen lassen. Als Berater sollte man darauf hinweisen, dass sich die Beurteilung der Leistungsfähigkeit immer auf einen repräsentativen Zeitraum beziehen sollte und nicht auf (atypische) Einzelbeispiele.

Konstruktivität in der Zusammenarbeit: Bei den Schnittstelleninterviews treten zwei Extrema auf: Entweder der Gesprächspartner äußert sich kaum über die angrenzende Abteilung, oder es besteht die Gefahr, dass das Gespräch dazu missbraucht wird, persönliche Animositäten zu Papier bringen zu lassen. Beide Fälle dienen kaum dem konstruktiven Miteinander, sodass der Berater unbedingt seine neutrale Position als ehrlicher Makler beibehalten sollte.

Vor der Verteilung ausgefüllter Schnittstellenmatrizen sollten diese unbedingt mit den Interviewpartnern abgestimmt werden. Damit soll einerseits gewährleistet werden, dass die einzelnen Anforderungen in ihrem Verhältnis zueinander richtig eingestuft wurden und andererseits vermieden werden, dass unabgestimmte Ergebnisse zu Irritationen auf Kundenseite führen und damit den Graben zwischen zwei Abteilungen schlimmstenfalls sogar vertiefen.

---

d) Wertstromanalyse / Value Stream Analysis

Die Wertstromanalyse[128] entstammt dem Bereich des Lean Managements und wurde ursprünglich bei Toyota unter dem Begriff der Material- und Informationsanalyse entwickelt. Es handelt sich hierbei um ein Instrument, um Auftragsdurchlaufzeiten und Materialflüsse zu optimieren und umfasst die Vorgehensweise zur Erfassung und Beschreibung des gesamten Wertstroms eines Produktes. Unter dem Begriff des Wertstroms versteht man „alle Aktivitäten (sowohl wertschöpfend als auch nicht wertschöpfend), die notwendig sind, um ein Produkt durch die Hauptflüsse zu bringen, die für jedes Produkt entscheidend sind."[129]

Hierzu gehört der gesamte Fertigungsstrom eines Produktes vom Rohmaterial bis zum Kunden, also die komplette Supply Chain. Es gilt, eine Wertstromperspektive einzunehmen, um nicht nur einzelne Prozesse zu erfassen, sondern das Gesamtbild.

---

[128] Vgl. ausführlich: *Rother, M./Shook, J.* (2006); *Erlach, K.* (2007).

[129] *Rother, M./Shook, J.* (2006), S. 3.

Hintergrund und Zielsetzung

Ziel ist es, bestehende Prozesse der Supply Chain bzw. der Produktion zu analysieren, um vorhandene Schwachstellen wie zum Beispiel überflüssige Prozessschritte oder hohe Bestände zu ermitteln und diese zu beseitigen. Wesentlich ist hierbei die transparente Darstellung von Prozessen, um eine einheitliche Kommunikation zwischen den Mitarbeitern zu ermöglichen. Die Wertstromanalyse ist Teil des Wertstromdesigns, welches aufbauend auf einer Ist-Analyse einen Soll-Wertstrom entwirft. Unter Wertstromdesign (Value Stream Mapping) wird verstanden, den heutigen Produktionsweg vom Kunden zurückzuverfolgen und dabei ein grobes Abbild der Prozesse im Informations- und Materialfluss zu entwerfen. Darauf aufbauend kann ein zukünftig gewünschter Wertstrom entwickelt werden. Für die Wertstromanalyse wird ein Wertstromdiagramm angefertigt, welches den Informations- und Materialfluss, sowie zugehörige Prozesse mit Hilfe entsprechender Symbole darstellt.

Aufbau und Vorgehensweise

Um die Prozesse innerhalb des Wertstroms umfassend darstellen zu können, ist eine entsprechende Modellierung notwendig. Die Durchführung der Wertstromanalyse erfolgt durch die Anfertigung eines Wertstromdiagramms. Neben den externen Kunden werden die Produktionsprozesse, die Lieferanten, die Informations- und Materialflüsse sowie Bearbeitungs- und Durchlaufzeiten dokumentiert. Hierbei repräsentieren Symbole einzelne Prozessschritte mit der entsprechenden Bearbeitungsreihenfolge. Sie beschreiben Materialtransporte, Bearbeitungsschritte, Lager und Informationsflüsse. Diese werden in ihrer zeitlichen und logischen Abfolge mit Hilfe der jeweiligen Symbole im Wertstromdiagramm festgehalten. In Abbildung 41 sind die wesentlichen Symbole dargestellt:

Symbol	Bezeichnung	Symbol	Bezeichnung
 ⌂	Kunde	 ←	Informations-fluss manuell
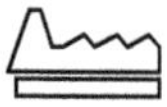 ⌂	Lieferant	 ↘	Informationsfl. elektronisch
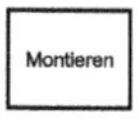 Montieren	Prozess	⇒	Materialfluss intern
 △	Lager	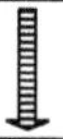 ⬇	Materialfluss extern
 ☰	Kanban-Supermarkt	 Produktion	Kanban-Prozess
 FIFO	FIFO-Lager	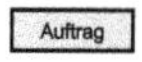 Auftrag	Dokument
⬚	Puffer	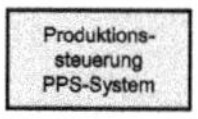 Produktions-steuerung PPS-System	Produktions-steuerung
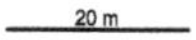 20 m	Nicht wert-schöpfende Durchlaufzeit	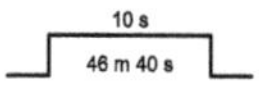 10 s / 46 m 40 s	Wertschöp-fungszeit Durchlaufzeit

Abbildung 41: Symbole im Wertstromdiagramm[130]

Die Wertstromanalyse durchläuft vier Schritte im Industrieunternehmen:

1. Auswahl der zu analysierenden Produktfamilie
2. Kundenbedarfsanalyse (Nachfragemengen, Frequenz der Nachfrage, Transportmittel, Bedarfsschwankungen, Transportentfernungen, JIT-Belieferung ...)
3. Wertstromaufnahme
4. Identifikation von Verschwendung im Betrachtungsgegenstand

Auf den Schritt 4 soll im an dieser Stelle näher eingegangen werden: Im Anschluss an die Produktfamilienauswahl und die Ermittlung der Kundenanforderungen daran werden die Prozesse im eigenen Unternehmen erfasst. Dabei wird grundsätzlich flussaufwärts vorgegangen. Beginnend beim Kunden werden entgegengesetzt zum eigentlichen Materialfluss die Prozesse bis zum Eingang der Materialien aufgenommen. Auf diese Weise wird mit den Prozessen begonnen, welche den Kunden direkt betreffen. Für jeden Prozessschritt werden hierbei die jeweiligen Prozesse mit den bereits beschriebenen Symbolen aufgezeichnet. Dabei werden die Art des Prozesses und die wichtigsten Parameter, wie z. B. Rüst- und Zykluszeiten dokumentiert. Aus diesen Aufzeichnungen ergibt sich das Wertstromdiagramm, welches die Prozesse mit den Materialflüssen im Ist-Zustand abbildet. Anschließend werden

---

[130] Enthalten in: *Becker, T.* (2005), S. 141.

noch die Informationsflüsse ergänzt. Mit den erfassten Daten können nun Durchlauf- und Wertschöpfungszeiten ermittelt werden, welche Ansätze für Optimierungsansätze liefern. Wertschöpfende Schritte sind alle Veränderungen am Produkt, welche durch den Kunden bezahlt werden. Dies kann zum Beispiel der Transport von Produkten zwischen zwei Werken durch einen Logistikdienstleister sein. In diesem Fall findet eine Veränderung (Transformation) des Ortes der Produkte statt, für welche der Logistikdienstleister bezahlt wird. Wichtig ist hierbei vor allem, die nicht wertschöpfenden Zeiten, wie zum Beispiel Lagerzeiten, zu identifizieren.

Die Wertstromanalyse kann im Unternehmen auf unterschiedlichen Ebenen angewendet werden. Man kann zum einem nur den Wertstrom innerhalb des eigenen Unternehmens analysieren oder den Vergrößerungsfaktor erhöhen, um z. B. Einzelschritte innerhalb einer Prozesskategorie zu analysieren. Eine weitere Betrachtungsweise kann darin bestehen, die Analyse über das Unternehmen auszudehnen und die gesamte Supply Chain zu betrachten. Hierbei ist es jedoch sinnvoll, den Detaillierungsgrad zu verringern um die Übersichtlichkeit zu gewährleisten.

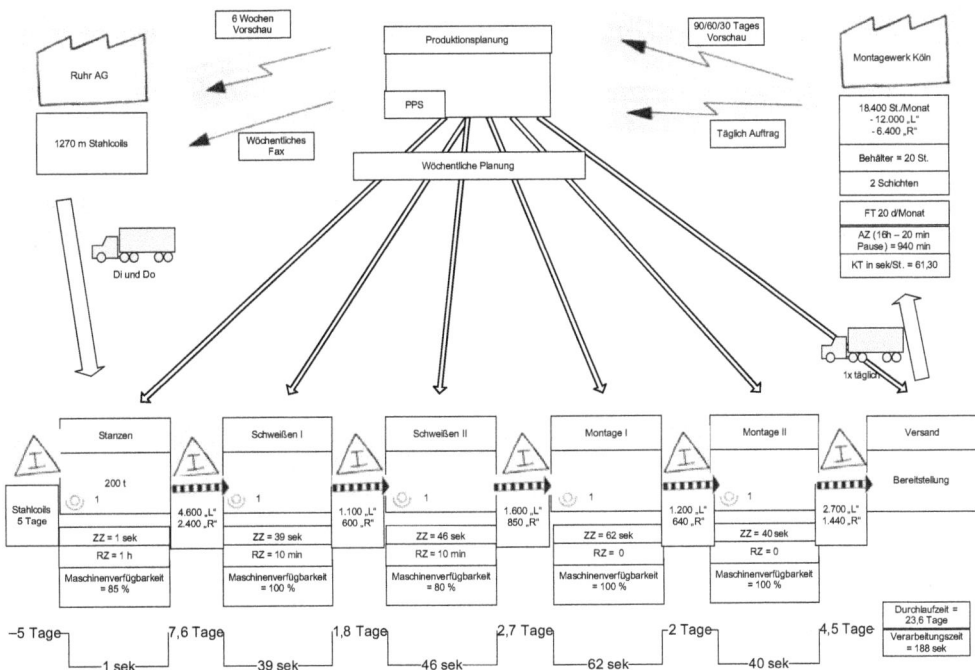

Abbildung 42: Beispiel eines Wertstromdiagramms als Ergebnis der Wertstromanalyse[131]

---

[131] *Enthalten in: Rother, M./Shook, J. (2004), S. 26f.*

Aus den so zusammengesetzten Symbolen ergibt sich schließlich ein schematisches Abbild des Wertstroms, das Wertstromdiagramm (vgl. Abbildung 42). Die Aufzeichnung des Wertstroms erfolgt mit Papier, Bleistift und Radiergummi und nicht mit dem Computer. Diese Vorgehensweise ist wichtig, da so gewährleistet werden soll, dass sich die Person, welche den Wertstrom dokumentiert, nah am Prozess befindet.

Kritische Würdigung

Die Wertstromanalyse zeichnet sich durch eine einfache Symbolik aus, welche bei Bedarf auch um eigene Symbole erweitert werden kann. Daher kann sie leicht von jedem Berater und Kundenmitarbeiter erlernt werden. Weiterhin ist die Darstellung der Wertströme gut nachvollziehbar, so dass diese auch für die Kommunikation mit der Managementebene geeignet ist. Sie macht den Wertstrom von Materialien transparent, wodurch Auswirkungen von Entscheidungen besser beurteilt werden. Weiterhin zeigt sie den Zusammenhang zwischen Material- und Informationsflüssen auf und trennt sie im Gegensatz zu anderen Instrumenten nicht.

Vorteile	Nachteile
▪ Einfachheit der Anwendung und schnelles Erkennen von Prozessineffizienzen ▪ kompakte, übersichtliche Darstellung der Produktionsabläufe ▪ vereinfachte interne und externe Kommunikation der Ereignisse durch Standardisierung der Methode ▪ kombinierte Darstellung von Material- und Informationsflüssen (gesamthafte Darstellung) ▪ strukturiertes Vorgehen ▪ für Ist- wie Soll-Projektphase anwendbar (Wertstromanalyse versus Wertstromdesign) ▪ klarer Fokus auf den Belangen der Fertigung	▪ problematische Abbildung verzweigter oder paralleler Materialflüsse ▪ schwierige Abbildung des Kundenbedarfs ▪ durch Aufnahme vor Ort Gefahr einer (nicht repräsentativen) Momentaufnahme, was zu unterschiedlichen Messergebnissen führen kann ▪ Trend zu kleineren Losgrößen und damit erhöhter Rüstaufwand in der Produktion ▪ primäre Anwendung in der Massen- und Serienfertigung, weniger in Kleinserien (z. B. Anlagenbau) ▪ Haupteinsatzfeld: Produktion

Abbildung 43: Vor- und Nachteile der Wertstromanalyse

Als Empfehlungen bei der Umsetzung der Wertstromanalyse lassen sich nennen:

Tipps & Tricks: Wertstromanalyse

Die Aufnahme der Prozesse erfolgt vor Ort in der Produktion. Dennoch ist es empfehlenswert, dass sich der Berater im Vorfeld intensiv mit den Produktionszusammenhängen auseinandersetzt, um immer die richtige Detaillierungsebene zu finden. Vor der Detailaufnahme sollte direkt vorher ein schneller „door-to-door" Rundgang erfolgen.

Die Wertstromanalyse sollte mit Bleistift und DIN-A3-Papier aufgenommen werden. In spätere Powerpointdarstellungen sollten die Ergebnisse eingescannt werden, um auf die Authenzität hinzuweisen.

Die Materialflussdarstellung sollte unabhängig vom Fabriklayout von links nach rechts gezeichnet werden.

Es empfiehlt sich, als Untersuchungsgegenstand einen einzelnen Produktionsstandort zu wählen. Später kann die Ausdehnung auf Produktionsverbundunternehmen, Lieferanten, Kunden oder Dienstleister zweckmäßig sein.

Die Prozessaufnahme erfolgt – wie im Toyota-Produktionssystem üblich – vom Prozessende her wertstromaufwärts.

Material- und Informationsflüsse sollten simultan aufgenommen werden. Hierbei kann es sinnvoll sein, dass sich zwei Berater die Aufgabe teilen. Informationsflüsse sollten oberhalb der Materialflüsse eingezeichnet werden.

Soll nicht ein einzelnes Produkt, sondern eine ganze Produktfamilie einer Wertstromanalyse unterzogen werden, so sollten mindestens 70 bis 80 Prozent der Prozessschritte identisch sein und die Durchlauf- und Prozesszeiten um maximal 30 Prozent variieren.

---

e) Fehlermöglichkeits- und -einflussanalyse (FMEA)

Die FMEA, „Failure Mode and Effect Analysis" bzw. „Fehlermöglichkeits- und -einflussanalyse", stellt ein Instrument dar, welches für Systeme, Prozesse und Produkte im Industriebetrieb einsetzbar ist.[132] Als Standardmethode des Qualitäts- und Risikomanagements geht sie von der Annahme aus, dass präventive Fehlerverhütung sinnvoller als nachträgliche Fehlererkennung und -korrektur ist.

Hintergrund und Zielsetzung

Die Idee der FMEA kommt aus dem Militärbereich und fand bereits 1949 als „United States Military Procedure" erste Erwähnung. In den 1960er und 1970er Jahren ausschließlich in der Luft- und Raumfahrttechnik sowie der Kerntechnik angewandt, wird die FMEA seit Beginn der 1980er Jahre in der Automobilindustrie als QM-Instrument in der Breite eingesetzt. Hintergrund waren vor allem sicherheitsrelevante Qualitätsprobleme beim Ford-Modell Pinto aus den USA. Die wesentlichen Ziele der FMEA lassen sich folgendermaßen kennzeichnen:

---

[132] Vgl. ausführlich: *Müller, D./Tietjen, T.* (2008).

- Identifizierung und Bewertung kritischer Produktkomponenten und Prozessschwächen
- Prioritätenbildung bei der Schwachstellenbehebung von Systemen, Produkten und Prozessen
- Steigerung der Funktionssicherheit und Zuverlässigkeit von Produkten
- Verbesserung der Prozessqualität in Forschung und Entwicklung, Produktion, Administration sowie Service
- kürzere Entwicklungsprozesse
- störungsärmere Serienanläufe

Aufbau und Vorgehensweise

Üblicherweise werden drei Arten, System-, Konstruktions- und Prozess-FMEA, unterschieden, wobei im Beratungsgeschäft je nach Themenstellung alle drei Formen relevant sein können. Die Prozess-FMEA dient in diesem Zusammenhang als Methode, um Fehlerpotenziale in der Supply Chain von der Beschaffung beim Lieferanten bis zur Distribution zum Kunden zu ermitteln und zu bewerten. In Anlehnung an den VDA setzt sich eine FMEA aus folgenden Bestandteilen zusammen (vgl. Abbildung 44):

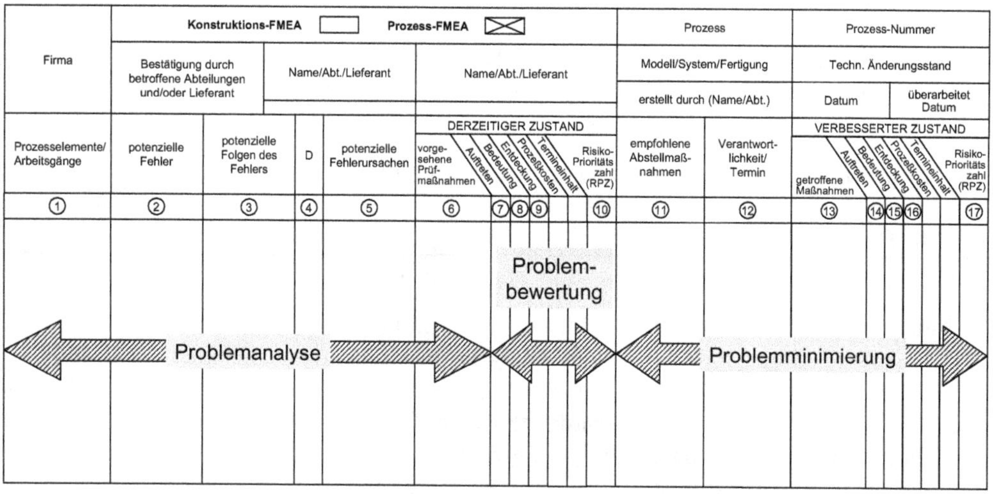

Firma	Konstruktions-FMEA [ ] Prozess-FMEA [X]										Prozess		Prozess-Nummer			
	Bestätigung durch betroffene Abteilungen und/oder Lieferant	Name/Abt./Lieferant		Name/Abt./Lieferant							Modell/System/Fertigung		Techn. Änderungsstand			
											erstellt durch (Name/Abt.)		Datum	überarbeitet Datum		
Prozesselemente/ Arbeitsgänge	potenzielle Fehler	potenzielle Folgen des Fehlers	D	potenzielle Fehlerursachen	DERZEITIGER ZUSTAND						empfohlene Abstellmaß-nahmen	Verantwort-lichkeit/ Termin	VERBESSERTER ZUSTAND			
					vorge-sehene Prüf-maßnahmen	Auftreten	Bedeutung	Entdeckung	Prozesskosten	Termineinhalt	Risiko-Prioritäts zahl (RPZ)			getroffene Maßnahmen	Auftreten Bedeutung Entdeckung Prozesskosten Termineinhalt		Risiko-Prioritäts zahl (RPZ)
①	②	③	④	⑤	⑥	⑦	⑧	⑨			⑩	⑪	⑫	⑬	⑭⑮⑯	⑰

Problemanalyse ⟵ — Problembewertung — ⟶ ⟵ Problemminimierung ⟶

Abbildung 44: Aufbau einer FMEA nach VDA

Die FMEA ist eine Methode mit feststehender Struktur, welche mittels eines Formblatts durchgeführt wird. Sie ermöglicht eine formalisierte Kommunikation und transparente Dokumentation, sodass jederzeit der rote Faden erkennbar ist. Das Vorgehen zeichnet sich durch fünf Schritte aus, die in Form interdisziplinärer Projektarbeit in Workshops durchlaufen werden:

1. Abbilden der Prozesse
   - Fixierung der Geschäftsprozesse (Prozessanfang und -ende)
   - Dokumentation auf Ebene Prozessschritt (Grundlage: Prozessanalysen)

2. Darstellung potenzieller Fehlermöglichkeiten und -ursachen
   - Aufzählen möglicher Fehler (z. B. durch Kreativitätstechniken)
   - Trennung in Symptome und Ursachen
3. Ermitteln der Risikoprioritätszahlen pro Prozessschritt
   - Risikoanalyse der derzeitigen Situation
   - Bewertung auf Grundlage von RPZ (Auftrittswahrscheinlichkeit, Fehlerberdeutung, Entdeckungswahrscheinlichkeit)
4. Erstellen eines Maßnahmenplans
   - Erkennen kritischer Prozessschritte
   - Definieren von Maßnahmen für Prozessschritte mit hoher RPZ
5. Ermitteln der Soll-RPZ pro Prozessschritt
   - Risikoanalyse der Situation nach Umsetzen der Maßnahmen
   - Bewertung auf Grundlage der Soll-RPZ (Auftrittswahrscheinlichkeit, Fehlerbedeutung, Entdeckungswahrscheinlichkeit)

Im Mittelpunkt der Methodik steht die Risikoprioritätszahl RPZ, die der Quantifizierung der Risiken im Servicelogistikprozess dient. Sie ermittelt sich durch Multiplikation aus Auftrittswahrscheinlichkeit des Fehlers (A), Bedeutung des Fehlers (B) und Entdeckungswahrscheinlichkeit (E). Pro Kategorie und Prozessschritt werden Bewertungspunkte zwischen 1 und 10 vergeben (vgl. Abbildung 45):

Bewertungspunkte		Bedeutung	Auftreten	Entdeckung
	10	äußerst schwerwiegender Fehler	sicher	erst durch den Kunden im Betrieb
	9		sehr häufig	Fehlerentdeckung erst kurz vor Erbringung
	8	schwerer Fehler	häufig	frühzeitige Entdeckung unwahrscheinlich
	7			
	6	mittelschwerer Fehler	gelegentlich	frühzeitige Entdeckung möglich
	5			
	4			
	3	geringfügiger Fehler	selten	frühzeitige Entdeckung wahrscheinlich
	2		sehr selten	
	1	minimal, nur von Experten erkennbar	unwahrscheinlich	sofort

Abbildung 45: Ermittlung der RPZ

Ob die Schritte vier und fünf der FMEA erforderlich sind, hängt von der RPZ des jeweiligen Prozessschrittes ab. Wird eine RPZ bei einem Prozessschritt von unter 100 erzielt, sind i. d. R. konkrete Maßnahmen der Fehlerprävention nicht erforderlich. Bei einer RPZ zwischen 100 und 200 obliegt es üblicherweise dem Projektteam bzw. dem Auftraggeber, ob Maßnahmen zu definieren sind, während RPZ über 200 (bis 1000) immer Handlungsbedarf aufzeigen. Die Schwellenwerte hängen indes unternehmensindividuell von der jeweiligen Risikobereitschaft ab.

Ein Beispiel aus einem Projekt soll die FMEA-Methodik an einem Logistikprozess verdeutlichen (vgl. Abbildung 46):

Prozessschritt		potenzielle Fehler	/ mögl. Fehlerfolge	Risikobewertung				potenzielle Ursache	/ empf. Maßnahme	Rest-Risikobewertung			
				A	B	E	RPZ			A	B	E	RPZ
1.	MA teilen sich die Abrufliste ein	falsche Einteilung	Verzögerung	2	6	8	96			2	6	8	96
2.	Druck Abrufliste	verloren	Verzögerung, unvollständige Kommissionierung	1	8	8	64			1	8	8	64
		unvollständig	Verzögerung, unvollständige Kommissionierung	1	8	8	64			1	8	8	64
		falsches Zusammenstellen der Liste (wenn z.B. 2 Listen verfügbar sind)	falsche Zuordnung der Ware; Verzögerung Produktion	1	8	8	64			1	8	8	64
		kein Druck	Verzögerung	1	8	1	8			1	8	1	8
3.	Kommissionierung	falsche Ware vom richtigen Ort	falsche Ware	1	8	4	32			1	8	4	32
		vom falschen Ort gepickt	falsche Ware	2	8	4	64			2	8	4	64
		falsche Handhabung Hilfsmittel (z.B. Überfüllung, Verschmutzung)	Beschädigungen, Verschmutzung	2	8	8	128	Nichtbeachtung von Anweisungen, Unwissen	online-Scannung und Abarbeitung (Überflüssig-machen von sonstigen Hilfsmitteln)	1	8	8	64

Abbildung 46: FMEA am Beispiel eines Logistikprozesses

Kritische Würdigung

Die FMEA kommt ursprünglich aus dem Qualitätsmanagement und aus den Produktionsabläufen. Dieser Sachverhalt darf aber nicht darüber hinwegtäuschen, dass die Methode sich sowohl für Produkte und Dienstleistungen, als auch für Geschäftsprozesse eignet, indem sie strukturiert Risiken darstellt, bewertet und gezielt Verbesserungsbedarfe aufzeigt. Wie so oft, gilt der Grundsatz von „Klasse statt Masse". Eine FMEA ist nicht dann gut, wenn sie möglichst viele (theoretische) Fehler aufführt, sondern wenn sie es schafft, zwischen wesentlichen und unwesentlichen Fehlern zu differenzieren. Erst diese Erkenntnis rechtfertigt den Aufwand: Wenn durch eine Prozess-FMEA eine Rückrufaktion vermieden oder ein A-Kunde dauerhaft zufrieden gestellt werden kann, dann dürfte mit Sicherheit der Nutzen bereits höher als der entstandene Aufwand ausfallen.

Vorteile	Nachteile
▪ Quantifizierung von Risiken ▪ Differenzierung in Auftrittswahrscheinlichkeit, Fehlerbedeutung und Entdeckungswahrscheinlichkeit ▪ Grundsatz der präventiven Qualitätssicherung in Produkten und Prozessen ▪ Vermeidung von Wiederholungsfehlern ▪ aus dem Qualitätsmanagement heraus i. d. R. bekanntes Verfahren auf Kundenseite ▪ weitgehend standardisiertes Vorgehen	▪ keine Gewichtung der Risiken: Auftrittswahrscheinlichkeit, Fehlerbedeutung und Entdeckungswahrscheinlichkeit gleich gewichtet ▪ Gefahr der subjektiven Bewertung von Risiken in Abhängigkeit von Erfahrung und subjektiver Risikobereitschaft ▪ u. U. aufwändig (bei konsequentem Herunterbrechen auf Aktiviätenebene)

Abbildung 47: Vor- und Nachteile der FMEA

Da aus den oben genannten Gründen eine FMEA kein Selbstläufer ist, hängen die Ergebnisse stark von der Beachtung einiger kritischer Punkte ab. Auf Grundlage durchgeführter FMEA-Projekte in der Industrie sollen die wichtigsten Handlungsempfehlungen hier kurz zusammengefasst werden:

Tipps & Tricks: FMEA

Gibt es Vorarbeiten zur FMEA, z. B. aus dem Qualitätsmanagement, im Unternehmen? Wenn ja, sollte hier – soweit wie möglich – auf Bestehendes aufgebaut werden.

Im Vorfeld sollte klar kommuniziert werden, dass die FMEA dazu dienen soll, noch besser zu werden, und dass sie nicht dazu da ist, um auf die Unzulänglichkeiten Einzelner hinzuweisen.

Um die Qualität der Risikoanalyse zu erhöhen und gleichzeitig den Prozess zu beschleunigen, empfiehlt sich die Erarbeitung von Checklisten vor Durchführung der FMEA. Sie führen typische Fehler, Fehlerursachen und -folgen bereits auf und werden kontinuierlich ergänzt.

Im Rahmen der Prozess-FMEA sollten Prozesse im Vorfeld möglichst detailliert und wahrheitsgetreu aufgenommen werden, also nicht: „Wie sollten wir den Kundendienstbesuch abwickeln?", sondern „Wie wird der Kundendienstbesuch derzeit tatsächlich durchgeführt?"

Fehlerursachen sollten nicht mit Symptomen verwechselt werden. Die falsche Zusammenstellung von Ersatzteilen ist nicht Ursache, sondern Ausdruck eines Problems in der Servicelogistik. Für die Definition von Maßnahmen müssen jedoch die dahinter liegenden Ursachen bekannt sein.

Wenn möglich, sollte bei der Bewertung der Fehlerbedeutung die Meinung eines (wohl gesonnenen) Referenzkunden hinzugezogen werden.

Bei der Bewertung von Auftrittswahrscheinlichkeit, Entdeckungswahrscheinlichkeit und Bedeutung des Fehlers sollte darauf geachtet werden, dass für die Bewertungspunkte eine einheitliche Skala im Vorfeld definiert wurde: Was bedeutet „schwerwiegend" konkret, sprich: in Zahlen? Wie lässt sich für „häufig" eine konkrete Wahrscheinlichkeit definieren? etc.

4.3.3   Beurteilung der Analyseinstrumente

Die drei strategischen und fünf operativen Analyseinstrumente lassen sich kaum einem direkten Vergleich unterziehen. Sie weisen sowohl spezifische Stärken als auch Schwächen in der Durchführung und den erzielbaren Ergebnissen auf, schließen sich aber grundsätzlich nicht gegenseitig aus. In vielen Fällen stellt es sich in der Projektarbeit als sinnvoll heraus, zunächst strategische Analysen durchzuführen, um anschließend Ziel gerichtet operative Untersuchungen anzuschließen.

Die Auswahl des oder der geeigneten Analyseinstrumente hängt in erster Linie von dem jeweiligen Projektauftrag und -fokus ab. Aus der Beantwortung der folgenden drei Fragen lassen sich Tendenzaussagen für die Eignung der einzelnen Instrumente ableiten:

1. Strategische oder operative Problemstellung?
Liegt dem Projektauftrag ein grundsätzliches Problem mit eher strategischer Natur zugrunde, dann sind strategische Analyseinstrumente unerlässlich. Anschließend können/müssen die Probleme (in Abhängigkeit des Projektumfangs) mit Hilfe operativer Instrumente detailliert werden.

Handelt es sich hingegen eher um Probleme des Tagesgeschäfts, mit denen sich das Industrieunternehmen auseinandersetzt, reicht es vielfach aus, sich auf die operativen Instrumente zu konzentrieren oder die strategischen nur grundlegend zu behandeln.

2. Schwächen in Produkten, Geschäftsprozessen oder erbrachten Dienstleistungen?
Grundsätzlich lässt sich differenzieren, ob Probleme sich auf einzelne Produkte beziehen, z. B. sinkende Absatzzahlen, hohe Ausfallraten, oder auf Prozesse im Unternehmen oder an seinen Schnittstellen, beispielsweise lange Bearbeitungszeiten, geringe Mitarbeitermotivation, fehlende Lieferantenintegration. Dienstleistungen, die für andere Unternehmen erbracht werden, z. B. im Kundendienst, lassen sich nicht eindeutig zuordnen. Sie können sowohl als Produkte analysiert werden, etwa bei der Frage „Wie ist die Kundenakzeptanz neuer industrieller Dienstleistungen?", als auch als Geschäftsprozesse, etwa bei der Analyse von Kundendienstleistungsprozessen und ihrer Abwicklung.

Für eher produktbezogene Problemkreise empfehlen sich grundsätzliche alle drei vorgestellten Analyseinstrumente sowie eine Produkt-FMEA aus dem operativen Bereich. Im Gegensatz dazu bieten sich für prozessuale Probleme die Instrumente Benchmarking, Prozessanalyse, Funktions- und Leistungsanalyse, Schnittstellenanalyse sowie im direkt Wert schöpfenden Bereich die Wertstromanalyse an, da hier speziell auf Prozesse, Teilprozesse und Einzelaktivitäten abgehoben wird.

3. Probleme in direkten oder indirekten Bereichen des Unternehmens?

Unter dem indirekten Bereich versteht man in der betrieblichen Praxis üblicherweise Tätigkeitsbereiche, die produktnah oder eher -fern Dienstleistungen für die Hauptleistung des Unternehmens erbringen. Während zum direkten Bereich ausschließlich die Produktion im Industriebetrieb[133] zählt, gehören zu produktnahen indirekten Bereichen etwa Instandhaltung, Produktionsplanung und -steuerung, Lagerhaltung oder Materialdisposition. Umfangreicher ist eher der produktferne Bereich, etwa mit unterstützenden Funktionen wie Administration, IT, Personalwesen, Marketing, Vertrieb/Marketing etc.

Grundsätzlich lassen sich sämtliche vorgestellten Instrumente im direkten Bereich einsetzen. Jedoch ist einschränkend zu erwähnen, dass umgekehrt die Wertstromanalyse bislang ausschließlich im direkten Bereich eingesetzt wird, in der Industrie normalerweise in Produktionsprozessen oder entlang der Supply Chain.

Alle acht Ansätze sind weder besonders neu noch ausgesprochen anspruchsvoll in der Anwendung. Infolgedessen wird der Berater selten in die Situation kommen, dass das Instrument dem Kunden vollkommen unbekannt erscheint und der Consultant zunächst Überzeugungsarbeit leisten muss, warum sich gerade dieses Instrument an dieser Stelle der Projektarbeit empfiehlt. Der Anspruch an den Berater ist weniger die Frage, ob er das Instrument anwenden kann, sondern vielmehr, ob er es effizient durchführt. Durch den effizienten Einsatz der Analyseinstrumente ergeben sich zwei Effekte: Zunächst wird sichergestellt, dass der Projektaufwand möglichst gering, auf jeden Fall aber im Rahmen der Projektkalkulation ausfällt. Der zweite Effekt ergibt sich daraus, dass die Projektmitarbeiter auf Kundenseite meist ein hohes Interesse an einer kurzen, aber fundierten Analysephase haben. Wird die Analysephase effizient und zugleich seriös durchgeführt, wirkt sich dies i. d. R. motivationssfördernd aus.

Darüber hinaus soll der Consultant sicherstellen, dass die relevanten Ist-Probleme und Ist-Schwachstellen bezogen auf den Untersuchungsgegenstand objektiv, verständlich und nachvollziehbar herausgearbeitet werden. Das Adjektiv „objektiv" bedeutet dabei das Umwandeln „subjektiver Bauchgefühle" in ZDF („Zahlen, Daten, Fakten"), also in messbare Ergebnisse. „Verständlich" hingegen steht für die Transparenz der Ergebnisse, während „nachvollziehbar" die Transparenz der Vorgehensweise meint:

- „objektiv": Herausarbeiten von Problemursachen statt von Symptomen (Was ist das Problem?)
- „verständlich": Transparenz der Analyseergebnisse (Was bedeutet das Problem?)
- „nachvollziehbar": Transparenz der Informationsgewinnung (Wie wurde das Problem herausgearbeitet?)

---

[133] In Dienstleistungsunternehmen existieren ebenfalls direkte Bereiche, auch wenn keine Produktherstellung erfolgt. Hierzu zählen beispielsweise Fondsbuchhaltungen oder allgemein die – meist automatisierte – Abwicklung von Transaktionen bei Finanzdienstleistern und Kreditinstituten.

Als Zwischenfazit lässt sich festhalten, dass ein qualifizierter Berater nicht nur in der Lage sein sollte, die dargestellten Analyseinstrumente Schritt für Schritt umzusetzen, sondern sich darüber hinaus im Vorfeld zwingend überlegen sollte, welche Ziele, Ergebnisse und Detaillierungstiefe er von der Analyse erwartet und welche möglichen Probleme bei der Datenerhebung auftreten könnten (missverstandene Begrifflichkeiten, unvollständige Antworten, Abweichen von dem fixierten Untersuchungsgegenstand usw.). Diese Verhaltensmuster sind nicht nur Zeichen von Erfahrung und Professionalität des Beraters, oft hat der Berater vielfach keine zweite Chance, schwache Analysen nachträglich zu justieren. Auch führen „80-Prozent"-Lösungen bei den Analyseergebnissen unter Umständen dazu, dass die wirklichen Schwachstellen gar nicht identifiziert werden konnten, was sich wiederum äußerst kritisch auf das Soll-Konzept und schlussendlich auf den gesamten Projekterfolg auswirkt.

4.4   Soll-Konzept: Wer eine Idee hat, soll zum Stift greifen ...

„Wer nur in die Vergangenheit oder auf die Gegenwart blickt, verpasst die Zukunft."[134]

Die Soll-Konzeptphase beginnt nach Abschluss und Freigabe der Ist-Analyse durch den Auftraggeber oder den Steuerkreis. In vielen Fällen, vor allem dann, wenn fundierte Analysen durchgeführt wurden, beginnt die Konzeptphase bereits früher, indem sich aus der Ermittlung und Bewertung von Schwachstellen und Problemen in logischer Konsequenz bereits konkrete Lösungsansätze ableiten lassen. Beispielsweise stellt Benchmarking ein Analyseinstrument dar. Durch den direkten Vergleich mit anderen Unternehmen oder Branchenfremden lassen sich i. d. R. nicht nur Schwachstellen identifizieren, sondern auch Überlegungen anstellen, warum der Benchmark-Partner in bestimmten Bereichen besser als das eigene Unternehmen ist.

Ein Beispiel: Im Rahmen eines branchenübergreifenden Industrie-Benchmarking vergleichen mehrere Unternehmen ihre Bestandsniveaus bei Roh-, Hilfs- und Betriebsstoffen (RHB) miteinander. Im Rahmen der Ist-Analyse wird jedoch nicht nur ermittelt, wie hoch der jeweilige Anteil der RHB-Bestände am Jahresumsatz ist, sondern es wird auch überprüft, welche Methoden die teilnehmenden Unternehmen anwenden, um ihre Bestände zu reduzieren (Konsignationslager, Single Sourcing, Konsolidierung der Lagerstandorte etc.). Durch den Abgleich zwischen dem Methodenmix bei den Teilnehmern lassen sich direkt Ansatzpunkte für das eigene Unternehmen ableiten, um das eigene Bestandsniveau zu senken. Damit befindet man sich direkt am Anfang des Soll-Konzepts.

Das Beispiel macht auch deutlich, dass bei Ist-Analysen nicht das Sammeln von Datenmaterial, sondern vielmehr das Suchen nach Ursachen im Vordergrund steht.

---

[134] *John F. Kennedy*, amerikanischer Präsident.

Bevor auf einzelne Instrumente zur Suche, Darstellung und Bewertung von Lösungsansätzen eingegangen wird, sollen zunächst typische Inhalte der Soll-Konzeptphase aufgezählt werden:

- Suche nach Lösungsideen/Verbesserungsvorschlägen („Welche Lösungswege gibt es überhaupt?")
- Bewertung von Lösungsideen/Verbesserungsvorschlägen („Inwieweit helfen die Lösungsvorschläge bei dem Erreichen des Projektziels?")
- Auswahl und Verabschiedung eines Lösungsweges bei sich ausschließenden Alternativen bzw. Auswahl geeigneter Lösungswege bei sich ergänzenden Alternativen)
- Festlegung eines Umsetzungsplans (konkrete Maßnahmen, Verantwortliche, Termine)
- fortlaufendes Projektcontrolling und Aktualisierung der Planung und Projektdokumentation

Im vorliegenden Kapitel werden zunächst vier Instrumente dargestellt, die dabei helfen, Lösungsansätze zu finden und auch in strukturierter Form darzustellen. Nachdem durch sie mögliche Lösungsideen im Projektteam erarbeitet wurden, sind diese anschließend zu bewerten. Hierzu bietet sich etwa die Nutzwertanalyse (oder Scoring-Modell) an, die nahezu universell einsetzbar ist.

4.4.1 Instrumente zur Suche und Darstellung geeigneter Lösungsansätze

a) Kreativitätstechnik: Brainstorming/-writing

„Kreativität ist eine so zarte Blume, dass Lob sie zum Erblühen bringt und Entmutigung sie im Keim erstickt."[135]

Hintergrund und Zielsetzung

Kreativitätstechniken[136] dienen der Generierung neuer Ideen, die als Grundlage des Soll-Konzepts dienen können. Sie sollen Denkblockaden aufheben und sind vor allem dann sinnvoll, wenn vollkommen neue Lösungswege gesucht werden sollen und damit der potenzielle Lösungsraum sehr groß erscheint, etwa in innovativen Funktionsbereichen wie Marketing, Forschung und Entwicklung (Produktentwicklung) oder bei strategischen Fragestellungen. Im Umkehrschluss bedeutet dies, dass bei bereits relativ konkreten Konzeptideen der Mehrwert von Kreativitätstechniken eher eingeschränkt ist, da der Grundsatz „Quantität vor Qualität" im Mittelpunkt steht.

Bei den Kreativitätsmethoden lassen sich intuitive und diskursive Methoden unterscheiden.

---

[135] *Anita Ludwig*, Psychotherapeutin und Trainerin.

[136] Zu Kreativitätstechniken vgl. ausführlich: *Brunner, A.* (2008).

Übersicht intuitiver Methoden:

- Brainstorming
- Negativkonferenz
- Brainwriting
- 6-3-5 Methode
- Semantische Intuition
- Kopfstandtechnik
- Mind-Mapping
- Galeriemethode
- Metaplan-Kartentechnik
- Reizwortanalyse
- Bionik
- …

Überblick diskursiver Methoden:

- Morphologischer Kasten
- Osborn-Checkliste
- Denkhüte
- Kraftfeldanalyse
- Ishikawa-Diagramm
- …

Während es bei der ersten Gruppe um die Aktivierung möglichst vieler Ideen innerhalb kürzester Zeit geht, setzen diskursive Ansätze eher auf die strukturierte und systematische Suche nach Ideen. Beide Methoden schließen sich nicht gegenseitig aus. Im Gegenteil: Vielfach erscheint es hilfreich, zunächst intuitive Methoden anzuwenden, um anschließend selektierte Ideen einer diskursiven Methode zu unterziehen.

Die bekannteste Kreativitätstechnik bildet Brainstorming, welches in den 1930er Jahren des letzten Jahrhunderts vom „Father of Brainstorming" *Alexander F. Osborn* entwickelt wurde: „Brainstorming means using the brain to storm a problem." Brainstorming soll mit Hilfe der Gruppeninteraktion dazu führen, dass unbewusste Gedanken an die Oberfläche gelangen.

Eine Sonderform des Brainstormings bildet das von *Horst Geschka* entwickelte Brainwriting. Um alle Gruppenmitglieder zu gleichen Anteilen in die Diskussion einzubinden, sollen Ideen schriftlich fixiert werden. In beiden Fällen geht es darum, möglichst viele Lösungsansätze innerhalb kürzester Zeit zu erarbeiten, getreu dem Prinzip „Quantität schafft Qualität".

Aufbau und Vorgehensweise

Brainstorming findet üblicherweise in drei Schritten statt. Zunächst ist es Aufgabe des Moderators, das zu lösende Problem genau zu beschreiben. Darüber hinaus soll er die wichtigsten Brainstorming-Regeln kurz erläutern. Hierzu zählen üblicherweise:

- keine Kritik oder Kommentierung der vorgestellten Ansätze sowie Verbot so genannter „Killerphrasen"
- Offenheit und Toleranz gegenüber Ideen der anderen
- Quantität vor Qualität der Lösungsvorschläge
- Zulässigkeit freier Assoziationen
- Weiterentwicklung anderer Lösungsvorschläge erlaubt (keine „Urheberrechte")

Der zweite Schritt umfasst die Suchphase. Hier steht das spontane Nennen möglicher Lösungsansätze unter Beachtung der Brainstorming-Regeln im Mittelpunkt. Dabei hält der Moderator oder ein im Vorfeld zu definierender Protokollant sämtliche Lösungsvorschläge schriftlich fest. Am Ende der Suchphase, die i. d. R. 30 Minuten umfasst, werden die Ergebnisse durch den Moderator zusammengefasst. Weitere Aufgaben des Moderators, der bei externer Unterstützung durch einen Berater abgebildet werden sollte, sind:

- Achten auf das Einhalten der Regeln
- stille Teilnehmer aktivieren, dominante zurücknehmen
- Sicherstellen der Dynamik durch Stimulans („Reizfragen")
- Einhalten des Lösungsraums (kein Abgleiten)
- Zeitmanagement und Ankündigen des Endes der Suchphase

Der dritte und letzte Schritt ist die Selektionsphase, die etwa 60 Minuten dauert. Der Moderator liest die einzelnen Ideen vor, die anschließend gemeinsam sortiert und bewertet werden. Erfahrungsgemäß erzeugt die Selektionsphase acht bis zwölf verwertbare Ideen von 100 Vorschlägen. Brainstorming endet aber erst dann, wenn für die selektierten Alternativen die weitere Vorgehensweise fixiert wurde. Hier ist zu klären, wer welche Maßnahmen bis zu welchem Termin erledigt. Dieser Maßnahmenplan wird vom Moderator anschließend an die Teilnehmer verteilt.

Als Abwandlung des klassischen Brainstormings bietet sich Brainwriting an, um alle Beteiligten gleichmäßig in den Ideenfindungsprozess einzubinden. Der Unterschied zwischen den beiden Methoden bezieht sich im Wesentlichen auf die Suchphase. Sie beginnt bei Brainwriting damit, dass jeder Teilnehmer innerhalb von 15 Minuten Problemlösungen auf Metaplan-Kärtchen schreibt und diese danach zentral visualisiert werden. Anschließend werden die gesammelten Vorschläge von den Teilnehmern aufgegriffen und zu neuen bzw. modifizierten Vorschlägen weiterentwickelt, bis der Punkt der kreativen Erschöpfung erreicht wurde.

Vorteile	Nachteile
▪ große Anzahl von Lösungsalternativen innerhalb kurzer Zeit	▪ Ergebnis stark abhängig von Moderator und Gruppenzusammensetzung
▪ weitverbreitete Methode und damit geringer Erklärungsbedarf	▪ eingeschränkte Eignung für klar strukturierte Probleme
▪ Nutzen von Gruppendynamik	▪ Dominanzgefahr einiger weniger (bei Brainstorming)
	▪ Gefahr des Abschweifens
	▪ ungeeignet für technisch komplexe Problemstellungen

Abbildung 48: Vor- und Nachteile von Brainstorming/-writing

In der Praxis ist die Anwendung von Brainstorming ebenso weit verbreitet wie missverstanden: „Chefs missbrauchen Brainstorming oft, um ihre eigenen Ideen durchzusetzen. Eine simple, aber sehr wirkungsvolle Technik ist so in Verruf geraten."[137] Dies lässt sich einerseits darauf zurückführen, dass Vorgesetzte nur pro forma Mitarbeiter in die Entscheidungsfindung einbinden wollen, andererseits aber auch darauf, dass die Methode inkl. der erarbeiteten Lösungsvorschläge zu oberflächlich behandelt wird. Ursächlich für dieses Phänomen sind sowohl zu allgemein formulierte Lösungsansätze als auch das Problem, dass bei Brainstorming die Selektions- gegenüber der Suchphase stark vernachlässigt wird. Auch in der Wissenschaft ist die Methode nicht unumstritten, da die Ergebnisse von Brainstormings solchen von Einzelpersonen gegenübergestellt wurden und dabei nicht signifikant besser abschnitten.[138] Fazit: Brainstorming ist weder ein Allheilmittel für einen Consultant, der selbst keine Ideen hat, noch darf es grundsätzlich als unwirksam bezeihnet werden.

Als Empfehlungen bei der Umsetzung von Brainstormings als „Feuerwerk von Ideen" lassen sich nennen:

Tipps & Tricks: Brainstorming/-writing

Die Output-Qualität eines Brainstormings hängt stark von einer guten Vorbereitung ab. Der Consultant als Moderator sollte sich im Vorfeld intensiv Gedanken über die Gruppenzusammensetzung machen. Gerade bei stark hierarchisch geführten Unternehmen erweist es sich als wenig dienlich, Vorgesetzte als Gruppenmitglied zu benennen.

Je exakter der Moderator die Problemstellung beschreibt, desto zielgerichteter kann die Lösungssuche erfolgen.

---

[137] *Conrady, H.* (2001), o. S.

[138] Vgl. *Paulus, J.* (2005).

In der industriellen Projektarbeit erweist sich das Brainwriting gegenüber dem Brainstorming überlegen. Lediglich in Kreativbereichen ergeben sich durch die noch größere Dynamik Vorteile bei Brainstorming.

Brainstorming lebt von der Moderation. Der Moderator muss die Balance zwischen Kreativität und Strukturierung schaffen. Sowohl für den Moderator als auch für das Team erscheint es hilfreich, Brainstorming anhand einer einfachen Aufgabe zu üben bzw. sich einzustimmen.

„Wer schreibt, der bleibt": Wenn Lösungsansätze nicht schriftlich festgehalten werden, sind sie relativ schnell vergessen. Ist die Arbeitsbelastung für einen Protokollanten in der Suchphase zu groß, sollten sich zwei Berater die Arbeit teilen. Ist der Lösungsansatz unklar, sollte der Protokollant nachfragen, ohne in Fachdiskussionen abzuschweifen.

Brainstorming und -writing sollten nur sehr selektiv eingesetzt werden, und zwar dann, wenn es sich um wenig strukturierte Probleme handelt und eine hohe Gruppendynamik vermutet werden kann.

b) Kreativitätstechnik: Ishikawa-Diagramm

Während Brainstorming und -writing eher unstrukturierte Problemstellungen aufgreifen und lösen sollen, bietet sich das Ishikawa-Diagramm[139] für strukturierte Probleme an. Ein großer Vorteil des Instruments gegenüber anderen liegt darin, dass es sowohl für die Ist-Analyse als auch für das Soll-Konzept angewendet werden kann, indem im Soll-Konzept auf die Ergebnisse der Ist-Analyse aufgebaut wird.

Hintergrund und Zielsetzung

Das Ishikawa-Diagramm ist ein qualitatives Verfahren, das ursprünglich dem Qualitätsmanagement entstammt. Es soll Problemursachen erkennen und darauf aufsetzende Problemlösungen systematisieren. Anwendungsgebiete sind insbesondere komplexere Ursache-Wirkungszusammenhänge sowie die Analyse und Strukturierung von Prozessen. Der Fokus der Methodik liegt vor allem auf der vollumfänglichen Darstellung von Ursachen und Lösungsansätzen zur nachhaltigen Lösung eines Problems. Wesentliche Ziele des Instruments stellen dabei dar:

- Visualisierung von Ursachen
- Darstellung von Beziehungen zwischen Ursachen untereinander sowie zwischen Ursachen und Lösungsansätzen
- Fokussierung der Beteiligten auf tatsächliche Ursachen (z. B. fehlende Anreizsysteme für das Symptom „hohe Krankheitsquote") und nicht auf Symptome
- gemeinsames Verständnis für Probleme, Haupt- und Nebenursachen durch Betrachtung aus unterschiedlichen Blickwinkeln (ein Problem hat selten nur eine Ursache)

---

[139] Bezeichnung nach dem japanischen Wissenschafter *Kaoru Ishikawa*. Weitere Namen: Fischgräten-, Ursache-Wirkungs-, Fehlerbaumdiagramm oder Cause-and-Effect Diagram.

Aufbau und Vorgehensweise

Für die Erstellung eines Ishikawa-Diagramms sind folgende Schritte durchzuführen:

1. spezifische Formulierung des Problems als Fischkopf auf der rechten Seite eines Blatts / einer Metaplan-Wand
2. Abtragen der Hauptgräten als potenzielle Problemursachenkategorien, etwa in Form der so genannten „6 M"[140] (Mensch, Methode, Messung, Maschine, Material, Mitwelt/Milieu)[141]
3. Festhalten von Problemursachen mit Hilfe von Brainstorming und anschließende Zuordnung zu der entsprechenden Ursachenkategorie
4. Differenzierung in Haupt- oder Nebenursachen oder in „beeinflussbare Ursachen", „nicht beeinflussbare Ursachen" und „(Grund-)Rauschen", z. B. Platzmangel, durch Hinterfragen der Ursachen und/oder Mehrpunkt-Bewertung durch die Teilnehmer
5. Suche nach Lösungsansätzen und anschließende Zuordnung zu einer oder mehrerer Ursachen

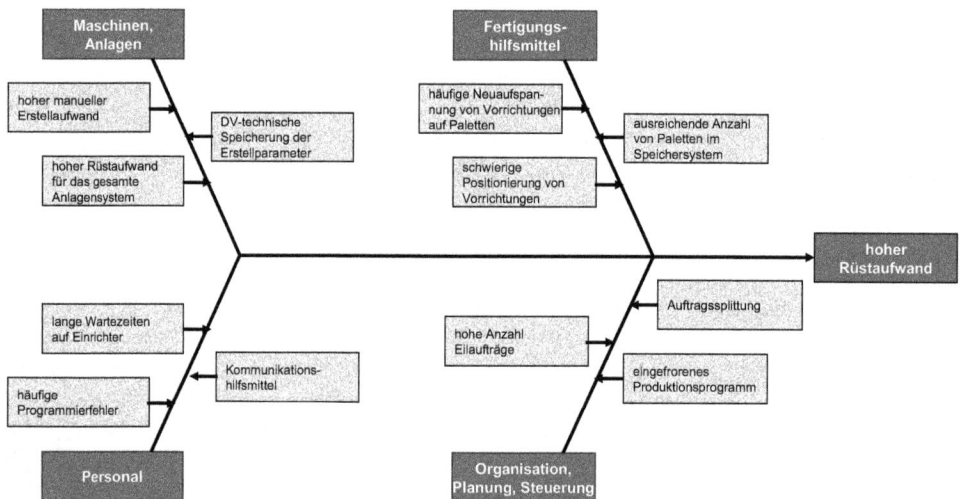

Abbildung 49: Beispiel eines Ishikawa-Diagramms (Ist-Analysephase)

---

[140] Die Einteilung in 6 M ist nicht zwingend erforderlich, vgl. Abbildung 49.

[141] Mensch (alle am Problem direkt oder indirekt beteiligten Personen), Methode (Arbeitsabläufe, Ablauforganisation, Verfahrensanweisungen ...), Messung (durch Fehler bei der Datenerhebung und -archivierung entstandene Probleme), Maschine (Hilfs- und Betriebsmittel wie Maschinen, Anlagen, Arbeitsplatzgestaltung, Werkzeuge ...), Methode (Arbeitsabläufe, Ablauforganisation, Verfahrensanweisungen ...), Material (eingesetzte Rohstoffe und Kaufteile), Mitwelt (auf das Problem wirkende externe Einflüsse, z. B. gesetzliche und politische Rahmenbedingungen, Arbeitsmarkt, Kundenverhalten etc.).

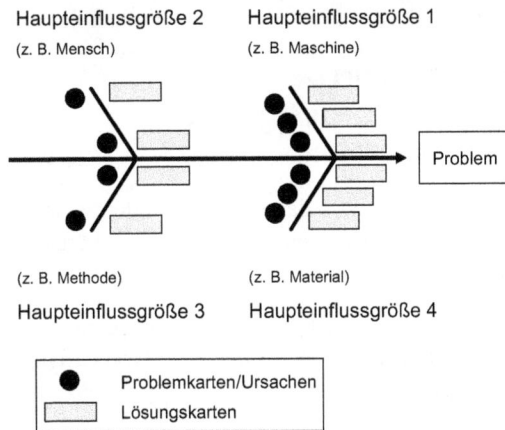

Abbildung 50: Grundstruktur eines Ishikawa-Diagramms (Soll-Konzeptphase)

Das Ishikawa-Diagramm greift bei der Ursachen- und Lösungsfindung die Methoden von Brainstorming und -writing auf. Durch die Vorgabe von Ursachenkategorien wird die Kreativität in Bahnen gelenkt, ohne sie unnötig einzuschränken. Als eines der „Sieben Qualitätswerkzeuge (Q7)"[142] von *Ishikawa* ist das gleichnamige Diagramm fast ebenso bekannt wie Brainstorming.

Vorteile	Nachteile
▪ geringer Vorbereitungs-, Durchführungs- und Nachbereitungsaufwand	▪ Stärken eher in der Ist-Analyse, weniger in der Konzeptphase
▪ geringes Methoden-Know-how erforderlich	▪ Gefahr der Unübersichtlichkeit bei komplexen Problemen
▪ universeller Einsatz (Produkte und Prozesse)	▪ Wechselwirkungen, etwa zwischen mehreren Problemen, kaum abbildbar
▪ differenzierte Betrachtung von Ursachen (verschiedene Blickwinkel)	▪ Fokussierung immer nur auf ein Problem
▪ direkte Kombination aus Ursachen und zugehörigen Lösungsansätzen	▪ u. U. problematische Abbildung von Lösungsansätzen, die mehrere Problemursachen beheben sollen
▪ Verknüpfungsfähigkeit mit anderen Moderationstechniken, z. B. Brainstorming oder Mehrpunktbefragung	

Abbildung 51: Vor- und Nachteile des Ishikawa-Diagramms

---

[142] Daneben zählen Fehlersammelliste, Histogramm, Qualitätsregelkarte, Paretodiagramm, Korrelationsdiagramm und Brainstorming zu den Q7 als visuelle Hilfsmittel zur Anwendung in Qualitätszirkeln.

Für die Durchführung eines Ishikawa-Diagramms gelten folgende Hinweise:

Tipps & Tricks: Ishikawa-Diagramm

Bei komplexeren Problemstellungen sollte pro Problem ein eigenes Ishikawa-Diagramm gezeichnet werden.

Der Moderator sollte darauf achten, dass das Problem eindeutig spezifiziert dargestellt wird, etwa „um 15 Prozent gestiegene Rohwarenbestände im Geschäftsfeld Healthcare gegenüber Vorjahr" anstelle von „zu hohe Bestände".

Zur Förderung der Kreativität der Teilnehmer kann es hilfreich sein, das Problem als Frage zu formulieren: „Warum sind die Rohwarenbestände im Geschäftsfeld Healthcare gegenüber dem Vorjahr um 15 Prozent gestiegen?"

Für die unterschiedlichen Ebenen (Problem-Hauptursache-Nebenursache-Lösungsansatz) ist es empfehlenswert, mit unterschiedlichen Farben oder Metaplan-Kärtchenformen zu arbeiten, um den Überblick nicht zu verlieren.

Der Moderator sollte darauf achten, dass Problemursachen und keine Symptome auf Kärtchen festgehalten werden, da diese Ausdruck, aber nicht Ursache des Problems sind.

Sollte das Ishikawa-Diagramm für die Konzeptphase zu umfangreich werden, hat sich ein Aufsplitten der Ursachen- und Lösungsgräten bewährt.

---

c) Soll-Prozessanalyse

Bezüglich der Darstellung von Soll-Prozessen in Form einer Prozessanalyse gelten grundsätzlich dieselben Aussagen wie für die im Kapitel 4.3.2 darstellte Ist-Prozessanalyse. Wie bei dem Ishikawa-Diagramm kann auch dieses Instrument sowohl in der Projektanalysephase als auch in der anschließenden -konzeptphase angewendet werden. Wiederum ergeben sich die beiden positiven Effekte, dass in der Konzeptphase das Instrument nicht neu erläutert werden muss und darüber hinaus die grafische Gegenüberstellung der Ist- und Soll-Ergebnisse die Unterschiede, z. B. Zeiteinsparungen, zwischen beiden Situationen klar hervorhebt. In diesem Zusammenhang soll auf die in Abbildung 30 dargestellte Ist-Analyse verwiesen werden.

Die Ergebnisse des Soll-Konzepts wurden nach Abschluss des Workshops mit den Projektzielen verglichen. Ein Workshopteilnehmer aus der Arbeitsvorbereitung fasste seine Eindrücke folgendermaßen zusammen: „Auch heute schon trödelt kein Kollege bei der Arbeit. Am Anfang des Workshops dachte ich, es läuft darauf hinaus, dass wir einfach schneller arbeiten und weniger Pausen machen sollen. Wenn wir den neuen Prozess jedoch so umsetzen, wie wir ihn hier erarbeitet haben, gehe ich davon aus, dass wir eher entspannter und konzentrierter arbeiten werden."

Natürlich resultierten die Ergebnisse des Soll-Konzepts nicht aus der Anwendung eines Instruments, sondern aus der Erarbeitung von Lösungsansätzen, deren Auswirkungen sich in den Soll-Prozessen und ihren Kennzahlen niederschlagen. An dieser Stelle sollen die Tipps und Tricks der Prozessanalyse nicht wiederholt, sondern es soll Bezug auf die Phase der Konzeptentwicklung genommen werden:

Tipps & Tricks: Soll-Prozessanalyse

Bevor Soll-Prozesse visualisiert werden, sollte der Berater zusammen mit dem Projektteam die wichtigsten Schwachstellen, die aus der Darstellung der Ist-Situation ersichtlich werden, zusammenfassen. Zur Unterlegung dieser Schwachstellen mit Argumenten hilft es, entsprechendes Zahlenmaterial aus der Ist-Analyse vorzustellen, z. B. für die Darstellung der Schwachstelle „manuelle Erfassung oder Übertragung von Aufträgen" etwa der durchschnittliche Bearbeitungsaufwand pro Auftrag multipliziert mit der Anzahl an Aufträgen im abgelaufenen Geschäftsjahr.

Vor der workshopbasierten Entwicklung des Soll-Prozesses sollte der Berater bzw. das Beraterteam mögliche Lösungsansätze mit dem Projektleiter auf Kundenseite abstimmen. Projektleiter und Beraterteam können durchaus im kleineren Kreis kontrovers diskutieren, im gesamten Projektteam oder generell vor Dritten (z. B. dem Steuerkreis) sind solche Debatten aber unbedingt zu vermeiden.

Soll-Prozess und Ist-Prozess sollten in identischer Form erhoben und visualisiert werden. Wichtig ist dabei auch, von derselben Bezugsbasis auszugehen: Ein Vergleich der Ist-Prozessdaten aus dem abgeschlossenen Geschäftsjahr mit dem Soll-Prozess auf Grundlage des nächsten Geschäftsjahres erschwert unnötig die Vergleichbarkeit.

Bei der Aufnahme von Soll-Prozessen, speziell wenn dies in Workshops statt klassischer Projektarbeit erfolgt, sind üblicherweise nicht alle Punkte und Details zu klären. Hier sollte der Consultant entweder eine „Offene-Punkte-Liste" oder einen Maßnahmenplan parallel mitführen.

Die abzubildenden Soll-Prozesse sollen ein realistisches Zielbild darstellen und keine idealisierte „schöne, neue Welt". Besonders bei der Abschätzung von Soll-Durchlaufzeiten und Soll-Bearbeitungszeiten ist es notwendig, dass der Berater immer wieder hinterfragt, ob die genannten Zeiten auch wirklich im Tagesgeschäft umsetzbar erscheinen.

---

d) Wertstromdesign

„Wo immer es ein Produkt für einen Kunden gibt, gibt es auch einen Wertstrom. Die Herausforderung liegt darin, ihn zu sehen."[143]

Das Wertstromdesign oder Value Stream Mapping basiert auf einer Wertstromanalyse, in der die Ist-Abläufe und Schwachstellen abgebildet wurden (vgl. Abschnitt 4.3.2). Der Aufbau und die Erhebung des Soll-Wertstroms erfolgen analog. Aus diesem Grund soll sich hier auf Tipps und Tricks für die Konzeptphase Bezug genommen werden:

---

[143] *Rother, M./Shook, J.* (2006), o. S.

Tipps & Tricks: Wertstromdesign

Vor Durchführung des Soll-Konzepts ist mit der Projektleitung auf Kundenseite und anschließend dem Projektteam abzustimmen, welche Rahmenbedingungen als gegeben (beispielsweise Produktgestaltung oder Standortwahl) anzusehen sind und welche als veränderbar.

Ebenfalls sollte der Berater bei jedem Verbesserungsvorschlag klären, inwieweit der Lösungsansatz tatsächlich den Produktwert aus Kundensicht erhöht und im Einklang mit den Unternehmens- und Werkszielen steht.

Als operatives Instrument empfiehlt es sich, nur solche Verbesserungsvorschläge umzusetzen, die maximal mittelfristig wirken, i. d. R. innerhalb von zwölf Monaten. Um eine langfristige Optimallösung aufzuzeigen, erscheint es zweckmäßig, dem Soll-Konzept eine „Ideal State Map" gegenüberzustellen. An ihr sollen sich spätere KVP-Aktivitäten orientieren. Vom Berater wird erwartet, dass er nicht nur das Soll-Konzept abbildet, sondern auch einen möglichen Entwicklungspfad zum Ideal-Zustand aufzeigt.

4.4.2   Nutzwertanalyse: Die beste Lösung finden

Nicht immer ist es möglich, dass sämtliche Ideen, die zu konkreten Lösungsvorschlägen weiterentwickelt wurden, im Rahmen der Projektarbeit auch umgesetzt werden können. Es kann verschiedene Gründe geben, etwa:

- sich logisch ausschließende Alternativen, z. B.: Soll die Simulationssoftware von Anbieter A oder Anbieter B beschafft werden?
- begrenztes Budget, z. B.: Soll der Absatzmarkt im Land A oder im Land B erschlossen werden?
- zeitlicher Realisierungsdruck, der die Durchführung mehrerer Lösungsansätze verhindert, z. B.: Sollen die Kommissionierwege im Lager neu gestaltet werden oder soll ein neues Regalsystem angeschafft werden?

Um die Frage nach der richtigen Lösung zu beantworten, bietet sich in der Praxis der Einsatz einer Nutzwertanalyse an. Im Gegensatz zu eindimensionalen Verfahren wie der Kosten- oder Gewinnvergleichsrechnung ist die Nutzwertanalyse in der Lage, sowohl quantitative[144] (z. B. Arbeitskosten pro Mitarbeiterstunde) als auch qualitative[145] Beurteilungskriterien (z. B. politische Stabilität) zu berücksichtigen.

---

[144] Teilweise auch als „harte Faktoren" bezeichnet.

[145] Teilweise auch als „weiche Faktoren" bezeichnet.

Hintergrund und Zielsetzung

Der Ursprung der Nutzwertanalyse ist nicht eindeutig geklärt, aber seit Ende der 1960er Jahre wurde die Nutzwertanalyse durch verschiedene Studien, vor allem aus den USA („utility analysis"), bekannt. In Deutschland wurde sie Anfang der 1970er Jahre von *Zangemeister* aufgegriffen.[146] Zielsetzung der Nutzwertanalyse ist die Auswahl einer Lösungsalternative auf Grundlage der Erfüllung bestimmter Anforderungen, mit dem höchsten Gesamtnutzwert, da von einer avisierten Nutzenmaximierung der Betroffenen ausgegangen wird.

Aufbau und Vorgehensweise

Die Nutzwertanalyse soll systematisch die Auswahl der „richtigen" Lösung im Rahmen der Soll-Konzeptphase unterstützen. Sie ist scheinbar ein objektives Verfahren, fußt aber tatsächlich auf subjektiven Einzel- oder Gruppenmeinungen, die kumuliert und dadurch objektiviert werden sollen. Der Einsatz erscheint nur dann zweckmäßig, wenn sich auf der einen Seite die möglichen Alternativen gegenseitig ausschließen, und auf der anderen Seite nicht quantifizierbare Auswahlkriterien zu berücksichtigen sind.

Der erste Schritt bei der Durchführung einer Nutzwertanalyse wird in der Praxis nicht selten ganz vergessen oder zumindest unzureichend behandelt: Zunächst müssen die zu bewertenden Lösungsalternativen eindeutig beschrieben werden, sodass allen Beteiligten klar ist, welche Alternativen zur Disposition stehen.

> **Praxisbeispiel Software-Auswahl:**
>
> Im Rahmen der Auswahl einer Lagerverwaltungssoftware kamen drei Lösungen unterschiedlicher Anbieter in die engere Auswahl (short list). Im Rahmen der Kriterienbeurteilungen vergaben die Workshopteilnehmer jedoch sehr unterschiedliche Punkte bei der Erfüllung dieser Anforderungen. Erst im Rahmen einer intensiven Diskussion wurde deutlich, dass zwar alle Beteiligten von demselben Anbieter sprachen, die einen jedoch von der Basislösung, die anderen von der Lösung mit branchenspezifischen Features.

Im zweiten Schritt sind nun die Beurteilungskriterien bzw. die Anforderungen zu formulieren, wobei zwischen limitationalen (so genannte „k.o.-Kriterien") und substitutionalen[147] Faktoren zu unterscheiden ist. Gibt es limitationale Faktoren, ist zunächst zu überprüfen, inwieweit die Alternativen diese überhaupt erfüllen. Stellt etwa das Vorhandensein einer Schnittstelle zu SAP einen solchen Faktor dar, können bereits alle diejenigen Alternativen ausgegrenzt werden, die diese Anforderung nicht erfüllen. Sie werden für die Nutzwertanalyse nicht weiter betrachtet.

---

[146] Vgl. *Zangemeister, C.* (1970).

[147] „Substitutional" weist darauf hin, dass geringe Anforderungserfüllungen durch hohe Anforderungserfüllungen bei anderen Beurteilungskriterien ausgeglichen werden können.

Basisanforderungen für den neuen BMW Werksstandort

1. Grundstücksgröße
200 - 250 ha Fläche, vorzugsweise in Form eines gedrungenen Rechteckes

2. Grundstückstopografie:
relativ eben und waagerecht, außerhalb von Überschwemmungszonen

3. Technische Ver- und Entsorgung (Mindestwerte):

3.1. Stromversorgung:	10kV / 40MW
3.2. Gasversorgung:	6.600m3/h
3.3. Wasserversorgung:	450m3/h
3.4. Telekommunikationsversorgung.	2x Primär-Multiplex-Anschlüsse mit je 60 Amtsleitungen
	12x Glasfaserkabel mit je 34M3/sec
3.5. Entsorgung Schmutzwasser:	250 m3/h
3.6. Entsorgbarkeit Regenwasser:	Entsprechend der örtlichen Regenspende
3.7. Müllentsorgung:	
3.7.1. Feststoffe:	2.000 t/Jahr
3.7.2. Schlämme und Fette:	1.500t /Jahr
3.7.3. Verdünner:	95 t/Jahr

4. Verkehrserschließung:
Günstige nationale Güterzüge- und Sammelflächen für Verteilung. Vorhandene oder in absehbarer Zeit vorhandene verkehrsgünstige Anbindung an Autobahnnetz.

5. Umgebungsbebauung:
5.1. Nächste Wohnbebauung mindestens 800m entfernt
5.2. Keine Anlagen, die Rauch, Staub, Schmutz o.ä. über die Luft emittieren (z.B. Zementwerk)
5.3. Keine Anlagen mit Katastrophenpotential (z.B. Munitions- oder Sprengstofflager)

6. Flughafen:
Maximal eine Autostunde entfernt.

7. Grundstücksgeologie, Bebauungserschwernisse:
Tragfähigkeit für Industriebaufundierung. Höchster Grundwasserspiegel unterhalb der Gründungsebene. Keine unterirdischen Aushöhlungen. Frei von entsorgungspflichtigen Altlasten. Außerhalb relevanter Erdbebeneinwirkungen. Keine beeinträchtigenden unter- oder oberirdischen Leitungen.

8. Baurecht:
Eindeutiger Nachweis der Planungssicherheit für den Bau einer Automobilfabrik und Baubeginn Anfang 2002. Gewünscht: GI mit GRZ = 0,8 und BMZ = 10,0. Zulässige Bauhöhe bis 30m über Gelände.

9. Arbeitskräfte:
Ausreichend viele qualifizierte bzw. qualifizierbare Arbeitskräfte im Einzugsbereich

10. Lebensumfeld:
Wohnmöglichkeit für Mitarbeiter, Schulen, Kultur- und gewisses Freizeitangebot in angemessener Entfernung. Gute Erreichbarkeit der nächsten Mittel- oder Großstadt. Angemessenes regionales Versorgungs...

11. Grunderwerb / Fremde Rechte am Grundstück:
Eigentumserwerb von einem Verkäufer

Abbildung 52: BMW-Anforderungskatalog für neuen Produktionsstandort[148]

---

[148] Enthalten in: *Kampermann, M.-T.* (2003), S. 11.

Der dritte Schritt ist oft nicht unproblematisch. An dieser Stelle sind die ausgewählten (substitutionalen) Kriterien im Hinblick auf ihren Beitrag zur Zielerreichung des Projekts zu gewichten. Für die Festlegung der Gewichtungsfaktoren kommen zwei Verfahren in Betracht:

- Rangfolge nach Wichtigkeit (Ordinalskala) oder
- Gewichtung durch Verteilung einer bestimmten, vorgegebenen Punktzahl (Kardinalskala)

Das erste Verfahren ist so aufgebaut, dass das Kriterium mit dem höchsten Gewicht den höchsten Rang zugewiesen bekommt, das zweithöchste den zweithöchsten Rang etc. Da die Nutzenabstände zwischen den Alternativen nicht berücksichtigt, sondern als identisch betrachtet werden, ist das Verfahren eher weniger empfehlenswert. Bei der Kardinalskala wird hingegen der Abstand zwischen den einzelnen Beurteilungskriterien durch einen sinnvollen und bekannten Maßstab angegeben. Als Beispiel wird etwa festgelegt, dass die Summe aller Kriteriengewichte 100 Prozent ergeben muss.

Den vierten Schritt stellt die Bewertung der Alternativen bzgl. der Anforderungserfüllung der einzelnen Kriterien dar. Bei quantitativ messbaren Kriterien geschieht dies relativ einfach, indem für bestimmte Ausprägungen bestimmte Punkte vergeben werden. Beispiel: Ein Kriterium bilden die Arbeitskosten pro Stunde. Hierfür sollen vor der Bewertung Teilnutzen zugewiesen werden:

Arbeitskosten pro Stunde	Teilnutzen
▪ kleiner 1,50 Euro	▪ 10
▪ zwischen 1,50 und 2,50 Euro	▪ 9
▪ zwischen 2,50 und 3,50 Euro	▪ 8
▪ ...	▪ ...
▪ größer 12,50 Euro	▪ 1

Abbildung 53: Beurteilung von Ausprägungsformen einzelner Zielkriterien

Als Problem erweist sich die Vergabe von Teilnutzen bei qualitativen Beurteilungskriterien wie „Infrastruktur" oder „Subventionsmöglichkeiten". Auch hier sollte versucht werden, für diese Kriterien Hilfskennzahlen zu kreieren, etwa „Entfernungskilometer bis zur nächsten Autobahn", „Anzahl Flughäfen im Umkreis von 150 Kilometern" etc. für den Faktor Infrastruktur. Anschließend lassen sich diesen Hilfskriterien wieder einzelne Teilnutzen direkt zuweisen. Gibt es indes keine quantifizierbaren Hilfskriterien, sind (bei einem möglichen Teilnutzen zwischen 1 und 10 Punkten) 10 Punkte für eine „sehr gute Anforderungserfüllung" bis 1 Punkt für eine „ungenügende Anforderungserfüllung zu vergeben. Im letzten Schritt werden die Teilnutzen pro Alternative mit den Kriteriengewichten multipliziert, die gewichteten Teilnutzen addiert und anschließend die Alternative mit dem größten Gesamtnutzen als präferierte Lösung ausgewählt (vgl. Abbildung 54):

Zielkriterien/ Standortanforderungen	Kriterien- Gewichte	Standortalternativen			
		Standort Rumänien		Standort Ukraine	
		Teilnutzen	Gewichtete Teilnutzen	Teilnutzen	Gewichtete Teilnutzen
Zugang zu Märkten	0,25	8	2,00	5	1,25
Kostenniveau	0,25	3	0,75	7	1,75
Angebot an Arbeitskräften	0,15	7	1,05	4	0,60
Steuern	0,10	2	0,20	6	0,60
Öffentl. Leistungen	0,20	5	1,00	2	0,40
Lebensqualität	0,05	8	0,40	5	0,25
Nutzwerte	(1,00)		5,40		4,85

Abbildung 54: Vereinfachtes Beispiel für eine Standortwahl

Der berechnete Gesamtnutzen der Alternativen stellt einen relativen Wert dar. Bezogen auf das in Abbildung 54 dargestellte Beispiel lässt sich zwar die Aussage treffen, dass der Standort Rumänien besser als der Standort Ukraine von den Beteiligten beurteilt wird, ob es sich allerdings bei Rumänien um eine absolut betrachtet empfehlenswerte Alternative handelt, steht außen vor.

Um die Aussagekraft der Gesamtnutzenwerte zu erhöhen, bieten sich zwei Hilfsmittel an: Zunächst sollten die Werte für die aufsummierten Kriteriengewichte und die maximalen Einbewertungen pro Alternative so gewählt werden, dass der theoretisch mögliche Gesamtnutzen 10 beträgt, etwa durch Summe der Kriteriengewichte gleich 1 und maximaler Einzelwert der Beurteilung 10 und minimaler Einzelwert 1. Im vorliegenden Beispiel lässt sich daher nicht nur ein relatives Ergebnis ermitteln, sondern auch die Aussage treffen, dass die erste Alternative die Teamanforderungen zu 54 Prozent, die zweite zu 48,5 Prozent erfüllt. Diese Aussage wiederum erhöht teilweise die Aussagekraft der Ergebnisse, beantwortet aber noch nicht vollumfänglich die Frage, ob die beiden Alternativen wirklich „gut sind". So ließe sich einerseits argumentieren, dass Rumänien eindeutig besser als die Ukraine abschneidet, andererseits aber auch, dass beide Ansätze weit von einer Optimallösung entfernt sind.

Das zweite Hilfsmittel geht in die Richtung, den Status quo, soweit vorhanden, als zusätzliche Alternative in die Nutzwertanalyse aufzunehmen. Ging es im obigen Fall etwa um eine Standortverlagerung in ein so genanntes Best Cost Country, sollte der bisherige Standort, z. B. Deutschland, in die Beurteilung mit aufgenommen werden. Erst durch Vergleich mit dem Gesamtnutzen des Status quo sollte dann eine Aussage pro Rumänien oder kontra beide Alternativen getroffen werden. Erreicht die Alternative „Deutschland" etwa den Gesamtnutzen 4,7, sollte grundsätzlich nach weiteren Alternativen neben Rumänien und der Ukraine gesucht werden, da der Vorteil gegenüber der Ist-Situation nur relativ gering ausfällt. Erreicht die Alternative „Deutschland" jedoch nur den Gesamtnutzen 2,4, so erscheinen die beiden Auslandsstandorte generell wesentlich positiver als das Heute.

Vorteile	Nachteile
▪ Eignung für quantitative und qualitative Beurteilungskriterien ▪ Berücksichtigung einer Vielzahl von Kriterien ▪ direkte Vergleichbarkeit von Alternativen ▪ Notwendigkeit einer streng systematischen Vorgehensweise und Entscheidungsvorbereitung ▪ Transparenz in der Vorgehensweise ▪ universelle Einsetzbarkeit	▪ Subjektivität des Verfahrens, der Kriterienauswahl, -gewichtung und der Erfüllungsgrade der Anforderungen pro Alternative ▪ Annahme der Unabhängigkeit der Beurteilungskriterien untereinander ▪ u. U. hoher Zeitaufwand

Abbildung 55: Vor- und Nachteile der Nutzwertanalyse

Der Hauptkritikpunkt bei der Nutzwertanalyse ist die Subjektivität des Verfahrens. Für den Berater ist es demzufolge wichtig, die Subjektivität des Verfahrens zu objektivieren.

Tipps & Tricks: Nutzwertanalyse

Die Auswahl der Kriterien und deren Gewichtung sollten zwingend mit zeitlichem Abstand, etwa zwei bis drei Tage vor dem eigentlichen Beurteilungsworkshop, zu der eigentlichen Beurteilung der Alternativen erfolgen, um Kriterien und Alternativen nicht in direkten Zusammenhang zu bringen,.

Qualitative Kriterien (z. B. „Branchen-Know-how") sollten möglichst mit Hilfskennzahlen (z. B. „Anzahl Berufsjahre in der betreffenden Branche") hinterlegt werden, deren Ausprägungen („kleiner 1 Jahr", „zwischen 1 und 3 Jahren" etc.) konkreten Werten (Teilnutzen 4, 6 etc.) gegenübergestellt werden sollten.

Der Consultant sollte darauf achten, dass der theoretisch erzielbare Gesamtnutzen so gewählt wird, dass er als leichter Maßstab einer Vergleichbarkeit dient, z. B. „10", „100" oder „1.000".

Keine Entscheidung ist auch eine Entscheidung, nämlich zugunsten des Status quo. Daher sollte, gerade bei Veränderungsprojekten (neue Produkte, neue Standorte, neue Verfahren und Technologien o. ä.), immer die Ist-Situation als Vergleichbasis und Alternative herangezogen werden.

4.5   Umsetzungs- und Controllingphase

„Das Umsetzungsproblem besteht meist nicht darin, dass man nicht weiß, was man tun müsste, sondern dass man es nicht tut!"[149]

Nachdem das Soll-Konzept durch das Beraterteam erarbeitet und vorgestellt wurde, endet vielfach die externe Unterstützung planmäßig oder die Consultants werden zumindest aufgefordert, nach Erreichen dieses Meilensteins ein Angebot für die Umsetzungs- und Controllingphase zu unterbreiten. Hier lassen sich zwei gegenläufige Entwicklungen erkennen: Auf der einen Seite werden Unternehmensberatungen verstärkt in die Pflicht genommen, indem sie nicht nur Konzepte entwickeln, sondern auch bei der Umsetzung unterstützen sollen. Daher werben inzwischen die meisten Beratungen mit ihrer Umsetzungskompetenz: „Beratung ist Umsetzung". Auf der anderen Seite lässt sich gerade in der jüngsten Vergangenheit feststellen, dass, bedingt durch die Finanz- und Marktkrise, Klienten ihr Beratungsbudget stark reduzieren. Wenn auf Beratungen zurückgegriffen werden soll, besteht der Beratungsbedarf stark im konzeptionellen Bereich. Die Realisierung soll dann von der eigenen Mannschaft vorangetrieben werden, sei es aus Kostengründen, sei es inzwischen aber auch aus Gründen freier Ressourcen.

4.5.1   Projektumsetzung und -controlling

Ist die Unternehmensberatung für die Unterstützung bei der Projektrealisierung beauftragt, ergeben sich nicht selten Probleme, die vorher im Rahmen des Konzepts unberücksichtigt blieben. Hierzu zählen etwa:

a) Erkenntnis, dass das Konzept zu realisieren ist

Vielfach besteht eine gewisse Mentalität des Abwartens auf Kundenseite. Man unterstützt bei der Konzepterarbeitung und stellt nun fest, dass das, was auf dem Papier/der Folie entwickelt wurde, auch zu realisieren ist und es nun „ernst" wird. Aus diesem Bewusstsein heraus entstehen die folgenden Problemkreise.

b) Es gibt eigentlich gar kein Problem mehr.

Scheinbar plötzlich löst sich das Problem auf, welches die Grundlage der bisherigen Projektarbeit darstellte. Speziell bei Veränderungsprojekten besteht auf Ebene des Projektteams die Gefahr, das ursächliche Problem zu verharmlosen, um nicht eingespielte Prozesse ändern zu müssen und um den Umsetzungsaufwand, meist neben dem Tagesgeschäft, zu vermeiden.

c) Die Umsetzung verzögert sich wegen des Konflikts zwischen Tages- und Projektgeschäft.

Der Umsetzungsaufwand wurde in der Planungsphase als zu niedrig eingeschätzt. Da vielfach das Projektteam nicht zu 100 Prozent für die Projektarbeit freigestellt wurde, ergibt sich

---

[149] *Hermann Simon*, Hochschullehrer und Unternehmensberater.

das Problem, dass Dringliches (Tagesgeschäft) vor Wichtigem (Projektarbeit) bearbeitet wird (vgl. Abbildung 56).

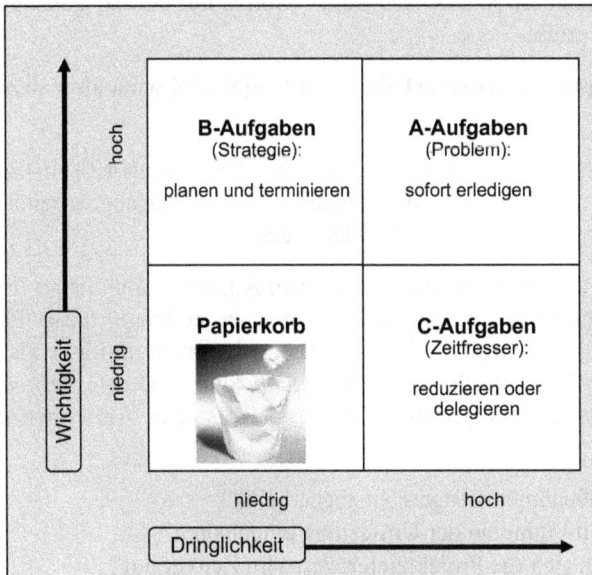

Abbildung 56: Eisenhower-Matrix

d) Die Umsetzung verzögert sich wegen des Verschiebens von Kompetenzen und Hierarchien.

Häufig werden Unternehmensberatungen dann beauftragt, wenn die Projektarbeit ein internes Konfliktpotenzial birgt. Dies liegt vor allem dann vor, wenn es sich um geplante Veränderungen bei der Aufbau- und/oder Ablauforganisation handelt. In vielen Fällen gibt es aus Kundensicht „Gewinner" und „Verlierer" durch geänderte Prozesse und Strukturen, so dass es neben den fachlich-inhaltlichen auch zu persönlichen Konflikten kommen kann, die die Umsetzung verzögern oder zum Scheitern bringen.

Beispiel: Bei der geplanten Gründung einer gemeinsamen Logistik-Tochter zweier mittelständischer Großhandelsunternehmen kam es zum Eklat: Trotz geplanter und gemeinsam verabschiedeter Einsparpotenziale in Höhe von sieben Mio. Euro (12 Prozent des beeinflussbaren Kostenvolumens) scheitert das Projekte, weil sich die Eigentümerfamilien nicht auf die Verteilung der Geschäftsanteile des Joint Ventures einigen konnten.

e) Die Umsetzung verzögert sich wegen des Verirrens in Details.

„Der Teufel steckt im Detail" – viele Stolpersteine treten erst im Rahmen der konkreten Umsetzung zu Tage. Sie führen nicht selten dazu, dass das Gesamtziel aus dem Blickwinkel verloren geht und eine Kultur des „Es geht nicht, weil" durchsetzt statt eines „So können wir das Problem lösen".

f) Die Projektziele werden in Frage gestellt oder als unrealistisch eingestuft.

Gerade bei strategischen Projekten liegen Umsetzungsaufwand und erfahrbarer Nutzen meist zeitlich weit auseinander, sodass sich keine Motivation aus so genannten „Quick Wins" (Kurzfristerfolgen) ergibt.

g) Die Projektaufgaben werden erledigt, das Projektziel wird aber dennoch nicht erreicht.

Trotz effektiven Maßnahmencontrollings werden die geplanten (Teil-)Ziele nicht erreicht. Die einzelnen Arbeitspakete und Maßnahmen werden zwar abgearbeitet, die gewünschten Effekte im Sinne des Projektziels stellen sich indes nicht ein.

Die oben aufgeführten Probleme stellen nur einen Ausschnitt möglicher Risiken dar, die sich in der Umsetzungsphase ergeben können. Sie machen gerade in dieser Phase ein effektives und effizientes Projektcontrolling[150] erforderlich, das mehr umfasst als eine fortlaufende Kosten-, Zeit- und Zielkontrolle: *„Ein Projektcontrolling ist erforderlich, um Projekte erfolgreich abzuschließen."* In der Realisierungsphase soll es Antworten etwa auf folgende Fragen liefern:

- Werden alle Maßnahmen fristgerecht abgearbeitet?
- Wird der Projekttterminplan der Umsetzung eingehalten?
- Wie entwickelt/n sich die Projektzielgröße(n) im Zeitverlauf?
- Bei Zielabweichungen: Wie lässt sich dennoch das Projektziel erreichen?
- Findet eine laufende Dokumentation des Projektfortschritts statt, um ein „lessons learned" für Folgeprojekte sicherzustellen (und zwar sowohl für den Kunden als auch für die Beratungseinheit)?
- Wann und wie soll der Übergang vom Projektteam auf das operative Team erfolgen?

Die Aufgaben des Projektcontrollings in der Umsetzungsphase lassen sich in folgende sechs Themenbereiche zusammenfassen (vgl. Abbildung 57):

Themenfeld	Kurzbeschreibung
Projektpriorisierung	sinnvolle Planung und Verwendung verfügbarer Ressourcen im Multiprojektmanagement (i. d. R. Aufgabe des Steuerkreises)
Projektkontrolle	kontinuierliche Überprüfung der Zielerreichung des Projekts bzgl. kritischer Erfolgsfaktoren Zeit, Kosten, Qualität
Projektsteuerung	Einleitung von Korrekturmaßnahmen, falls in der Projektkontrolle Ziel-/Ist-Abweichungen erkannt wurden
Projektänderungsmanagement	Formulierung, Beantragung und Umsetzung von Projektänderungen

---

[150] Vgl. zum Projektcontrolling ausführlich: *Fiedler, R.* (2008).

Projektbeurteilung	regelmäßig, zumindest an Meilensteinen durchzuführende Projektbeurteilung auf Basis vorab definierter Kriterien
Projektreporting	standardisiertes und regelmäßiges Projekt-Berichtswesen gegenüber Steuerkreis, Projektteam, direkt und indirekt vom Projekt Betroffener

Abbildung 57: Themenfelder des Projektcontrollings in der Umsetzungsphase[151]

Obwohl die praktische Bedeutung von Projektcontrolling unbestritten ist, treten immer wieder Probleme in Beratungsprojekten auf. Die ausgewählten, nachfolgenden Empfehlungen sollen helfen, typische Schwachstellen zu vermeiden:

Projektcontrolling innerhalb des Beraterteams

1. Für das Projektcontrolling, etwa bzgl. des Projektfortschritts und des Budgetverbrauchs, ist immer der Projektleiter verantwortlich. Hilfreich, gerade bei größeren Projekten, kann es sein, operative Aufgaben des Projektcontrollings (Projektkontrolle, vor- und nachbereitende Tätigkeiten des Projektsteuerung und -beurteilung etc.) an einen stellvertretenden Projektleiter zu delegieren.

2. Auch in Phasen hoher Projektauslastung und Termindrucks sollte der Projektleiter regelmäßige interne Projektreportings durchführen, um eine einheitliche Informationsbasis zu gewährleisten.

3. Interne Projektreporting-Sitzungen erfordern ein straffes Zeitmanagement. Die berichtenden Berater sollten sich auf Ergebnisse, nächste Schritte und aktuelle und potenzielle Risiken konzentrieren.

4. Gibt es einheitliche interne Standards für das Projektcontrolling, sind diese anzuwenden. Gegebenenfalls hilft es, sich bei dem persönlichen Mentor oder dem zuständigen Qualitätsbeauftragten zu erkundigen. Erst wenn keine Vorlagen existieren, sollten eigene Lösungen/Tools entwickelt werden.

5. Projektcontrolling beginnt bereits bei der Abgabe des Angebots, spätestens aber ab der Auftragsbestätigung des Kunden. Daher kann es im Prinzip kaum zu früh sein, sich mit Projektcontrolling auseinanderzusetzen.

6. Projektcontrolling erfordert SMART-formulierte Projektziele. Ohne eindeutige Projektziele lässt sich jedes Projekt als Erfolg oder Misserfolg interpretieren.

---

[151] In Anlehnung an: *Kuster, J.* (2008), S. 154.

Projektcontrolling im Zusammenspiel mit dem Kunden:

1. Der Consultant muss zu jedem Zeitpunkt des Projekts damit rechnen, dass der Projektleiter auf Kundenseite kurzfristig einen Projektstatusbericht wünscht. Daher liegt es im Eigeninteresse des Beraters, eingesetzte Projektcontrolling-Tools zu pflegen.

2. Auch ohne Zwang und konkrete Aufforderung sollte der Berater mit dem Projektleiter des Kunden mindestens einmal wöchentlich ein Projektcontrolling-Gespräch führen. Die Form des Projektcontrollings sollte bei Projektstart gemeinsam verabschiedet werden.

3. An Meilensteinen erfolgt eine gemeinsame Projektbeurteilung durch die beiden Projektleiter gegenüber dem Steuerkreis. Der Berater sollte genügend zeitlichen Vorlauf aussetzen, um mit dem Kunden-Pendant die Unterlagen abzustimmen. „Frühzeitig" hängt wiederum von der Unternehmenskultur des Kunden ab; die finale Abstimmung sollte indes mindestens drei bis fünf Tage vor dem Jour fixe erfolgen. Grundsätzlich gilt: Je höher der Projektleiter des Kunden in der Hierarchie, desto größerer Vorlauf ist einzukalkulieren.

4. Neben dem Projektcontrolling im Zusammenspiel mit dem Projektleiter des Kunden ist es oft üblich, die zu präsentierenden Unterlagen auch informell mit dem ursprünglichen Auftraggeber abzustimmen, der i. d. R. formelles Mitglied des Steuerkreises ist. Er kann meist dienliche Hinweise bzgl. der Top-Management-Erwartungen seiner Kollegen geben.

5. Sich abzeichnende Probleme in der Realisierungsphase, soweit sich nicht beraterintern zu verantworten sind, sollten frühzeitig gegenüber dem Kunden-Projektleiter kommuniziert werden. Fühlt sich dieser dafür nicht zuständig, sollte die Problemkommunikation in den Steuerkreis getragen werden.

4.5.2   Ausgewählte Instrumente des Projektcontrollings

Im folgenden Abschnitt sollen drei ausgewählte Instrumente des Projektcontrollings dargestellt werden, die sich in der Praxis bewährt haben. Sie dienen der Projektkontrolle und sollen bei der Entscheidung unterstützen, ob Projektsteuerungsmaßnahmen zu ergreifen sind oder ob die Umsetzungsphase planmäßig erfolgt.

a) Meilensteintrendanalyse

Größere Projekte benötigen Meilensteine, mindestens am Ende einer Projektphase, um den Projektfortschritt zu überwachen und mögliche terminliche Abweichungen frühzeitig zu erkennen. An dieser Stelle setzt die Meilensteintrendanalyse an, indem sie den (zeitlichen) Trend bzgl. des voraussichtlichen Erreichens des Meilensteins visuell darstellt (vgl. Abbildung 58):

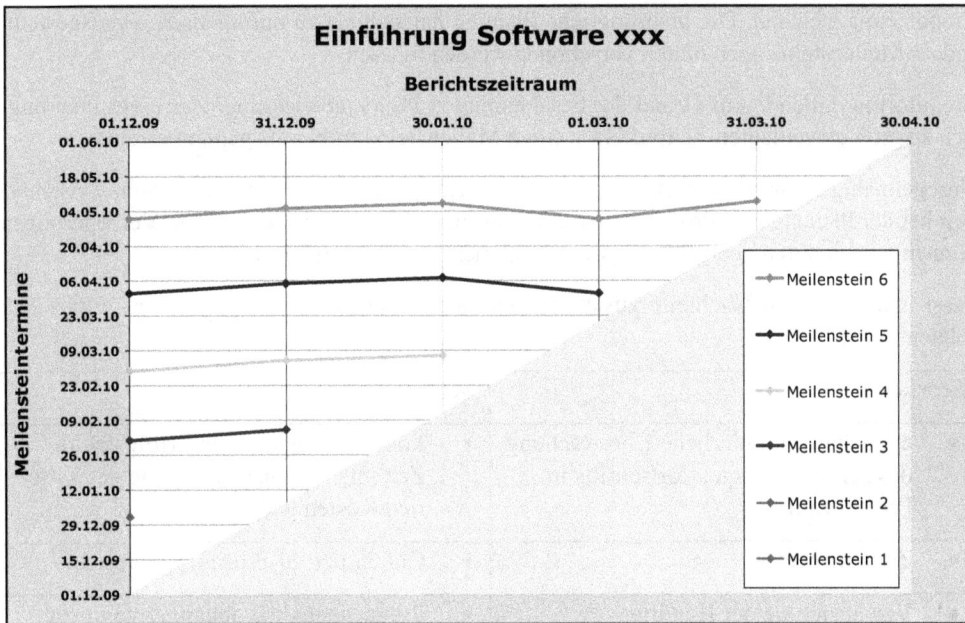

Abbildung 58: Beispiel einer Meilensteintrendanalyse

Im ersten Schritt werden für das Gesamtprojekt im Rahmen der Projektplanungsphase die erforderlichen Meilensteine im Zeitplan positioniert. An regelmäßig wiederkehrenden Terminen[152], etwa Projekt-Jours-fixes, wird im Projektteam festgehalten, zu welchem Zeitpunkt das Erreichen eines Meilensteins geplant ist. Diese geplanten Termine werden auf einer y-Achse abgetragen, während der Berichtszeitpunkt auf der x-Achse abgetragen wird.

Dieses Prozedere wiederholt sich monatlich, wobei die Soll-Meilensteine miteinander verbunden werden. Sollte es aus Sicht des Projektteams zu einer voraussichtlichen Terminänderung (früheres oder späteres Erreichen des Meilensteins) kommen, steigt die Verbindungslinie der einzelnen Termine an (Projektverzögerung) oder sinkt ab (Projektbeschleunigung). Gerade bei verketteten Meilensteinen sind auch Folgewirkungen (auf spätere Meilensteine) zu beachten. Im Falle einer prognostizierten Projektverzögerung ist es Aufgabe des Projektleiters, Maßnahmen im Sinne einer Projektsteuerung zu ergreifen, um den ursprünglichen Zeitplan wieder zu erreichen.

Grundsätzlich denkbar sind vier unterschiedliche Verläufe:

Weitgehend stabil: Handelt es sich im Wesentlichen um eine Gerade im Zeitverlauf, liegt offensichtlich eine sehr stabile Zeitplanung vor, was in der Praxis jedoch eher theoretischer Natur ist.

---

[152] Bei größeren Projekten üblicherweise monatlich, und zwar am Monatsbeginn.

Trendförmig steigend: Die ursprüngliche Planung hat sich als zu optimistisch herausgestellt, sodass Meilensteine nach hinten verschoben werden müssen.

Trendförmig fallend: Auf Grund der beschleunigten Projektabwicklung oder eines ursprünglich zu groß eingeplanten Zeitpuffers werden Meilensteine früher als geplant erreicht.

Unregelmäßig schwankend: Stark schwankende Zieltermine weisen auf eine hohe Unsicherheit bei der Planung und Prognose von Meilensteinen hin. Sich abzeichnende Verzögerungen können jedoch durch geeignete Gegenmaßnahmen kompensiert werden.

Fasst man Vor- und Nachteile zusammen und stellt diese einander gegenüber, ergibt sich folgendes Bild:

Stärken	Schwächen
• einfache kontinuierliche Überwachung des zeitlichen Projektfortschritts im Projektteam	• Fokussierung auf den Erfolgsfaktor Zeit unter Vernachlässigung der Kriterien Kosten und Qualität
• Zukunftsbezug	• Gefahr des 90-Prozent-Syndroms[153]
• Visualisierung der Historie	• Prognosequalität abhängig von Erfahrungswissen der Befragten
• einfache Darstellung von Abhängigkeiten und Verkettungen	

Abbildung 59: Stärken und Schwächen der Meilensteintrendanalyse

b) Earned-Value-Analyse

Während die Meilensteintrendanalyse ausschließlich ein zeitliches Projektcontrolling betreibt, berücksichtigt die Earned-Value-Analyse die Faktoren Zeit, Kosten und Leistungen und ist damit entsprechend für komplexere Projekte geeignet. Ursprünglich wurde das Verfahren in den 1960er Jahren für US-amerikanische Militärprojekte unter dem Namen „Cost/Schedule Control Systems Criteria" entwickelt und als Standard für im Auftrag des Verteidigungsministeriums durchgeführte Projekte definiert.

Die Grundidee der Earned-Value-Analyse ist die Gegenüberstellung von geplanten Kosten und erbrachten Leistungen zu einem bestimmten Stichtag. Dabei werden drei Kennzahlen im Rahmen einer regelmäßigen Projektbewertung gegenübergestellt: kumulierter Planwert[154]

---

[153] In einer relativ frühen Phase des Projekts glaubt man, bereits 90 Prozent der Probleme/Aufgaben gelöst zu haben. Dies führt dazu, dass Aufgaben(pakete) relativ lange den Umsetzungsstatus „90 Prozent" innehaben und man scheinbar kurz vor Abschluss steht.

[154] Planned value: Budgetierter Aufwand für die bis zum Stichtag geplanten Aktivitäten (Aufgaben-, Arbeitspakete); entspricht Plan-Kosten (= Plan-Menge*Plan-Kosten pro Leistungseinheit).

(planned value), aktuelle kumulierte Kosten[155] (actual costs) und der kumulierte Leistungswert[156] (earned value) (vgl. Abbildung 60):

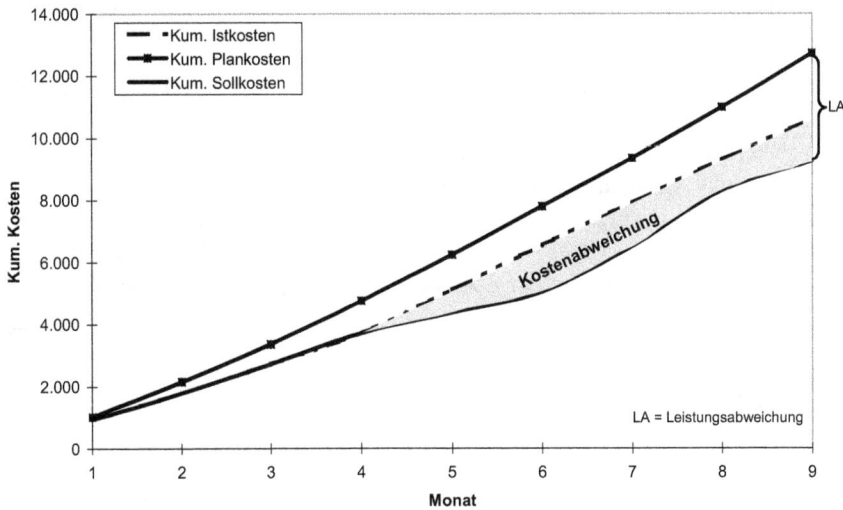

Abbildung 60: Beispieldiagramm einer Earned-Value-Analyse[157]

Die Interpretation des Diagramms basiert auf dem Vergleich der drei Einzelkurven: Die Differenz zwischen kumulierten Ist- und Soll-Kosten spiegelt den ungeplanten Ressourcenverbrauch in der Projektarbeit wider, z. B. wenn bestimmte zugekaufte Dienstleistungen oder Produkte teurer als ursprünglich geplant waren. Hingegen gibt die Abweichung zwischen Plan- und Soll-Kosten den ungeplanten Leistungsfortschritt wieder, z. B. wenn einzelne Arbeitspakete statt geplanter 40 Manntage an Beraterleistung 50 Manntage an tatsächlichem Aufwand verursachten. Beide Abweichungen lassen sich für ein Projektreporting als Index darstellen, und zwar als Leistungsindex (= Soll-Kosten/Plan-Kosten*100) oder Kostenindex[158] (= Ist-Kosten/Soll-Kosten*100).

Der Vorteil gegenüber einer reinen Plan-Ist-Gegenüberstellung liegt darin, dass die Earned-Value-Analyse Hinweise darauf gibt, ob Abweichungen mengen- oder preisbedingt entstanden sind. Außerdem lassen sich mit Hilfe der Methodik auch Prognosekennzahlen wie die voraussichtliche Projektgesamtdauer oder die voraussichtlichen Projektrestkosten ermitteln. Es ist jedoch zu beachten, dass die Kennzahl Earned Value den geleisteten Projektaufwand

---

[155] Actual costs: Angefallener Aufwand für die bis zum Stichtag durchgeführten Aktivitäten (Aufgaben-, Arbeitspakete); entspricht Ist-Kosten (= Ist-Menge*Ist-Kosten pro Leistungseinheit).

[156] Earned value: Budgetierter Aufwand für die bis zum Stichtag durchgeführten Aktivitäten (Aufgaben-, Arbeitspakete); entspricht Soll-Kosten (= Ist-Menge*Plan-Kosten pro Leistungseinheit).

[157] Enthalten in: *Fiedler, R.* (2008), S. 201.

[158] Ein Wert von mehr als 100 Prozent zeigt eine Kostenüberschreitung an.

beurteilt, jedoch nicht die inhaltliche Erfüllung von Anforderungen an die jeweiligen Arbeitspakete.

Die sinnvolle Anwendung der Earned-Value-Analyse ist an bestimmte Voraussetzungen geknüpft:

- gut strukturierte bzw. strukturierbare Projekte mit klar abgrenzbaren Projektumfängen und Arbeitspaketen (bezogen auf Zeit, Aufwand und gegenseitige Abhängigkeiten)
- keine Arbeitspakete über die gesamte Projektlaufzeit
- relativ geringe Projektrisiken, also stabile Projektplanung
- umfangreichere Projekte (Laufzeit mindestens sechs bis neun Monate) und hoher Manntageanzahl (mindestens 150 bis 200)
- regelmäßiges und zeitnahes Erfassen der Aufwände und Kosten nach Arbeitspaketen oder Teilaufgaben

c) Projekthärtegrade

Erwartungsdruck von oben und außen, Optimismus und leistungsorientierte Vergütungssysteme führen dazu, dass Ziele in der Projektplanungsphase zu optimistisch formuliert werden. Um gerade bei Projekten mit den Zielgrößen „Umsatzsteigerung", „Kostensenkung" oder „Produktivitätssteigerung" so genannte „Powerpoint Savings" zu verhindern, sind viele Unternehmensberatungen (beispielsweise McKinsey, Roland Berger, Siemens Management Consulting) dazu übergegangen, Zwischenergebnisse der Projektarbeit im Hinblick auf gesetzte quantitative Ziele im Zeitverlauf zu verfolgen.

Die Darstellung des Projektfortschritts wird über Härtegrade abgebildet. Für jeden Lösungsansatz oder jedes Arbeits- oder Maßnahmenpaket, welches Teil der Projektumsetzung ist, wird in regelmäßigen Abständen, z. B. monatlich, ein Härtegrad zugewiesen. Im Normalfall werden fünf verschiedene Status vergeben:

Härtegrad 1:

Der Zielwert für den Ansatzpunkt wurde fixiert. Er ergibt sich i.d. R. am Ende der Projektplanungsphase oder direkt aus dem Projektauftrag. (Vereinfachtes) Beispiel: „Jährliche Einsparung von 17 Mio. € durch verstärktes Global Sourcing in Russland."

Härtegrad 2:

Am Ende der Ist-Analyse sollte ein geschätztes Einsparpotenzial stehen, Beispiel: „Jährliche Einsparung von 19,4 Mio. € durch verstärktes Global Sourcing in Russland."

Härtegrad 3:

Dieser Status bedeutet, dass zur Erreichung des Potenzials konkrete, mit Verantwortlichkeiten und Terminen hinterlegte Maßnahmen definiert wurden oder sich bereits in Umsetzung befinden, z. B. „Suche nach einem neuen Elektronikkomponenten-Hersteller in Indien (geplante Einsparung: 4,5 Mio. € jährlich)."

Härtegrad 4:

Härtegrad 4 entspricht einer Maßnahme, die bereits vollumfänglich abgeschlossen wurde, Beispiel: „Lieferantenwechsel zu xxx Ltd. (geplante Einsparung: 2,5 Mio. € jährlich)."

Härtegrad 5:

Die Maßnahme wurde ergebniswirksam abgeschlossen und lässt sich in der Gewinn- und Verlustrechnung nachweisen, beispielsweise: „Reduzierung der Materialkosten um 4,7 Mio. € durch abgeschlossenen Lieferantenwechsel der Firmen x, y und z zum 31.12.2008."

Status	Härtegrad	Beschreibung	Legende
Idee	1	Zielwert verabschiedet	☐
	2	Potenzial abgeschätzt	☐
Maßnahme	3	Maßnahme definiert	☐
	4	Maßnahme umgesetzt	☐
	5	Maßnahme ergebniswirksam	■

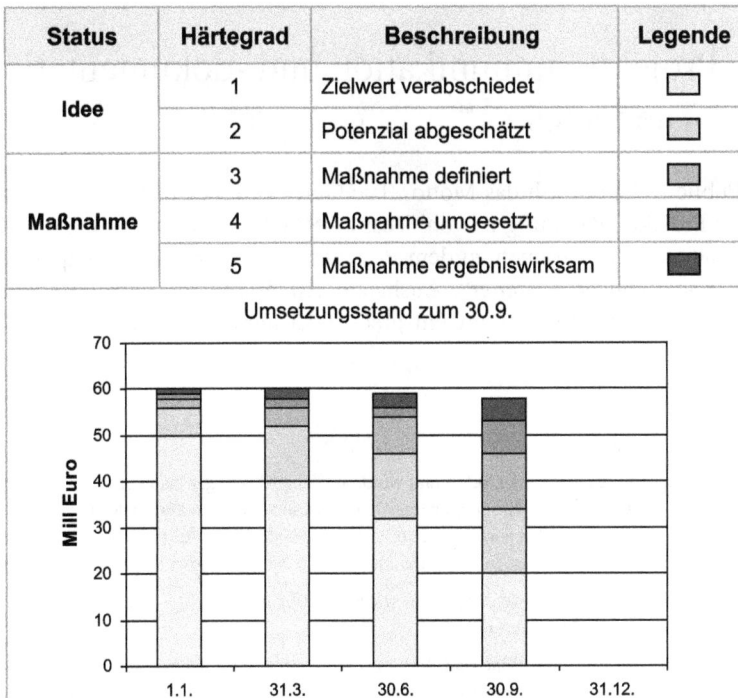

Abbildung 61: Härtegradsystematik[159]

Durch die strikte Einhaltung der Härtegradsystematik wird ein nachhaltiges Umsetzungs- und Erfolgscontrolling gewährleistet. Gerade bei komplexen Projekten und im Multiprojektmanagement erscheint es sinnvoll, ein entsprechendes Controllingtool einzusetzen, das auch dabei hilft, nach Verantwortlichen, nach Teilprojekten oder nach Projekten auszuwerten und so auch übergreifende Benchmarks erlaubt. Die Ergebnisse werden monatlich durch den Projektleiter aktualisiert und im Rahmen von Projektteamsitzungen und Steuerkreis-Meetings vorgestellt.

---

[159] Enthalten in: *Becker, T.* (2005), S. 254.

Die Einführung eines Maßnahmencontrollings in Form von Härtegraden setzt einige Rahmenbedingungen voraus:

- Projektziele und -potenziale nach dem SMART-Prinzip
- Möglichkeit der Aufteilung von Gesamtwerte auf einzelne Teilprojekte/Arbeitspakete/ Maßnahmenpakete
- Ressourcen für das Projektcontrolling auch über die Umsetzungsphase hinaus (Projektcontrolling endet erst nach dem Wirkungsabschluss aller Maßnahmen, nicht bereits nach deren Umsetzung)

4.6   Projektkommunikation und -dokumentation: „Tue Gutes …"

Im Bereich Public Relations gilt das Motto „Tue Gutes und rede darüber." Dieser Grundsatz gilt analog für Projekte, da häufig sowohl Teammitglieder als auch Kollegen außerhalb des Projektteams nähere Informationen zu dem Projekt haben möchten. Ansatzpunkte sind hierbei beispielsweise „Schwarze Bretter", Aushänge, Rundschreiben (ggf. über die Geschäfts- oder Werkleitung) oder die Einrichtung entsprechender Intranet-Seiten.

Sehr geehrte Kollegen,

Mitarbeiterinnen und Mitarbeiter,

unser Werk zählt zu den erfolgreichsten Standorten und wurde im Jahr 200x sogar als Fabrik des Jahres ausgezeichnet. Dazu hat gerade unsere interdisziplinäre Zusammenarbeit einen wesentlichen Beitrag geleistet. Dennoch dürfen und wollen wir uns nicht auf unseren Erfolgen ausruhen. Die starken Veränderungen in der Automobil- und Automobilzulieferindustrie erfordern Veränderungen, um auch in Zukunft dem Wettbewerb immer einen Schritt voraus zu sein.

Damit wir diesen Anforderungen gerecht werden, haben wir Ende 200x das Projekt x gestartet. Eines der wesentlichen Teilprojekte ist „LogO! – Logistik-Optimierung".

Ziel des Projektes sind durchgängige Materialfluss/Logistik-Prozesse mit klar geregelten Kunden-Lieferanten-Beziehungen, um schnell, effizient und mit höchster Qualität unsere Kunden und unsere Produktion mit dem richtigen Material zu versorgen. Wir sind der festen Überzeugung, dass wir durch eine noch bessere Supply-Chain-Leistungsfähigkeit die sehr gute Position am Markt auch trotz des schwierigen Umfelds ausbauen können. Dafür brauchen wir aber die Ideen ALLER Kollegen und Mitarbeiter, denn nur gemeinsam können wir die hoch gesteckten Ziele erreichen.

Ich bitte Sie deshalb, das Projektteam tatkräftig zu unterstützen und Ihre Erfahrungen und Verbesserungsansätze einzubringen.

Mit freundlichen Grüßen

Ihr

Dr. x

Abbildung 62: Auszug aus einem Infoflyer im Anschluss an den Projekt-Kick-off

Während die Projektkommunikation sich an alle Mitarbeiter eines Standortes richtet, dient die Projektdokumentation in erster Linie dem Steuerkreis, der Projektleitung und dem Projektteam, indem sie über den Projektstand berichtet.

Eine Projektdokumentation ist aber auch nach dem Projekt von Bedeutung: Gemäß dem Grundsatz „Nach dem Projekt ist vor dem Projekt“ bzw. „lessons learned“ dient sie als Leitfaden für sich anschließende, ähnlich gelagerte Projekte. So kann z. B. eine detaillierte Information zur Umstellung von Lieferkonditionen mit Lieferanten die Grundlage für Folgeprojekte an anderen Standorten oder für andere Business Units bilden.

Bei der Projektkommunikation ist zwischen den direkt am Projekt Beteiligten und dem Projektumfeld zu unterscheiden. Hierbei sollten folgende Punkte in der Praxis vom Projektleiter beachtet werden:

- Gibt es eine offizielle Projektauftaktveranstaltung? Nimmt daran auch ein Vertreter des Steuerkreises Teil?
- Befindet sich das Schwarze Brett an einem Ort, an dem regelmäßig Kollegen vorbeigehen (z. B. Kantinennähe, Eingänge)?
- Sind die Aushänge am Schwarzen Brett aktuell?
- Wer ist für das Schwarze Brett verantwortlich? Der Projektleiter oder ein Teammitglied?
- Inwieweit besteht die Gefahr, dass Betriebsinterna durch das Schwarze Brett Externen zugänglich werden?
- Ist der Betriebsrat über das Projekt und seine Inhalte informiert?
- In welcher Form wird der Betriebsrat in das Projekt eingebunden (Teilnahme im Projekt? Jour fixe mit BR? Projektvorstellung auf Betriebsversammlung?)
- Wird das Projekt bei einer Mitarbeiterversammlung vorgestellt? Wenn ja, durch wen (Management oder Projektleiter?)?
- Sind ggf. Externe zu informieren (z. B. Lieferanten und Spediteure bei Änderung der Prozesse im Wareneingang)? Wer übernimmt die Kommunikation?
- Gibt es eine offizielle Projektabschlussveranstaltung? Wer nimmt hieran teil? Wer stellt die Ergebnisse vor? Nur der Projektleiter oder auch weitere Projektteilnehmer?

Ähnlich der Projektkommunikation sollte auch bei der Projektdokumentation (für Steuerkreis und Projektteam) darauf geachtet werden, dass sie Zielgruppen adäquat gestaltet ist. Dabei zeichnet sich eine gute Projektdokumentation durch folgende Inhalte aus:

- Management Summary
- Projektauftrag und -ziele
- Projektbeteiligte und -organisation
- Vorgehensweise im Projekt und Zeitplan
- Projektstatus und Inhalte (ggf. getrennt nach Teilprojekten)
- Entscheidungsbedarfe (Statusdokumentation) oder Ausblick (Abschlussdokumentation)
- Risiken und Risikobewertung im Projekt
- offene Punkte
- Anhang mit Detailinformationen, z. B. Detail-Layouts, Angebote von Dienstleistern, Detailanalysen in Form von Prozessanalysen und logistischen Ketten

Typische Fehler in der Projektdokumentation[160] stellen für Berater oft dar:

- Darstellungen ohne Angaben von Quellen bzgl. der Datenherkunft
- keine Einhaltung optischer oder sprachlicher Standards (Rückschluss von der Dokumentationsqualität auf die Beratungsqualität?)
- Veröffentlichung von Daten und Auswertungen, die Rückschlüsse auf Einzelpersonen beim Kunden zulassen (Datenschutz!)
- Ablage vertraulicher oder persönlicher Daten auf öffentlich zugänglichen Servern des Kunden
- „Denglish" (gerade bei mittelständischen Kunden problematisch)
- Fehlen von Management Summaries
- Folien ohne Fazit/Knacksatz

Die Projektdokumentation wird in vielen Projekten stiefmütterlich behandelt, unabhängig davon, ob sie von internen oder externen Projektteammitgliedern erstellt und gepflegt wird. Ursächlich hierfür ist der Zeitmangel während der Projektaktivitäten, viel stärker aber noch am Ende von Projekten, da vielfach bereits neue Projekte „hochlaufen", welche entsprechende Ressourcen binden und infolgedessen kaum noch Zeit ist, auslaufende Projekte zu dokumentieren.[161] Dennoch sollten sich alle Projektteammitglieder darüber bewusst sein, dass die Projektdokumentation die Visitenkarte des Projekts und der externen Beratung ist. Sie dient nicht nur als Grundlage für spätere, ähnlich gelagerte Projekte, sondern auch als (physische) Referenz für Folgeprojekte.

---

[160] Vgl. ausführlich: *Hartel, D.* (2008a), S. 113ff.

[161] Ein weiteres Problem liegt vielfach darin, dass für die Projektdokumentation kein oder zuwenig Aufwand budgetiert wurde, so dass der Consultant keinen direkten finanziellen Nutzen daraus zieht.

5 Beratung in Industrieunternehmen an der Schnittstelle zum Lieferanten

Im Kapitel 5 werden drei Themenblöcke behandelt: Zunächst sollen wesentliche Trends in den Bereichen Einkauf, Beschaffungslogistik und Lieferantenmanagement aufgegriffen werden, mit denen sich Industrieunternehmen, und zwar Branchen übergreifend, typischerweise auseinandersetzen. Dabei wurde bewusst auf ganz neue Forschungsergebnisse verzichtet, da es erfahrungsgemäß Zeit in Anspruch nimmt, bis diese Themen in der praktischen Diskussion Widerhall finden. Außerdem ist bei einigen Themen noch offen, ob es sich statt um neue Konzepte lediglich um Modewörter handelt (z. B. „Green IT" oder „Lean Warehousing"). Anschließend werden fünf aktuelle Beratungsansätze und -produkte vorgestellt, die an der Schnittstelle zwischen Industrieunternehmen und Lieferant ansetzen. Das Kapitel wird im dritten Schritt durch die Vorstellung einer Fallstudie von der Ausgangssituation über Ansatzpunkte bis hin zu den „lessons learned" geprägt.

5.1 Trends im Beschaffungs- und Lieferantenmanagement

Nicht erst seit den Zeiten der globalen Markt- und Finanzkrise unterliegt die Beschaffungsseite von Industrieunternehmen, sowohl auf der strategischen wie auch der operativen Ebene, einer hohen Dynamik. Bedingt durch Materialkostenanteile, die in manchen Industriebranchen bis zu 60 Prozent und mehr betragen können, hat die alte Kaufmannsweisheit „Im Einkauf liegt der Gewinn!" nichts an Aktualität verloren. Bevor im nächsten Kapitel einzelne Konzepte im Detail dargestellt werden, erfolgt zunächst die thesenhafte Vorstellung der zehn wichtigsten Trends im Beschaffungs- und Lieferantenmanagement. Sie dienen einerseits der Verdeutlichung der Herausforderungen, vor denen produzierende Unternehmen auf der Beschaffungsseite stehen, andererseits geben sie Hinweise, in welchen Themenfeldern (strategische Beschaffung: Einkaufspotenzialanalyse, operative Maßnahmen: VMI und Lieferantenlager, struktureller Rahmen: BSC im Einkauf, Systemunterstützung: eProcurement und eAuctions) aktuell Beratungsbedarf herrscht.

1. Trend: Volatilität von Beschaffungsmärkten

Die Globalisierung von Märkten führt nicht nur zu steigendem Wettbewerb und sinkenden Beschaffungspreisen, sondern vielfach auch zu höherer Nachfrage, vor allem nach Rohöl und Stahl. Nachdem manche Rohstoffpreise bis 2008 jährlich um bis zu 20 Prozent und mehr angestiegen sind, sinken sie bedingt durch die Finanzkrise kurzfristig stark ab. Beispiel: Der Preis pro Tonne Aluminium stieg zwischen Januar und Juli 2008 von 2400 auf 3291 Dollar, um anschließend bis August 2008 wieder auf 2650 Dollar zu sinken. Die Preisentwicklung ist ungewiss, unterliegt starken Schwankungen, wird langfristig aber kontinuierlich steigen.

2. Trend: Global Sourcing und Einrichtung von IPOs[162]

Die Suche nach neuen, günstigen Beschaffungsquellen in so genannten „Best Cost Countries" wird auch in Zukunft anhalten, vor allem dann, wenn in Emerging Markets wie China, Türkei und Russland die Arbeitskosten ansteigen und neue Länder gefunden werden müssen, oder die Kunden eine bestimmte Global-Sourcing-Quote bei ihren Zulieferern erfüllt haben möchten. Um die Vorzüge von Global Sourcing mit denen des Local Sourcing (kulturelle Nähe, kurze Kommunikationswege etc.) zu verknüpfen, gehen auch mittelständische Unternehmen dazu über, internationale Einkaufsbüros in der Nähe potenzieller Lieferanten zu gründen.

3. Trend: Etablierung von Einkäufern auf Topmanagement-Ebene

Der Bereich Beschaffung und Einkauf entwickelt sich vom Erfüllungsgehilfen von Produktion, Forschung & Entwicklung zum Erfolgsfaktor von Industrieunternehmen und erhält den Stellenwert, den er schon lange im Handel innehat. Dies zeigt sich nicht zuletzt daran, dass Unternehmen verstärkt Einkäufer in Topmanagement-Positionen heben. So hat BMW seit Oktober 2007 mit *Diess* den ersten Einkaufsvorstand, der nun nicht mehr dem Entwicklungsvorstand untersteht. Siemens ernannte Anfang 2009 *Kux* als ersten (weiblichen) Einkaufsvorstand in der über 160-jährigen Unternehmensgeschichte.

4. Trend: Bedarfsbündelung und Materialgruppenmanagement

Die Diskussion bezüglich der optimalen Trennung zwischen Zentraleinkauf und dezentralen Einkaufsorganisationseinheiten führt verstärkt zum Kompromiss des Materialgruppenmanagers. Es handelt sich dabei um eine Einzelperson oder ein Team, die/das eine oder mehrere Materialgruppen übergreifend für mehrere Werke, Funktions- oder Geschäftsbereiche beschafft. Als erfolgreiche Beispiele seien hier die Unternehmen Zeiss, Miele oder Voith genannt.

5. Trend: Beachtung von Total Costs of Ownership

Bei der Beschaffung von Gütern sind nicht die Bareinkaufspreise, sondern die Beschaffungspreise entscheidend, bei denen die Total Costs of Ownership[163] berücksichtigt werden.

---

[162] International Procurement Offices.

Sie umfassen neben den direkten Kosten einer Lieferung auch indirekte wie für Lieferanten-unterstützung, Lagerhaltung oder Qualität, die nicht einer Einzellieferung zuzurechnen sind, aber dennoch bei den Kostenbetrachtungen zu berücksichtigen sind. Die Ermittlung dieser indirekten Kosten, die der Einkaufsabteilung nur selten vorliegen, erfordert ein enges Zu-sammenspiel mit den Funktionsbereichen Forschung & Entwicklung, Produktion und Logis-tik.

6. Trend: Nachhaltiges eProcurement

Der New-Economy-Hype am Ende des letzten Jahrtausends wurde maßgeblich durch den Glauben an das Internet als Geschäftsmodellgrundlage getrieben. Teilweise ging man davon aus, dass durch eProcurement-Lösungen der Beschaffungsprozess revolutioniert werden könnte. Dieser Hype ist einer gewissen Ernüchterung gewichen, was nicht zuletzt an den stagnierenden Umsätzen großer IT-Software-Anbieter und Provider erkennbar ist. Statt eines undifferenzierten Einsatzes diverser Tools kristallisiert sich immer stärker heraus, dass ePro-curement nicht für alle Materialgruppen zweckmäßig erscheint. Während große Unterneh-men eigene Marktplätze für sich entwickelt haben (z. B. Siemens mit click2procure) oder Branchenlösungen nutzen (z. B. die großen OEMs und ihre Zulieferer mit SupplyOn), stehen Mittelständler hier vielfach noch in einer frühen Phase.

7. Trend: Modular und System Sourcing zur Senkung der Lieferantenanzahl

Um interne Prozesskosten (Komplexitätskosten) zu senken und höhere Mengenrabatte zu erzielen, gehen Unternehmen verstärkt dazu über, die Anzahl ihrer Lieferanten zu reduzie-ren. So verkündete etwa Ford im Jahr 2006 eine Reduzierung von 2600 auf ca. 800 in den nächsten Jahren. Dies führt nicht nur zu verstärktem Single und Dual Sourcing, sondern auch dazu, dass sich Lieferanten etablieren, die statt Einzelteilen komplette Module oder Systeme liefern, was wiederum zu neuen Formen der Lieferantenkooperation (Entwicklung, Logistik, gemeinsames Sourcing) führt.

8. Trend: Integration ausgewählter Lieferanten in den Entwicklungsprozess

Die zunehmende Bedeutung strategischer Lieferanten, die beispielsweise für den Audi A6 mit gerade einmal 150 Teilen 65 Prozent der Materialkosten des Fahrzeugs ausmachen, führt zu neuen Modellen der Zusammenarbeit, die nicht erst bei der Ausschreibung von Serientei-len beginnt, sondern bereits bei der gemeinsamen Entwicklung neuer Produkte und Prozesse startet. Konzeptwettbewerbe dienen etwa dazu, das Know-how der Zulieferer zu nutzen, um so schneller Produkte auf den Markt zu bringen (Time-to-market), die von Anfang an den hohen Qualitätsansprüchen (Kinderkrankheiten) genügen. Weitere Instrumente sind gemein-same Produkt- und Prozessentwicklungen in gemischten Teams.

---

[163] Kritisch anzumerken ist, dass der TCO-Ansatz in der Praxis, auch bei Unternehmensberatungen, sehr beliebt ist, derzeit aber noch kein einheitlicher Ansatz in der Wissenschaft herrscht, welche Kostenarten final zuzurechnen sind.

9. Trend: Differenzierte Lieferantenanbindung

Bestände zu senken ist eines der traditionellen Hauptziele von Beschaffung und Logistik. In vielen Fällen führte dies zu einer starken Ausweitung des Just-in-Time- und Just-in-Sequence-Gedankenguts (JIT/JIS). Oft werden gerade dann, wenn Lieferanten räumlich entfernt liegen oder eine hohe Beschaffungskomplexität vorliegt, niedrige Bestände durch Sonderfahrten, kurzfristige Produktionsumplanungen und operative Hektik teuer erkauft. Daher findet heute zunehmend eine differenzierte Lieferantenanbindung statt, zu der auch bewusste Lagerhaltungen oder eKanban-Anbindungen zählen können.[164]

10. Trend: Outsourcing höherwertiger Logistikdienstleistungen

Outsourcing gilt nach wie vor als Wachstumsfeld der Logistik. Hierbei ist jedoch eine Differenzierung erforderlich: Während inländische Transporte bereits zu 85 Prozent ausgelagert wurden, liegt der globale Anteile für höherwertige Dienstleistungen wie Flottenmanagement oder LLP-Services bei 14 Prozent.[165] Diese Divergenz zeigt auf, dass das Outsourcing operativer Logistikdienstleistungen weitgehend ausgereizt ist, komplexere Dienstleistungen einem Benchmarking mit externen Dienstleistern unterzogen werden können. Diesem Trend steht indes der Gegentrend zum Insourcing gegenüber, etwa bedingt durch Freikapazitäten infolge von Produktionsrückgängen oder bedingt durch Beschäftigungsgarantien mit den Arbeitnehmervertretern, die betriebsbedingte Kündigungen ausschließen sollen.

5.2   Grundlegende Themenfelder und Ansatzpunkte

5.2.1   Einkaufspotenzialanalyse

Nicht nur im Handel, auch und gerade in vielen Industrieunternehmen bilden die Materialkosten die größte Kostenart im Unternehmen. Vor diesem Hintergrund werden Einkauf und Beschaffung als die größten Kostenhebel bei der Verbesserung der Unternehmenssituation betrachtet. Darüber hinaus werden Materialkosten als extern anfallende Kosten als kurzfristig beeinflussbar betrachtet[166], die sich darüber hinaus unternehmensintern „sozialverträglich", d. h. ohne Personalmaßnahmen und ohne Einbindung des Betriebsrats abbilden lassen.

Der Grundüberlegung, dass im Einkauf kurzfristig Kosten reduzierbar sind, steht die Überlegung gegenüber, strategische Partnerschaften mit ausgewählten Lieferanten einzugehen, die dauerhafte Win-Win-Situationen gewährleisten sollen. Hier geht es gerade darum, statt einer kurzfristigen Preissenkung langfristig Kostensenkungspotenziale zu realisieren. Für manche

---

[164] Vgl. *Hartel, D.* (2004b).

[165] Vgl. Capgemini (2008), S. 13.

[166] An dieser Stelle sei kritisch angemerkt, dass Lieferantenverträge durchaus auch langfristige Laufzeiten über mehrere Jahre umfassen können, und demzufolge als kurzfristig nicht disponibel einzustufen sind.

Einkäufer gilt grundsätzlich das Prinzip, mit allen Geschäftspartnern – undifferenziert – langfristige Beziehungen aufzubauen, was jedoch kurzfristiger Flexibilität widersprechen würde.

An dieser Stelle setzt das Konzept der von *Wildemann* entwickelten Einkaufspotenzialanalyse an, in dessen Rahmen mit Hilfe der Portfolio-Technik differenzierte Abnehmer-Lieferanten-Beziehungen entwickelt werden.[167]

Potenzialfelder im Einkauf

Für viele Industriebetriebe gilt die Aussage, wer seinen Einkauf nicht im Griff hat, das gesamte Unternehmen nicht im Griff hat. Dem Einkaufsbereich fällt somit eine wichtige Rolle bei der Optimierung der Gesamtkostensituation zu. Zunächst ist die Frage zu klären, wo sich überhaupt Potenzialfelder befinden, durch die sich Einsparungen erzielen lassen. Im Wesentlichen lassen sich hier drei Potenzialquellen identifizieren:

a. Preissenkungen beim Lieferanten

b. Prozessverbesserungen durch Reduzieren nicht wertschöpfender Aktivitäten

c. Optimierung von Beschaffungsgut und Materialverbrauch

Ad a) Preissenkungen beim Lieferanten

Nicht erst seit den Aktivitäten von Lopez bei Opel und Volkswagen in den frühen 1990er Jahren geht mit Einkäufern, besonders in der Automobilindustrie, das Image des reinen Preisdrückers einher. Durch rigide Preisverhandlungen unter Ausnutzung der Nachfragemacht sollen Materialkostensenkungen als Potenzialquelle durchgesetzt werden. Diese Potenzialquelle steht bei vielen Einkäufern nach wie vor im Vordergrund, da sie auf der einen Seite hier ihr Rollenselbstverständnis sehen und auf der anderen Seite an diesem Handeln direkt gemessen werden, indem der Einkaufspreisindex als (persönlicher) Erfolgsmaßstab des Einkäufers bzw. seiner Abteilung betrachtet wird.

Ad b) Prozessverbesserungen durch Reduzierung nicht wertschöpfender Aktivitäten

Stehen bei Preissenkungen speziell Erfahrungen in der Gesprächs- und Verhandlungsführung im Vordergrund, setzen Prozessverbesserungen in erster Linie Kenntnisse über Abläufe innerhalb und zwischen den beteiligten Geschäftspartnern voraus (Prozess-Know-how). Die Potenzialquelle liegt hier eher im Senken von Prozesskosten, und zwar bei abnehmerbezogenen Aktivitäten (z. B. in der Warenvereinnahmung), im Zusammenspiel von Abnehmer und Lieferant (z. B. bei der Übermittlung von Lieferplänen und Einzelbestellungen) oder bei lieferantenbezogenen Aktivitäten (z. B. bei den Outbound-Transporten). So führt etwa Volkswagen regelmäßige Lieferantenklausuren bei seinen A-Lieferanten durch.[168]

---

[167] Vgl. im Folgenden ausführlich: *Wildemann, H.* (2008).

[168] Vgl. *Berkenhagen, U./Vrbica, G.* (2006).

Ad c) Optimierung von Beschaffungsgut und Materialverbrauch

Während die beiden ersten Ansatzpunkte den Lieferanten an sich in den Vordergrund stellten, wird beim dritten Ansatz das Beschaffungsgut fokussiert. So sollen durch Materialpreis- und Wertanalysen die Produktkosten reduziert werden, ohne den Wert oder die Qualität an sich zu schmälern. Zudem wird bei dieser Potenzialquelle darüber diskutiert, wie durch andere Fertigungsverfahren der Materialverbrauch gesenkt werden kann. Grundsätzlich setzt dieser Ansatzpunkt Projektaktivitäten voraus, die über die Einkaufsabteilung hinaus weitere Funktionsbereiche wie Forschung und Entwicklung, Produktion oder Vertrieb integrieren.

Erstellen von Beschaffungsportfolios

Im Zentrum der Ist-Analyse befindet sich das so genannte Beschaffungs-/ Beschaffungsquellen-Portfolio, welches sich aus dem Beschaffungsgüter-Portfolio und dem Beschaffungsquellen-Portfolio ergibt. Zunächst ist jedoch das Einkaufsvolumen des Unternehmens oder der betrachteten Geschäftseinheit in Materialgruppen zu untergliedern, wobei aus Gründen der Übersichtlichkeit nicht mehr als 20 bis 25 Materialgruppen gebildet werden sollten. Anschließend werden diese Materialgruppen einzeln im Beschaffungsgüter-Portfolio positioniert. Dieses Portfolio setzt sich aus den Kriterien Versorgungsrisiko und Ergebniseinfluss zusammen und ist in vier Kategorien unterteilt: Standard-, Engpass-, Kern- und strategische Materialien (vgl. Abbildung 63).

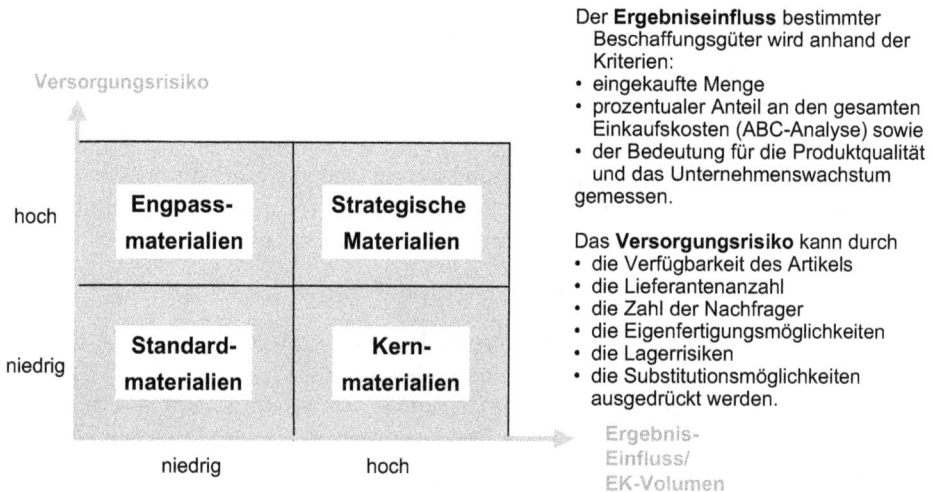

Der **Ergebniseinfluss** bestimmter Beschaffungsgüter wird anhand der Kriterien:
• eingekaufte Menge
• prozentualer Anteil an den gesamten Einkaufskosten (ABC-Analyse) sowie
• der Bedeutung für die Produktqualität und das Unternehmenswachstum gemessen.

Das **Versorgungsrisiko** kann durch
• die Verfügbarkeit des Artikels
• die Lieferantenanzahl
• die Zahl der Nachfrager
• die Eigenfertigungsmöglichkeiten
• die Lagerrisiken
• die Substitutionsmöglichkeiten ausgedrückt werden.

Abbildung 63: Beschaffungsgüter-Portfolio

Anschließend werden die derzeitigen Beschaffungsquellen bewertet. Analog den Beschaffungsgütern wird das Beschaffungsquellen-Portfolio mit den vier Quadranten Standard-, Engpass-, Kern- und strategische Lieferanten aufgestellt, wobei hier auf der Basis der Maßstäbe Lieferantenentwicklungspotenzial und Angebotsmacht des Lieferanten klassifiziert wird (vgl. Abbildung 64).

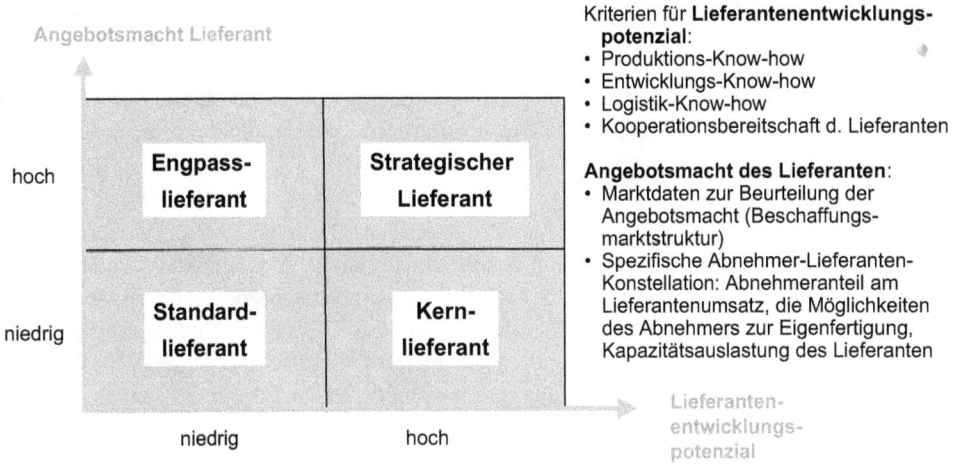

Abbildung 64: Beschaffungsquellen-Portfolio

Die Kombination der beiden Portfolios ergibt das Beschaffungsgüter-/Beschaffungsquellen-Portfolio, welches sich aus 16 Feldern zusammensetzt. In Verbindung mit anderen Analyse-instrumenten (ABC-Analyse, XYZ-Analyse, Einkaufspreisanalyse, Wertanalyse etc.) bildet es die Grundlage zur Ableitung geeigneter Abnehmer-Lieferanten-Strategien pro Material-gruppe. Ein solches Portfolio ist in Abbildung 65 dargestellt:

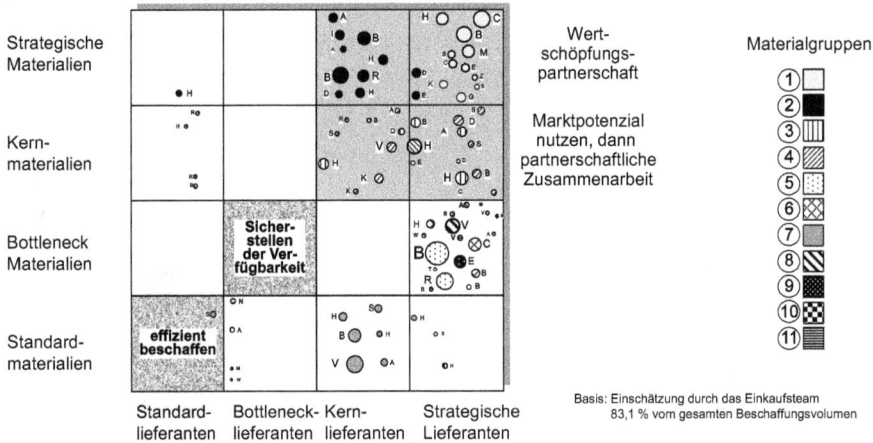

Abbildung 65: Beispiel eines Beschaffungsgüter-/Beschaffungsquellen-Portfolios[169]

---

[169] Enthalten in: *Wildemann, H.* (2002a), S. 248.

Strategien für das Lieferantenmanagement

Innerhalb der 16-Felder-Matrix lassen sich vier Normstrategien ableiten. Obwohl bei der jeweiligen Durchführung im Industrieunternehmen unternehmensindividuelle Rahmenbedingungen zu beachten sind, dienen sie als Muster und Handlungsempfehlung für ausgewählte Konstellationen:

a. Normstrategie „Effizient beschaffen"

Bei dieser Strategie handelt es sich um Standardmaterialien, die von Standardlieferanten bezogen werden. In der Regel handelt es sich um ein Angebotspolypol mit weitgehend ausgereizten Preisspielräumen. Da auch der Einfluss auf das Einkaufsvolumen gering ist, liegt der Fokus für Optimierungen, insbesondere bei Prozessvereinfachungen, auf Beschaffung, Anlieferung und Reklamationsabwicklung, um nachhaltig Prozesskosten zu senken. Weitere Hebel der Potenzialrealisierung sind:

• Bedarfsbündelung, z. B. über Materialgruppenmanager oder externe C-Teile-Dienstleister
• Dezentralisierung von Entscheidungsbefugnissen von Einkäufern auf die Bedarfsträger
• E-Procurement

Typische Beispiele in der Praxis: Büromaterialien, Normteile

b. Normstrategie „Sicherstellen der Verfügbarkeit"

Wird diese Normstrategie empfohlen, liegt ein Beschaffungsengpass vor. Im Gegensatz zur Situation bei „effizient beschaffen" existiert ein Angebotsoligopol oder gar -monopol, so dass die Geschäftsbeziehung von der Lieferantenseite aus dominiert wird. Die Beschaffungsstrategie ist demzufolge darauf auszurichten, entweder Alternativquellen zu generieren oder durch langfristige Verträge das Versorgungsrisiko zu reduzieren. Weitere Ansätze bilden:

• gezielter Bestandsaufbau
• Materialsubstitution
• technische Entfeinerung[170]
• elektronische Marktplätze

Typische Beispiele in der Praxis: kundenindividuelle Elektronikteile oder hochpräzise Steckverbindungen

c. Normstrategie „Marktpotenzial nutzen, dann partnerschaftliche Zusammenarbeit"

Diese Strategie liegt dann vor, wenn Kernmaterialien Kern- oder strategischen Lieferanten gegenüberstehen. Die Lieferanten verfügen über ein hohes Entwicklungspotenzial, welches

---

[170] Unter „technischer Entfeinerung" versteht man das Vereinfachen oder Weglassen von Funktionen, die aus Sicht des Herstellers wenig oder keinen Kundennutzen generieren. Beispiele aus der Automobilindustrie: Wegfall der Beleuchtung für Mittelarmlehne, Verzicht auf spezielle Trimmfarben für Gurtbänder und Teppiche, Entfall von Schubladen, z. B. unter dem Beifahrersitz.

sich der Abnehmer zunutze macht, nachdem er im ersten Schritt über einen starken Preis-wettbewerb (da kaum Versorgungsrisiko) den kostengünstigsten Lieferanten ausgewählt hat. Anschließend findet eine kooperative, langfristige Zusammenarbeit statt. Als Hebel der Potenzialrealisierung sind in diesem Kontext zu nennen:

• intensiver Preiswettbewerb während der Geschäftsanbahnung, z. B. durch Online-Auktionen und Ausschreibungen
• anschließend gemeinsame Prozessverbesserungen über die Supply Chain (Forschung und Entwicklung, Produktion, Logistik)

Typische Beispiele in der Praxis: Kunststoff- und Metallkomponenten

d. Normstrategie „Wertschöpfungspartnerschaft"

Liegt gegenüber der Strategie „Marktpotenzial nutzen, dann partnerschaftliche Zusammenar-beit" sogar ein Versorgungsengpass vor, handelt es sich um strategische Materialien von strategischen Lieferanten. Durch den Aufbau einer gegenseitigen Abhängigkeit soll eine Geschäftsbeziehung auf Dauer angelegt werden, die von Anfang auf Transparenz und Ko-operation in den Funktionsbereichen des Unternehmens setzt. Wichtig ist dabei, dass das gemeinsam erarbeitete Know-how geschützt wird und nicht an Dritte abfließt. Hebel zur Potenzialrealisierung bilden:

• Nutzen des Lieferanten-Know-hows bei Produkt- und Prozessentwicklungen
• langfristige Lieferverträge
• Geheimhaltungsklauseln
• IT-Anbindung

Typische Beispiele in der Praxis: Modul- und Systemlieferanten der Automobilindustrie

Umsetzungsplanung und Realisierung

Nachdem für die Materialgruppen geeignete Normstrategien abgeleitet wurden, sind im nächsten Schritt Teilprojekte und Teilprojektteams zu definieren. Da es sich vielfach um Ansätze handelt, die über das Tagesgeschäft strategischer Einkäufer hinausgeht, empfehlen sich interdisziplinäre Teams, in Abhängigkeit der jeweiligen Stoßrichtung des Verbesse-rungsansatzes. Die Umsetzung kann sowohl in klassischer Projektarbeit oder in Form von Workshops erfolgen. Je nach Ansatzpunkt werden betroffene Lieferanten temporär oder dauerhaft in das Projekt eingebunden.

Fazit

Die Einkaufspotenzialanalyse als Instrument der strategischen Beschaffung dient der syste-matische Planung und Gestaltung von Abnehmer-Lieferanten-Beziehungen. Anstelle pau-schaler Urteile wie „Wir bauen mit allen Lieferanten Win-Win-Situationen auf." oder „Unser Einkauf setzt immer auf langfristige Verträge" wird hier der Versuch unternommen, bewusst zu differenzieren. Die Einkaufspotenzialanalyse schafft als übergreifende Methode sowohl für Berater als auch die beteiligten Einkäufer Transparenz und gibt gleichzeitig Handlungsempfehlungen für die Optimierung.

Im Wesentlichen handelt es sich indes um ein Analyseinstrument; Hinweise bzgl. konkreter Verbesserungsansätze werden lediglich in Form von Leitlinien, Gestaltungsempfehlungen und Normstrategien gegeben. Sie steht demzufolge eher am Anfang von Einkaufsprojekten.

Tipps und Tricks für Berater

1. Die Einkaufspotenzialanalyse sollte auf Materialgruppenebene, nicht auf Teilebene stattfinden. Hierdurch wird ein Verzetteln vermieden.

2. Existiert nur ein begrenztes Beraterbudget für die Analysephase, kann es u. U. sinnvoll sein, die ersten drei Materialgruppen mit den Beteiligten zu erarbeiten und anschließend das Kundenteam selbstständig die anderen Materialgruppen zuordnen zu lassen.

3. Im Rahmen der Positionierung der Materialgruppen ergeben sich oftmals schon konkrete Ansatzpunkte für die Verbesserung. Der Consultant sollte sich diese Punkte für die spätere Konzeptphase notieren.

4. Das Soll-Konzept sollte in Teilprojekte untergliedert werden, da die Ansatzpunkte der Verbesserung in der Praxis meist inhaltlich und vom Abteilungsbezug sehr unterschiedlich ausfallen.

5. Pro Teilprojekt sollte ein konkretes Einsparungsziel pro Jahr als Erfolgsmaßstab definiert werden.

6. Bei der Potenzialabschätzung sollte der Berater genau darauf achten, welche Einsparungen sich aus dem (Teil-)Projekt ergeben werden und welche auf allgemeine Marktentwicklungen zurückzuführen sind. Die Senkung der Materialeinstandspreise um drei Prozent ist ein eher schwaches Ergebnis, wenn die Preise der betroffenen Materialgruppe allgemein um fünf Prozent im selben Zeitraum gesunken sind!

5.2.2   E-Sourcing und E-Auctions

E-Procurement umfasst die Optimierung des Beschaffungsprozesses sowie die Minimierung der Beschaffungskosten durch den Einsatz moderner Kommunikations- und Informationstechnologie. Auf dieser Basis ergeben sich die Ziele, einerseits die Beschaffungskosten zu reduzieren und andererseits den Beschaffungsprozess, vor allem in zeitlicher Hinsicht, zu straffen. E-Procurement wird in das operative E-Ordering und das strategische E-Sourcing (vgl. Abbildung 66) unterteilt:

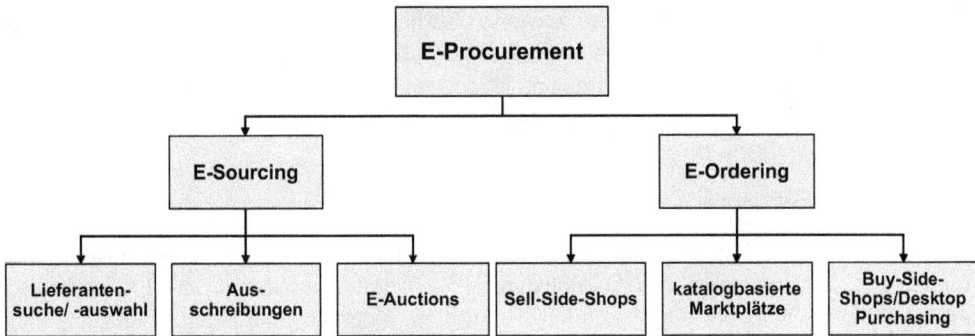

Abbildung 66: Einordnung E-Sourcing

Im Gegensatz zum E-Ordering stellt E-Sourcing somit denjenigen Teilbereich des E-Procurement dar, welcher den strategischen Beschaffungsprozess unterstützt. Damit kann E-Sourcing als Instrument definiert werden, das der weltweiten Suche und Auswahl geeigneter Lieferanten unter Zuhilfenahme von dynamischen Preisfindungsmechanismen dient. Das Hauptziel des E-Sourcing liegt in der Kostensenkung bei der Beschaffung von Gütern. Dieses Ziel wird u. a. durch den gezielten Einsatz von E-Sourcing-Instrumenten erreicht, wie z. B. elektronischen Ausschreibungen und Auktionen. Dabei werden mehrere Lieferanten bewusst in eine Wettbewerbssituation versetzt, was zu einem absinkenden Preisniveau und somit zu Vorteilen für den Einkäufer führt. Doch nicht nur die Schaffung von Wettbewerb, auch die effizientere Gestaltung von Beschaffungsprozessen trägt ihren Anteil zur Zielerreichung bei. Dies erfolgt durch die Neustrukturierung der Prozesse sowie durch eine verstärkte Einbindung und Konzentration auf moderne Kommunikationsmedien. Zudem wird durch die Schaffung von Transparenz im Beschaffungsprozess ein Zugriff auf neue potenzielle Lieferanten ermöglicht, was den Einkäufern die Entscheidungsfindung deutlich erleichtert. Zu beachten ist, dass beim E-Sourcing die Reduktion der Produktkosten im Fokus steht, während beim E-Ordering die Prozesskosten eingespart werden sollen.

Voraussetzungen für E-Sourcing-Instrumente

Mit dem Einsatz von E-Sourcing-Instrumenten entsteht ein Wettbewerb unter den Anbietern. Deshalb ist es notwendig, den Beschaffungsprozess des Unternehmens produkt- und nicht lieferantenorientiert auszurichten. Beim lieferantenorientierten Beschaffungsprozess werden in der weitesten Form alle Güter eines Bereichs von einem Lieferanten bezogen. Man bezeichnet diese Beschaffungsform als Single-Sourcing. Sie ist inkompatibel mit E-Sourcing-Instrumenten. Darüber hinaus sind Beschaffungsmärkte mit Monopolverhältnissen für den Einsatz von E-Sourcing-Instrumenten ungeeignet. Im Gegensatz dazu eignet sich ein produktorientierter Beschaffungsprozess bestens für den Einsatz von E-Sourcing-Instrumenten, da der Lieferant hierbei nur eine sekundäre Rolle spielt und u. U. gewechselt werden kann.

Als weitere zentrale Bedingung für die Anwendung von E-Sourcing-Instrumenten kommt die Akzeptanz des Systems durch den Anwender hinzu. Diese ist jedoch nicht starr, sondern kann durch Maßnahmen wie Schulungen und Motivation der Mitarbeiter sowie die Benutzerfreundlichkeit des Systems beeinflusst werden. Dabei befinden sich große Unternehmen eindeutig in der besseren Position, wenn es darum geht, Zulieferer zur Teilnahme an E-Sourcing zu motivieren oder zu zwingen. Mittelständische und kleine Unternehmen verfügen meist nicht über die nötigen Druckmittel, um Zulieferer einzubinden, wie beispielsweise die notwendige Marktmacht.

Elektronische Auktionen im E-Sourcing

Eines der wirkungsvollsten Instrumente in Einkauf und Vertrieb stellt die elektronische Auktion dar. Es gibt zwei Arten von Auktionstypen, die Verkaufsauktion und die Einkaufsauktion. Traditionell veranlasst der Verkäufer die Auktion, indem er interessierte Einkäufer dazu auffordert, Gebote für das zu verkaufende Gut abzugeben. Diese Rollen sind bei einer Einkaufsauktion, auch reverse auction genannt, vertauscht: Der Käufer startet den Prozess, indem er die Anforderungen an das Gut bzw. die Dienstleistung an potenzielle Anbieter übermittelt. Während einer zuvor festgelegten Zeitspanne können die vom entsprechenden Einkäufer ausgewählten Lieferanten um einen Auftrag konkurrieren und sich gegenseitig unterbieten. Die teilnehmenden Lieferanten kennen sich untereinander nicht, sondern sind nur dem einladenden Nachfrager bekannt. Durch die Nutzung dieser wettbewerbsdynamischen Effekte kann eine Senkung des Einstandspreises erzielt werden.

Genau wie elektronische Ausschreibungen unterstützen elektronische Auktionen die Vereinbarungsphase des Beschaffungsprozesses und dienen als Ersatz für die konventionellen Preisverhandlungen. Die Einkaufsauktion stellt jedoch eine Erweiterung von Ausschreibungen hinsichtlich der Angebotsabgabe und der zeitlichen Steuerung dar. Die Besonderheit von Auktionen liegt darin, dass alle Bieter ihre Angebote während desselben Zeitraums abgeben müssen. Bei einer ausreichenden Anzahl an verkaufswilligen Bietern treten diese aufgrund der Kombination aus Preistransparenz und zeitlich eng begrenzter Möglichkeit, auf Gebote ihrer Konkurrenten reagieren zu können, in einen starken Wettbewerb. Dies zwingt sie, schneller an ihre Preisgrenzen heranzugehen als bei verdeckten Verhandlungen. Im Ergebnis sind durch elektronische Auktionen in kürzerer Zeit niedrigere Preise als durch manuelle Verhandlungsrunden zu erwarten, weshalb sie mittlerweile in vielen Unternehmen ein bewährtes Mittel zur Kostensenkung darstellen. Die Automatisierung und Synchronisierung des Bietprozesses stellen also wichtige Faktoren für die vergleichsweise höhere Effizienz von Auktionen dar.

Über die günstigeren Einkaufspreise hinaus können durch die effiziente Abwicklung des Beschaffungsvorgangs und räumliche Unabhängigkeit Prozesskosten gesenkt werden. Während bei der traditionellen strategischen Beschaffung mehrere Gespräche notwendig sind, genügt bei einer elektronischen Auktion nur eine Verhandlungsrunde. Die vereinfacht und beschleunigt den Abstimmungsprozess zwischen Käufern und Lieferanten deutlich. Auch das sonst übliche mehrmalige Versenden von Dokumenten lässt sich über das Internet effizienter gestalten (vgl. Abbildung 67):

traditioneller Beschaffungsprozess

Aufgabe 2
Aufgabe 5
Aufgabe 1 Aufgabe 3 Aufgabe 4 Aufgabe 6 Aufgabe 7

Zeit

auktionsintegrierter Beschaffungsprozess

Aufgabe 2 Aufgabe 5 Aufgabe 7
Aufgabe 1 Aufgabe 3 Aufgabe 4 Aufgabe 6

Prozessverkürzung

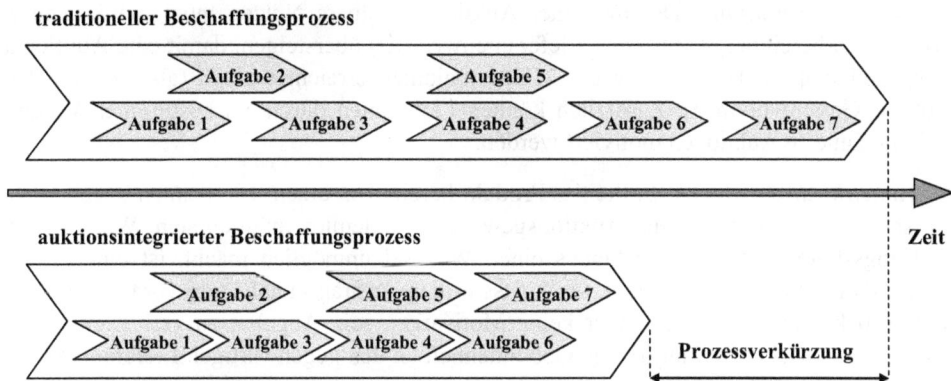

Abbildung 67: Prozessverkürzung durch elektronische Auktion (schematisch)[171]

Elektronische Auktionen bringen also hohe Einsparungen mit sich. Sie sind aber auch mit Nachteilen behaftet: Dazu zählen z. B. Misserfolge, die durch mangelnde Vorbereitung, uneindeutige Warenspezifikationen, unrealistische Erwartungen aufgrund zu enger Märkte oder Nebenabsprachen verursacht werden. So ging auch die Metabowerke GmbH mit großen Erwartungen das Thema E-Sourcing an, jedoch machte sich nach einigen Jahren Ernüchterung breit, da die erwarteten Einsparungen bei Weitem nicht erreicht wurden.[172] Je nach Einsatzbereich, Produkt und Beschaffungsmarkt sind Auktionen unterschiedlich gut geeignet. Zudem besteht bei elektronischen Auktionen die Gefahr, dass sich der Einkauf einseitig an den Einstandspreisen der Beschaffungsgüter orientiert und damit erfolgreiche Alleinstellungsmerkmale bzgl. Qualität und Zeit überkompensiert werden. Zudem können Vertrauensbeziehungen zwischen Lieferant und Abnehmer durch die Nutzung elektronischer Auktionen leiden.

Erfolgsfaktoren einer E-Auktion

Spezifizierbarkeit: Der Gegenstand der Auktion muss relativ exakt greifbar sein. Für alle Beteiligten müssen die Einzelheiten des Bedarfs klar ersichtlich sein, um Missverständnissen und daraus resultierenden unrealistischen Geboten vorzubeugen.

Marktsituation: Nicht alle Märkte sind für alle Auktionen geeignet. Es bedarf einer ausreichenden Anzahl an Anbietern, um Rivalität und Wettbewerb zwischen den Lieferanten zu erzeugen. Auf den beschriebenen Bedarf sollte es mindestens vier bis fünf, wenn auch ungleich starke Bieter geben.

---

[171] Enthalten in: *Arnold, U./Schnabel, M.* (2007), S. 93.

[172] Vgl. *Stoll, P.* (2007), S. 136f.

Kosten-/Nutzenverhältnis: Der mit einer Auktion erzielbare Nutzen muss die Kosten der Auktion (Vorbereitung, Arbeitszeit, Lieferantenwechsel) übersteigen, damit eine Auktion als Erfolg gelten kann. Daher sollte ein Mindestvolumen erreicht werden (als Faustregel ca. 50.000 € Gesamtvolumen). Zusätzlich können Lieferanten durch ein bestimmtes Volumen zur Teilnahme an Auktionen motiviert werden.

Lieferantenwechsel möglich: Sollte das Produkt bereits von einem Lieferanten bezogen werden, so muss ein Wechsel zum Auktionsgewinner problemlos möglich sein. Wenn die Beschaffungsstrategie des Unternehmens einen Wechsel unmöglich macht, ist eine Auktion sinnlos, da der bisherige Lieferant weiß, dass er den Auftrag unabhängig vom Ausgang der Auktion bekommt. Er besitzt daher keine Motivation, sein Angebot zu verbessern.[173] Aus diesem Grund darf keine langfristige Gebundenheit an den gegenwärtigen Lieferanten bestehen.

Auktionsformen

Über die zuvor genannten Faktoren hinaus besitzt auch die Auktionsform zentrale Bedeutung: Auktionen stellen Werkzeuge dar, die einer guten Ausgestaltung bedürfen, um erfolgreich zu sein. Es gibt unterschiedliche Formen von Einkaufsauktionen, welche die jeweiligen Verhandlungsstrategien abbilden. Die Auswahl der geeigneten Auktionsform kann entscheidend für den Erfolg sein. Zunächst müssen aber die Kriterien erläutert werden, die bei den unterschiedlichen Auktionsformen Berücksichtigung finden:

Transparenz während der Auktion

Bei der *Ranking-Auktion* wird dem Lieferanten nur der Rang aufgezeigt, auf dem er sich momentan befindet. Der Preis wird hierbei nicht offen gelegt.

Bei der *Preis-Auktion* sind den Lieferanten die Preise der anonymen Mitbieter bekannt.

Annäherung an den Preis: Eine Annäherung an den Preis kann bei einer Auktion von oben oder unten erfolgen. Die so genannte Rückwärtsauktion, bei der die Angebote fallen, findet im Einkauf jedoch weitaus häufiger statt als die Vorwärtsauktion, die für steigende Werte eingesetzt wird.

Die verschiedenen Auktionsformen lassen sich anhand der oben genannten Kriterien unterscheiden und sollen im Folgenden näher beschrieben werden.

Englische Auktion: Hierbei handelt es sich um die bekannteste und die am häufigsten anzutreffende Auktionsform. Hier geben die Lieferanten für einen vorher festgelegten Auftrag Gebote ab, die sie immer weiter verbessern. Der Lieferant, der nach Ablauf der Auktionszeit den niedrigsten Einstandspreis bzw. das beste Gesamtangebot abgegeben hat, bekommt den Zuschlag.

Japanische Auktion: Im Rahmen dieser Auktionsform setzt der Einkauf einen Anfangspreis an, der in vordefinierten Zeit- und Preisintervallen sinkt. Die beteiligten Unternehmen sehen

---

[173] Vgl. *Stoll, P.* (2007), S. 73.

die Angebote ihrer Wettbewerber nicht. Sie müssen die Preisreduzierungen akzeptieren, um im Spiel zu bleiben. Die Lieferanten steigen zu dem Zeitpunkt aus, an dem ihnen der Preis zu niedrig erscheint, bis nur noch einer übrig bleibt, der den Zuschlag erhält.

Holländische Auktion: Hier handelt es sich um eine Auktionsform mit aufsteigenden Geboten. Vom Einkäufer wird dazu ein Startpreis angegeben, zu dem er bereit ist, den Auftrag zu vergeben. Dieser Preis ist für alle Auktionsbeteiligten sichtbar und wird schrittweise erhöht. Der Lieferant, der als erstes bereit ist, den genannten Preis zu akzeptieren, bekommt den Zuschlag. Ein Vorteil dieser Auktion besteht darin, dass der Endpreis bei der Zahlungsbereitschaft des Gewinners liegt, also bei dem Preis, den er gerade noch bereit ist, zu akzeptieren.

Brasilianische Auktion: Bei der Brasilianischen Auktion erfolgt die Annäherung an den Preis ebenfalls von unten. Hierbei wird vom Einkäufer eine bestimmte Menge an Produkten zu einem fixen Preis gefordert. Die Lieferanten beginnen nun durch die laufende Verbesserung des Einkaufsvolumens, den Auftrag zu steigern. Der Lieferant, der für den festgelegten Betrag das größte Volumen anbietet, erhält den Zuschlag.

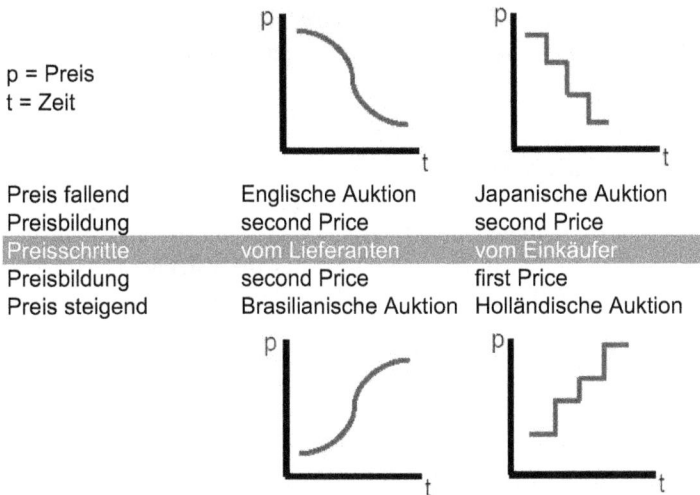

p = Preis **t = Zeit**	

	Englische Auktion	Japanische Auktion
Preis fallend Preisbildung	Englische Auktion second Price	Japanische Auktion second Price
Preisschritte	vom Lieferanten	vom Einkäufer
Preisbildung Preis steigend	second Price Brasilianische Auktion	first Price Holländische Auktion

Abbildung 68: Auktionsformen[174]

Rechtliche Besonderheiten

Für konventionelle Auktionen gilt die Versteigerungsordnung. Diese wurde bisher nicht an die Besonderheiten der elektronischen Abwicklung von Auktionen angepasst. Seit dem Jahr 2001 liegt allerdings eine Entscheidung des Bundesgerichtshofs vor, die besagt, dass auch eine elektronische Auktion im Standardfall bereits ein Angebot und nicht nur eine Aufforderung zur Abgabe eines Angebots darstellt. Der Versteigernde ist nach dieser Entscheidung

---

[174] Enthalten in: *Stoll, P.* (2007), S. 31.

somit an das Ergebnis der Auktion gebunden. Im B2B-Bereich sind abweichende Vereinbarungen über die Allgemeinen Nutzungsbedingungen oder über Bedingungen zur Teilnahme an der Auktion möglich, d. h., der Versteigernde kann sich die Annahme von abgegebenen Angeboten auch vorbehalten. Dies ist allerdings explizit zu regeln.

Praxisbeispiel: Siemens-Marktplatz „click2procure"

Die Plattform, die 2001 online gegangen ist, bietet ein breites Spektrum an Funktionalitäten: E-Catalogs, E-Sourcing-Tools wie Aktionen, E-Information etc., und zwar für indirektes wie für zeichnungsgebundenes direktes Material. Als einer der weltweit größten Anbieter wickelt click2procure mit 14.000 Geschäftspartnern in über 100 Ländern ein Beschaffungsvolumen von mehreren Milliarden Euro ab.

5.2.3   Vendor managed Inventory und Konsignationslager

„Vendor managed Inventory" (VMI[175] = „verkäufergeführter Bestand") umfasst einen vom Lieferanten gemanagten Material- und Warenbestand, der sich räumlich bei dem in der Supply Chain nachgelagerten Kunden (Produzent oder Händler) befindet. Der Hersteller trägt hier also die Verantwortung für die Lagerbestände des Kunden und den automatisierten Warennachschub.

Die Anfänge von VMI fanden zunächst im Zusammenspiel zwischen Konsumgüterindustrie und Handel statt. Als Pionier in den 1980er Jahren gilt der Einzelhändler WalMart, der frühzeitig die Disposition bestimmter Artikel auf seine Lieferanten verlagerte. In der Investitionsgüterindustrie gehen die Ursprünge von VMI auf die Chemieindustrie zurück, bei der Chemikalienhersteller die Füllstände ihrer Kundentanks überwachten und automatisch nachlieferten.

Lieferant und Kunde vereinbaren im Vorfeld eine bestimmte Lagerbestandshöhe bzw. einen Meldebestand für ein Produkt. Dabei sendet der Kunde täglich die Bestands- und Abverkaufsdaten aus dem Unternehmen an den Lieferanten. Wird der Meldebestand erreicht bzw. unterschritten, sorgt der Lieferant automatisch für die Nachlieferung neuer Waren an den Kunden. In vielen Fällen hat der Lieferant sogar permanent freien Zugriff auf die aktuellen Lagerbestands- und Abverkaufsdaten, indem er über einen Extranet-Zugang online Einblick in seine Bestände vor Ort hat (vgl. Abbildung 69). Frequenz und Menge der Lagerauffüllungen sind dem Lieferanten meist freigestellt, wobei gewisse Maximal- und Sicherheitsbestände zu beachten sind.

---

[175] Einige Unternehmen und Autoren sprechen auch von SMI: Supplier managed Inventory.

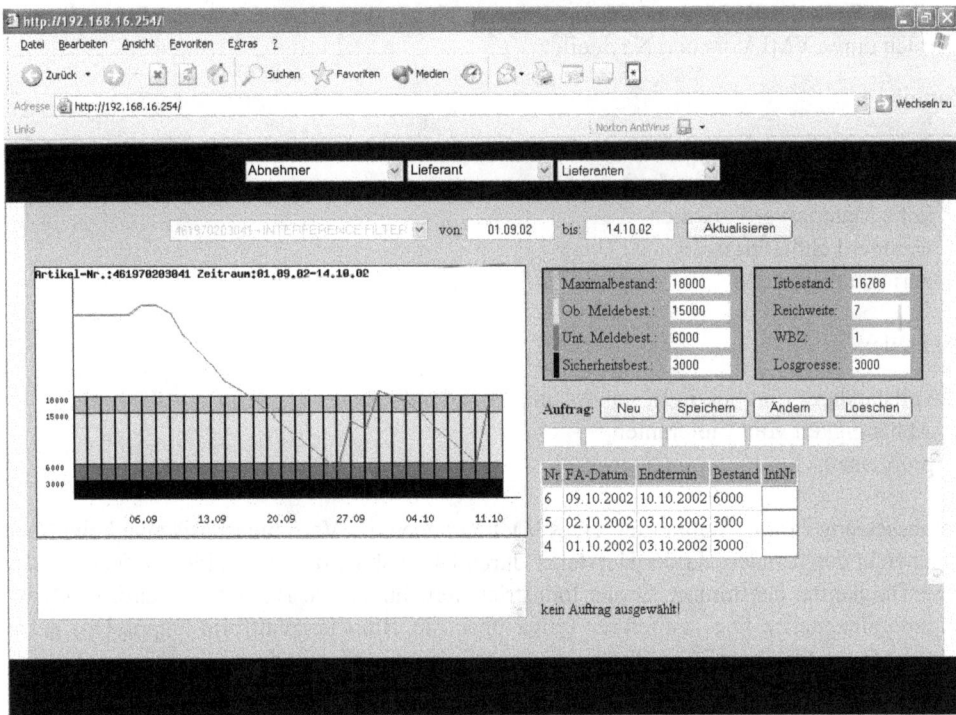

Abbildung 69: Internetgestützte Visualisierung von VMI-Beständen (Beispiel)[176]

Das VMI-Konzept wird in der betrieblichen Praxis, speziell auf Lieferantenseite, durchaus kontrovers diskutiert. Grundsätzlich ergeben sich folgende Vor- und Nachteile aus Lieferantensicht:

Vorteile:

- geringere Fertigwarenbestände im eigenen Versandlager
- Flexibilität von Produktion und Transport (→ Optimierungsmöglichkeiten bei Produktions- und Transportlosgrößen)
- bessere Lieferantenbewertung
- Vermeidung von Rücklieferungen

Nachteile:

- Dispositionsaufwand durch Verlagerung von Tätigkeiten vom Kunden auf den Lieferanten
- u. U. pro Kunde jeweils eigenes VMI-System durch fehlende Branchenstandards

---

[176] Enthalten in: *Jacobi, C./Hartel, D./Spendl, K.* (2005), S. 68.

Auch aus Sicht des Kunden, unabhängig davon, ob aus dem Handel oder der Industrie, ergeben sich durch VMI Vor- und Nachteile:

Vorteile:

- Entlastung von (Standard-)Dispositionsaufgaben
- verbesserte Lieferbereitschaft
- hohe Materialverfügbarkeit
- weniger Fehllieferungen
- geringere Bestände

Nachteile:

- vollständiger Einblick in Bestands- und Abverkaufsdaten
- Abhängigkeit vom Lieferanten
- problematischer Lieferantenwechsel

Voraussetzung für die Etablierung eines VMI ist neben der Vertrauensbasis eine hohe Nachfragemacht des Kunden, da der Hersteller durch Übernahme der Dispositionsaufgabe zusätzliche Tätigkeiten übernimmt. Große Industrieunternehmen wie Hewlett-Packard, MAN und Automobilhersteller wie -zulieferer (etwa über die Branchenplattform SupplyOn) setzen indes VMI als Teil ihrer SCM-Strategie mit Lieferanten umfassend ein.

Zudem müssen die Informationssysteme geschaffen und aufeinander abgestimmt werden, damit die Informationen des Kunden computergestützt in die Kapazitätsplanungen des Lieferanten automatisch übernommen werden. Dies erfolgt entweder durch Zusatzmodule von ERP-Anbietern selbst oder über (meist einfachere) IT-Tools, die als Schnittstelle zu den ERP-Systemen fungieren.

Konsignationslager

Der im Zuge des VMI erläuterte freie Zugriff des Lieferanten auf die Lagerbestands- und Aberkaufsdaten des Kunden stellt die Basis für die Etablierung so genannter Konsignationslager bzw. verkäufereigener Bestände dar.

Unter Konsignation wird verstanden, dass Vorräte so lange im Eigentum des Lieferanten bleiben, bis entweder eine festgelegte Frist verstreicht (meistens einige Wochen), oder der Kunde die Ware aus dem Konsignationslager abruft. Das Konsignationslager definiert *Thaler* wie folgt: „Ein produktionsnahes Lager beim Abnehmer, das durch einen Lieferanten oder einen beauftragten Dienstleister geführt und verwaltet wird. Der Lieferant stellt in diesem Lager Waren zur Verfügung, die nach der Entnahme durch den Abnehmer berechnet werden."[177] Der Lagerbestand ist also bereits im Besitz des Kunden, aber vor der Entnahme noch im Eigentum des Lieferanten. Die Lagerräume und -einrichtungen sind im Regelfall Eigentum des Abnehmers oder des zwischengeschalteten Logistikdienstleisters.

---

[177] *Thaler, K.* (2003), S. 218.

Die Steuerung des Konsignationsablaufs erfolgt über Abrufe. Dabei bilden die Dispositions-
abteilungen Schnittstellen zwischen Lieferanten und Kunden. Bei einem Konsignationsablauf ruft der Disponent auf Abnehmerseite beim Lieferanten die Ware aus dem Konsignationslager ab. Dadurch geht das Eigentum an der Ware an den Abnehmer über. Die
Bezahlung wurde zu diesem Zeitpunkt jedoch noch nicht getätigt. Da der Kunde den Hersteller permanent über seine Kapazitätsplanungen informiert, kann der Lieferant aufgrund des
Abrufes in Abstimmung mit dem Kunden seine Produktion planen, um die Nachlieferung
vorzubereiten. Sobald der Kunde die Waren aus dem Konsignationslager entnimmt, wird
dies in vereinbarten Periodenabständen automatisch an den Lieferanten als Entnahmemel-
dung übermittelt. Jetzt kann dieser die entnommenen Waren nachliefern. Hier liefert er jedoch wieder in Abstimmung mit dem Kunden die Menge, die mittelfristig benötigt wird oder
bis zu einer im Konsignationsvertrag vereinbarten Mindestmenge nach. Die Bezahlung der
entnommenen Ware erfolgt im Sinne von Payment-on-Production entweder direkt nach Entnahme oder erst nach Verbau in dem Kundenprodukt (vgl. Abbildung 70):

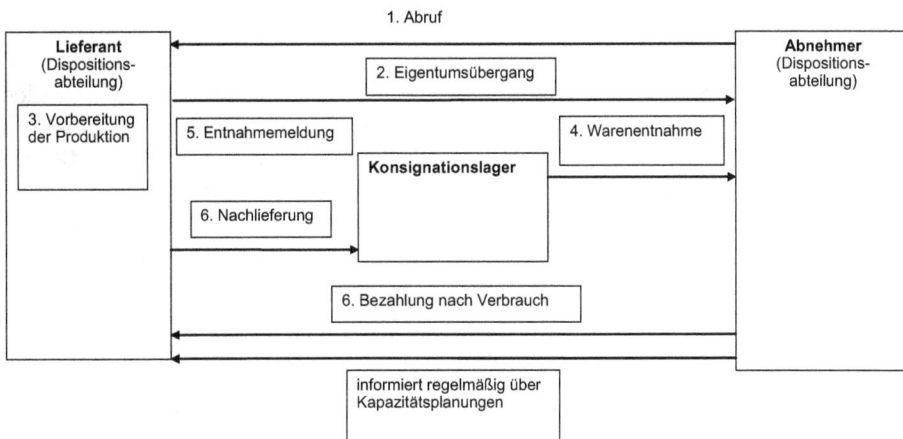

Abbildung 70: Konsignationsablauf

Hinsichtlich der Bestände liegen für den Kunden die größten Vorteile in den geringen Kapitalbindungskosten, die bei der genannten verzögerten Bezahlung der Waren stark absinken.
Außerdem sind die Waren durch das Konsignationslager schneller verfügbar. Dadurch verstärkt sich der Effekt der sinkenden Kapitalbindungskosten noch zusätzlich. Die schnellere
Verfügbarkeit der Waren senkt die Durchlaufzeiten aufgrund der Möglichkeit der schnellen
ausgewogenen Entnahme geringerer Mengen und kleinerer Lose.

Aus Sicht des Kunden besteht ein großer Nachteil im Hinblick auf die Bestände darin, dass
trotz Senkung der Kapitalbindungskosten fehlerhafte Prozesse, die die Bestände erhöhen,
nicht erkannt werden. Sie werden einfach durch erhöhte Sicherheitsbestände verdeckt und
die sich daraus ergebenden Kosten auf die Lieferanten abgewälzt. Daraus ergibt sich automatisch der zweite Nachteil: der aufgrund der höheren Sicherheitsbestände eventuell größer

ausfallende Platzbedarf. Außerdem kann die starke Lieferantenstellung ausgenutzt werden, um höhere Beschaffungspreise vom Kunden zu verlangen.

Eine hohe Nachfragemacht des Kunden sowie eine entsprechende Vertrauensbasis stellen wesentliche Bedingungen für die Etablierung eines Konsignationslagers dar. Die hohe Nach-fragemacht ist deshalb notwendig, weil der Lieferant aufgrund der bei ihm anfallenden hohen Kosten, vor allem der hohen Kapitalbindungskosten, einem potenziellen Konsignations-vertrag meistens skeptisch gegenübersteht. Die gute Vertrauensbasis bezieht sich einerseits auf den sachgemäßen Umgang des Lieferanten mit den zur Verfügung gestellten Daten des Kunden, andererseits darauf, dass der Lieferant seine Lieferantenstellung nicht ausnutzt, um die Beschaffungspreise zu erhöhen. Auch hier müssen, wie für VMI, die Informationssysteme geschaffen und aufeinander abgestimmt werden.

5.2.4   Balanced Scorecard im Einkauf

In vielen Fällen resultiert der Erfolg eines Unternehmens aus einem innovativen Strategie-konzept. Für das Management stellt jedoch gerade der Weg von der niedergeschriebenen Strategie zu ihrer erfolgreichen Umsetzung im Unternehmen die zentrale Herausforderung dar. Oftmals liegen die Ursachen für Schwierigkeiten bei der Umsetzung im fehlenden Ver-ständnis oder in Fehlinterpretationen der Strategie durch Führungskräfte und Mitarbeiter. Daneben mangelt es in vielen Unternehmen an klaren Managementanweisungen für beide Gruppen, was sich unter anderem in mangelnder Motivation und schlechten Leistungen wi-derspiegelt. Gesucht wird folglich ein Managementinstrument, das den Führungskräften bei der zielorientierten Umsetzung von Strategien behilflich ist.

Die Balanced Scorecard (BSC) hat sich in diesem Zusammenhang als wirkungsvoll und Erfolg versprechend erwiesen. Sie wurde in den 1990er Jahren durch *Kaplan* und *Norton* entwickelt und dient der Umsetzung einer Unternehmensstrategie, indem sie auf der Basis kritischer Erfolgsfaktoren Kennzahlen definiert, die der Zielerreichung dienen.[178] Da finan-zielle Kennzahlen i. d. R. vergangenheits- und ergebnisorientiert sind, dienen sie nur einge-schränkt der Steuerung von Unternehmen. Aus diesem Grund haben *Kaplan/Norton* die Kennzahlen um drei weitere Perspektiven erweitert: Kunden-, Prozess- sowie Lern- und Innovationsperspektive.[179]

Der Begriff „Balanced" impliziert, dass bei der Umsetzung einer Strategie die Ausgewogen-heit der Unternehmensziele eine wesentliche Rolle spielt. Neben finanziellen Kennzahlen werden auch nicht-monetäre Zielkennzahlen in die Betrachtung aufgenommen und bei der Umsetzung berücksichtigt. Hier gilt die Annahme, dass sich die Ziele gegenseitig beeinflus-sen (Ursache-Wirkungsbeziehung). Mit Hilfe der Balanced Scorecard sollen das Gleichge-wicht dieser Ziele gewährleistet und der langfristige Unternehmenserfolg durch das Nutzen von Synergieeffekten innerhalb des Unternehmens gesichert werden.

---

[178] Vgl. *Kaplan, R./Norton, D.* (1992); vgl. *Kaplan, R./Norton, D.* (1997).

[179] Der Begriff „Lern- und Innovationsperspektive" wird bei zahlreichen Autoren auch als „Mitarbeiter-perspektive", „Potenzialperspektive" oder „Entwicklungsperspektive" bezeichnet.

In nächsten Schritt, der Operationalisierung, erfolgt die Formulierung der Ziele in Form von Kennzahlen. Ziele und Kennzahlen werden in einem Beurteilungsbogen („Scorecard") festgehalten und dadurch quantifizier- und messbar gemacht. Die Erfassung und Fixierung der Kennzahlen bietet klare Richtlinien für die Umsetzung der Ziele. Eine weitere Eigenschaft der Scorecard liegt darin, dass sie wesentliche Kennzahlen selektiert und in übersichtlicher Form auf verständliche Weise darstellt.

BSC-Perspektiven im Einkauf

Während die BSC auf Unternehmens- oder Geschäftsbereichsebene inzwischen bei zahlreichen Unternehmen umgesetzt wurde, befindet sich der Einsatz im Einkauf vielfach noch am Anfang. Zwar wird auch hier vielfach über Kennzahlen geführt wird, dennoch existieren praktische Defizite:

- fehlender Zusammenhang zwischen Unternehmens- und Einkaufsstrategie
- kaum Bezug zwischen Einkaufsstrategie und Einkaufskennzahlen
- unzureichende Konkretisierung der Kennzahlen, z. B. bezüglich Verantwortlichkeiten, Kennzahlendefinition, Ursache-Wirkungszusammenhängen
- Steuerung der Einkäufer primär über die Kennzahl „Einstandspreissenkung"
- begrenzte Übertragbarkeit der Balanced-Scorecard-Kategorie „Kundenperspektive"

Da der Einkauf eine zentrale Bedeutung für das Unternehmensergebnis besitzt, ist es dennoch erforderlich, die Grundprinzipien der allgemeinen BSC auf den Einkaufsbereich zu übertragen. *Kaufmann* schlägt in diesem Zusammenhang vor, die „Kundenperspektive" durch die „Lieferantenperspektive" zu ersetzen:[180]

Im Rahmen der Finanzperspektive werden monetäre Kennzahlen erhoben, die den Beitrag der Strategieverwirklichung zur Verbesserung des Unternehmensergebnisses aufzeigen. Dabei dienen die finanziellen Ziele als Endziele aller anderen Perspektiven, da diese über Ursache-Wirkungsbeziehungen miteinander verknüpft sind. Ein finanzielles Ziel im Einkauf stellt die Kostenreduktion durch die Verminderung von Beständen dar. Dieses Ziel wird beispielsweise am prozentualen Verhältnis gelagerter Ware zu verkaufter Ware gemessen.

Weitere Beispiel-Kennzahlen sind:

- Preisveränderungen gegenüber dem Branchenindex einer Materialgruppe
- Senkung des Einkaufsvolumens (mengenbereinigt)
- Reduzierung von Roh-, Hilfs- und Betriebsstoffbeständen
- Senkung von Inbound-Transportkosten
- Prozesskosten pro Bestellvorgang
- Anzahl und Kosten von bzw. für Sonderfahrten

---

[180] Vgl. *Kaufmann, L.* (2002), S. 21.

Die Prozessperspektive beleuchtet die Kernprozesse der Einkaufsabteilung, die in direktem Zusammenhang zu den anderen Unternehmenszielen (insbesondere den finanziellen Zielen) stehen. Hier werden Kennzahlen festgelegt, die ebenfalls u. a. eine Senkung der Kosten bewirken. Dies ist beispielsweise bei der Einführung eines elektronischen Bestellsystems (E-Procurement) der Fall, mit dessen Hilfe eine Beschleunigung des Einkaufsprozesses und eine weitergehende Reduktion der Personalkosten möglich sind. Eine Messgröße hierfür wäre u. a. die Anzahl an Bestellungen pro Mitarbeiterstunde. Weitere Messgrößen sind:

- Reduzierung der Anzahl aktiver Teile (Verhältnis Einkaufs- zu Verkaufsartikel)
- Anzahl Reklamationen interner Kunden
- Dauer einer Bestellung (von Bedarfsmeldung bis Anlieferung)
- Anzahl Bestellungen via E-Ordering
- Umsetzungsgrad E-Sourcing-Instrumente

Im Rahmen der Lieferantenperspektive werden die Lieferanten in die Strategieumsetzung einbezogen. Ein Ziel besteht demzufolge etwa im Erreichen einer hohen Lieferqualität, welche anhand der Menge an defekter und zurückgegangener Ware gemessen werden kann. Diese sollte im Rahmen des kontinuierlichen Leistungsverbesserungsprozesses unter dem Vorjahreswert liegen. Als mögliche Kennzahlen kommen in Betracht:

- Ergebnisse der Lieferantenbewertung (Preis, Qualität, Logistik, Technologie)
- Aktivitäten der Lieferantenqualifizierung und -entwicklung
- Anzahl Lieferanten pro Materialgruppe (zur Förderung von Dual und Single Sourcing)
- Anteil Global-Sourcing-Lieferanten
- Anzahl Beschaffungsvolumen aus Low-Cost-Countries

Die Förderung der Potenziale von Mitarbeitern des Unternehmens in Form von regelmäßigen Weiterbildungen steht im Fokus der Mitarbeiterperspektive. Hier stellt der Mitarbeiterzufriedenheitsindex eine typische Kennzahl dar, der mit Hilfe von Mitarbeiterbefragungen ermittelt werden kann. Die Unternehmensführung kann den Index positiv beeinflussen, indem sie auf die Bedürfnisse ihrer Mitarbeiter eingeht, beispielsweise durch das Angebot abwechslungsreicher Fortbildungskurse und das Aufzeigen neuer Zukunftsperspektiven im Unternehmen. Weitere mögliche Kennzahlen sind:

- Fluktuationsquote im Einkauf
- Abwesenheitsquote im Einkauf
- Anzahl Weiterbildungsstunden
- Anteil strategischer Einkäufer an Gesamtanzahl Einkäufer
- Einführung neuer E-Sourcing-Instrumente im Unternehmen
- Teilnahme an funktionsübergreifenden Projekten, z. B. Wertanalysen

Die gegenseitige Abhängigkeit der Perspektiven ist an der letzten besonders deutlich abzulesen: Die Motivation der Mitarbeiter hat Auswirkung auf alle anderen Bereiche. Folglich wird durch motivierte Mitarbeiter der reibungslose Prozessablauf unterstützt, was sich wiederum im Idealfall in besseren Verkaufszahlen und geringeren Bestandskosten niederschlägt.

Praxisbeispiel-BSC im Einkauf[181]

Unternehmen und Projekt:

Hersteller technischer Kunststoffe (200 Mio. € Beschaffungsvolumen), 14 Mitarbeiter im Europa-Einkauf, Projektdauer acht Wochen, Projektteam bestehend aus Einkaufsleiter, Produktgruppenleiter, Teamassistenz und Managementberater

relevante Fragestellungen im Einkauf:

- Messung und Darstellung von Einkaufsleistungen
- Nachweis von Einsparungen durch E-Procurement
- Kennzahlensysteme für den Einkauf
- Beurteilung nicht quantifizierbarer Einkaufsaktivitäten

Hauptziele der Einkaufsabteilung (im Strategie-Workshop erarbeitet):

- strategische Auswahl und Entwicklung qualifizierter Lieferanten
- kompetente Beratung interner Kunden
- optimale Verhandlungen und Vertragsabschlüsse
- Entwicklung und Nutzung neuer Technologien zur Erhaltung der Wettbewerbsfähigkeit

Perspektiven und Kennzahlen der Einkaufs-Balanced-Scorecard

- Kundenperspektive: interne Kundenzufriedenheitsanalyse (zweimal jährlich)
- Prozessperspektive: Beschaffungsvolumen über Online-Kataloge, Auktionen und Marktplätze, …
- Mitarbeiterperspektive: Schulungszeit pro Mitarbeiter, Fehlzeiten, …
- Lieferantenperspektive: Reduzierung Anzahl Lieferanten, Lieferantenbewertungen, …

Zusammenfassend ergeben sich für den Einkauf folgende Effekte durch die Einführung einer BSC:

- Konkretisierung der Einkaufsstrategie und damit erhöhte Transparenz
- Einbindung der Einkäufer in den Strategieprozess und damit stärkere Identifikation mit den Zielen
- Fokussierung der Einkaufsaktivitäten auf strategierelevante Tätigkeiten (gemäß Eisenhower-Matrix „Wichtiges statt ausschließlich Dringliches")
- frühzeitiges Erkennen und Gegensteuern bei Abweichungen

---

[181] In Anlehnung an *Buchholz, W./Roos, D.* (2002).

Erfolgsfaktoren einer BSC-Einführung im Einkauf

Konzentration auf das Wesentliche: Am Anfang der Einführung einer Einkaufs-BSC stehen oft zahlreiche Ideen und Kennzahlen, die zu berücksichtigen wären. Hier ist es Aufgabe des Beraters, eine Begrenzung auf wenige, aber wesentliche Kennzahlen vorzunehmen. Es ist besser, nur fünf bis acht Kennzahlen tatsächlich einzuführen, die dann auch gelebt werden, als 20, die nach Projektende in der Schublade verschwinden.

Schrittweises Ausdehnen: Auch wenn bereits die finalen Kenngrößen bekannt sind, sollte zunächst mit wenigen Pilotkennzahlen gestartet werden, um Erfahrungen zu sammeln. Anschließend folgen weitere Kennzahlen gemäß einer Roadmap.

Zukunftsorientierung statt Vergangenheitsbewältigung: Die Idee der BSC besteht darin, statt auf der Basis von Vergangenheitskennzahlen zu reagieren, besser auf Grundlage vorgelagerter Kennzahlen zu agieren. Somit dienen Kennzahlen weder dem permanenten Überwachen der Mitarbeiter noch der gegenseitigen Schuldzuweisung.

Exakte Definition: Eine Kennzahl „Reklamation" ist schnell aufgegriffen. Aber versteht auch jeder dasselbe darunter? Für jede Kennzahl sind folgende Inhalte Teil einer Begriffsdefinition: Ziel, Erhebung, betrachteter Bereich, Verantwortung, Nutzen, Visualisierung.

Einbindung der mittleren Führungskräfte: BSCs treffen besonders bei mittleren Führungskräften auf Vorbehalt. Um eine potenzielle „Lehmschicht" zu verhindern, sollten diese neben dem Topmanagement und direkt betroffener Sachbearbeiter im Einkauf eingebunden werden.

Automatisierte Erhebung: Oft besteht die Befürchtung, dass eine BSC zu Mehraufwand führt. Um den Mehraufwand jedoch für die Analyse und Ableitung von Maßnahmen zu verwenden, anstelle einen Mehraufwand für die Datenerhebung in Kauf zu nehmen, sollte darauf geachtet werden, dass Kenngrößen möglichst bald automatisiert erhoben werden. Im Gegenzug bedeutet das jedoch nicht, dass eine Messgröße per se abzulehnen ist, wenn die IT-Abteilung kein Datenmaterial zur Verfügung stellen kann!

Visualisierung der Ergebnisse: Die Entwicklung der Kennzahlen ist grafisch aufzubereiten und an geeigneter Stelle aufzuhängen, und zwar nicht nur im Büro des Vorgesetzten. Erst ein regelmäßiges Betrachten der Kennzahlenverläufe schafft die Basis für eine kritische Reflexion des eigenen Arbeitens im Tagesgeschäft.

Beachten konfliktärer Kennzahlen: Kennzahlen können konfliktär ausfallen, etwa „Reduzierung der Einkaufspreise" versus „Senken von Beständen" (Stichwort: Preissenkung durch größere Bestellmengen). Dieser Gegensatz sollte frühzeitig transparent gemacht werden. Hierzu gehört auch, dass das Management entsprechende Prioritäten vergibt.

Einbinden angrenzender Abteilungen: Speziell bei der Konkretisierung der Prozessperspektive sollten interne Kunden und interne Lieferanten des Einkaufs eingebunden werden, da der Beschaffungsprozess i. d. R. weit über die Abteilungsgrenzen des Einkaufs hinausgeht.

5.3   Fallstudie Lieferantenintegration

Die vorliegende Fallstudie basiert auf einem Beratungsprojekt, dessen Ziel die grundlegende Neugestaltung der Supply Chain (vom Lieferanten bis zum Kunden des Klienten) im Sinne einer nachhaltigen Kostensenkung darstellte. Die Produktionsprozesse wurden dort als Black Box betrachtet. Von den vier definierten Teilprojekten soll im vorliegenden Kapitel aus Gründen des Projektumfangs ausschließlich auf das Thema „Optimierung der Zulaufsteuerung" eingegangen werden. Die „Fragen aus Beratersicht" dienen dem Leser dazu, sich in die Rolle des Consulting-Projektleiters zu versetzen und sich im Vorfeld eigenständig mit möglichen Antworten auseinanderzusetzen.

5.3.1   Aufgabenstellung und Ausgangssituation

Bei dem Kunden handelt es sich um einen internationalen Top-20-Automobilzulieferer für Elektronikkomponenten, der als First Tier Automobilhersteller direkt beliefert. Der Untersuchungsgegenstand umfasste ein Produktionswerk mit ca. 800 Mitarbeitern in Süddeutschland. Auftraggeber des Projekts war der Supply-Chain-Leiter, dem die strategische und operative Logistik unterstellt war und der wiederum direkt an den Werkleiter und Geschäftsführer des Standorts berichtete.

Projektauftrag

Der Projektauftrag an das externe Beraterteam im Teilprojekt „Optimierung der Zulaufsteuerung" ließ sich folgendermaßen formulieren: Nachhaltige Reduzierung der Transportkosten in der Inboundlogistik von Lieferanten an den süddeutschen Produktionsstandort bei gleichzeitiger Erhöhung der Versorgungssicherheit bei Produktionsmaterial unter externer Begleitung (vom Kurz-Audit bis zur Umsetzungsbegleitung).

Fragen aus Beratersicht:

Welche Daten sind im Rahmen eines Kurz-Audits im Rahmen einer beschleunigten Ist-Analyse erforderlich?

Wofür werden welche Daten benötigt?

Welche Erkenntnisse lassen sich aus den zu erhebenden Daten möglicherweise ableiten?

Welche Probleme könnten bei der Datenerhebung auftreten?

Ist-Analyse

Im Rahmen eines Kurz-Audits wurden – gemeinsam mit Interviewpartnern auf Kundenseite – folgende Analyseinhalte fixiert:

- jährliche Logistikkosten und beeinflussbares Kostenvolumen
- Frachtkosten Inbound (unter besonderem Ausweis von Sonderfahrten)
- Anzahl, Kosten und Verursacher von Sonderfahrten
- vereinbarte Incoterms der Top-30-Lieferanten

- räumliche Lage, Liefervolumen und -menge (Monatsbasis), Anlieferfrequenz der Top-30-Lieferanten (vgl. Abbildung 71)
- bisherige Formen der Bündelung von Transporten (Milkruns, Cross-Docking, …)

Teil		Verbrauch		Lieferanten						Ladevolumen				
Teile-nummer	Teile-bezeichnung	Jahres-bedarf 04	Monats-bedarf	Lieferanten-Nr.	Name	Land (Kürzel)	Postleit-zahl	Lieferanten-Ort	Straße	in Lademetern "pro Lieferung"	in m³ "pro Lieferung"	Lieferfrequenz "pro Woche"	Bruttogewicht in kg "pro Woche"	Alternativ: Anzahl Paletten "pro Woche"

Abbildung 71: Erforderliches Datengerüst der Top-30-Lieferanten

Aus der Befüllung der Datenmaske ergaben sich wesentliche Informationen zum Status quo der Inbound-Transportlogistik. Zunächst wurde festgestellt, dass sich 18 der 30 Top-Lieferanten im süddeutschen Raum befanden, schwerpunktmäßig in Baden-Württemberg (vgl. Abbildung 72):

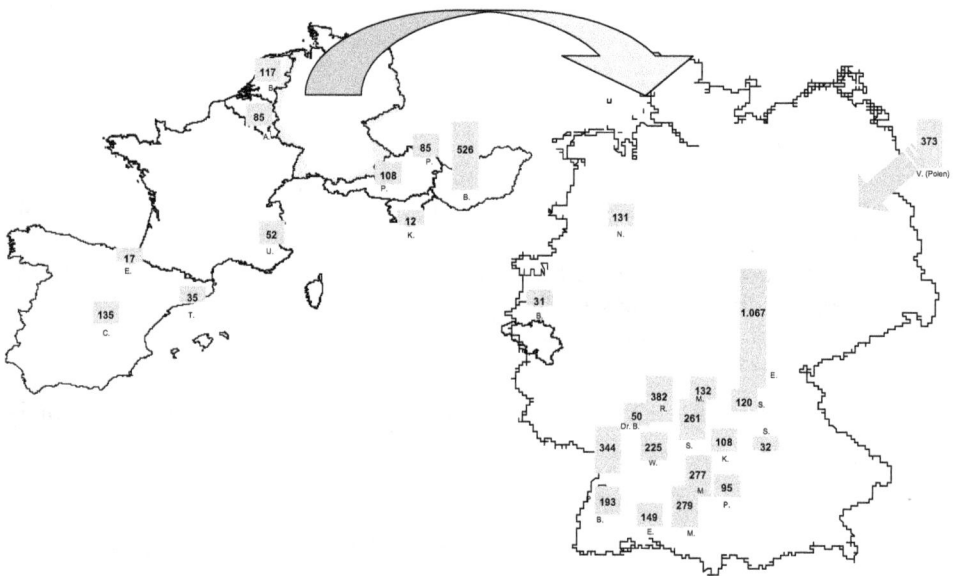

Abbildung 72: Räumliche Verteilung der Top-30-Lieferanten

Die angefallenen Frachtkosten pro Jahr betrugen ca. 2,5 Mio. Euro für Transporte vom Lieferanten zum Produktionsstandort.[182] Davon entfielen ca. 10 Prozent auf Sonderfahrten, was

---

[182] Dieser Wert beinhaltete auch Fahrten, die zum Ausgangszeitpunkt noch per „frei-Haus"-Lieferungen erfolgten.

auf Performance-Schwachstellen in Produktion und Logistik bei beiden Vertragsparteien hinwies.

Bei der Datenerhebung im Rahmen der verkürzten Ist-Analyse traten verschiedene Probleme auf. Im Zuge der Analyse der Incoterms wurde festgestellt, dass ca. die Hälfte aller Lieferanten frachtfrei lieferte und dem Kunden somit keine Ist-Frachtkosten zur Verfügung standen, da diese Teil des vereinbarten Teilepreises waren. Die Lösung des Problems erfolgte über zwei Wege: Zunächst wurden bei den betroffenen Lieferanten die angefallenen Frachtkosten angefragt und im nächsten Schritt schließlich auf Plausibilität geprüft. Ein weiteres Problem ergab sich dadurch, dass Rechnungs- und Lieferadresse bei einzelnen Lieferanten nicht übereinstimmten, da der Produktionsstandort sich nicht auf dem Stammgelände des Lieferanten befand. Hierzu wurde es erforderlich, einen Plausibilitätscheck zumindest bei den Top-30-Lieferanten vorzunehmen.

Die weiteren Erkenntnisse der Ist-Analyse sollen hier thesenhaft formuliert werden:

- Einige wenige Lieferanten lieferten in Form von Komplettladungen, i. d. R. in Intercompany-Transporten.
- Ein Großteil der Lieferanten war mittelständisch geprägt und entstammte der Region des Kundenwerks.
- Die Lieferfrequenz fiel selbst bei den Top-30-Lieferanten sehr volatil aus und schwankte – nicht zuletzt durch Störungen in der Supply Chain – zwischen zwei bis 15 Mal.
- Der hohe Anteil frachtfreier Lieferanten machte es erforderlich, im Zusammenspiel mit dem strategischen Einkauf die Incoterms – soweit sinnvoll – auf „ab-Werk-Lieferungen" umzustellen.
- Die Analyse einzelner Frachtraten für ausgewählte Destinationen ergab, dass hier wenig Spielraum für Verbesserungspotenziale existierte.
- Die Materialdisponenten verbrachten ca. 50 Prozent ihrer Arbeitszeit mit „Terminjägertum", also der Überwachung und Steuerung von Anlieferungen.
- Ansatzpunkte wurden weniger in der Neuverhandlung von Frachtraten, sondern vielmehr in der strukturellen Neugestaltung von Transportsystemen gesehen.
- Erfahrungen mit Milkruns[183] oder Cross-Docking-Transporten lagen nicht vor.

---

[183] Milkrun ist ein Begriff der Beschaffungs- und Distributionslogistik und bezeichnet einen direkten Transport auf einer festgelegten Route. Üblicherweise sind dabei Zeit, Menge und Strecke festgelegt, wobei die Güter i. d. R. ohne weiteren Umschlag direkt an den Empfänger geliefert werden.

5.3.2   Konzepterarbeitung und Vorgehensweise im Projekt

Aus der dargestellten Ausgangssituation heraus wurde deutlich, dass strukturelle Veränderungen erforderlich sind, um die Transportkosten im Zulauf nachhaltig zu senken.

Fragen aus Beratersicht:

Welche Lösungsansätze kommen grundsätzlich in Betracht?

Welcher ist der beste Ansatz, um Kosten zu senken, vor allem dann, wenn Frachtratensenkungen bereits weitgehend umgesetzt wurden?

Welche Teilnehmer intern wie extern sind in das Projekt zu integrieren?

Mit welchen Hindernissen ist zu rechnen?

Wie lassen sich Einsparpotenziale ermitteln?

Da es sich bei dem Liefervolumen der Top-30-Lieferanten um Teilladungsvolumina handelte und Lieferanten räumlich gebündelt vorzufinden waren, wurde frühzeitig überlegt, Milkruns für ausgewählte Strecken und Lieferanten einzuführen.

Milkruns als Lösungsansatz

Komplett-Lkw als transportkostengünstige Lösung setzen ein hohes Inbound-Volumen pro Liefer- und Empfängerwerk voraus. In vielen Fällen führen sie bedingt durch geringere Materialbedarfe dabei aber zu sehr geringen Lieferfrequenzen, die wiederum das Bestandsniveau an Roh-, Hilfs- und Betriebsstoffen stark ansteigen lassen. Hieran wird auch der Konflikt zwischen niedrigen Bestandskosten (z. B. durch Just-in-Time-Belieferung) und niedrigen Frachtkosten (z. B. durch Lkw-Komplett-Lieferungen) deutlich, den ein aktives Inbound-Transportmanagement zu bewältigen hat.[184] Diese geringeren Volumina werden häufig über Teilladungen abgewickelt (B-Transporte). Teilladung bedeutet in diesem Zusammenhang, dass der Spediteur neben dem Material für das Automotive-Empfängerwerk auch Materialien anderer, sich in regionaler Nähe befindlicher – oft branchenfremder – Kunden transportiert. Solche Transporte sind im Vergleich zu Komplett-Lkw-Lieferungen (A-Typ) und zu innovativen Ansätzen wie Milkruns (= Roundtrips) relativ teuer.

Milkruns zeichnen sich dadurch aus, dass sie speziell für Teilladungen geeignet sind. Kern dieses Transportkonzepts ist die Zusammenfassung von Lieferanten zu Clustern auf Basis ihrer geographischen Nähe. Diese Unternehmen werden dann in einer definierten Frequenz von einem Spediteur nacheinander angefahren. Milkrun-Transporte haben gegenüber traditionellen Konzepten wesentliche Vorteile. Kapazitätsauslastungen und Lieferfrequenzen lassen sich durch den Ausgleich von hochvolumigen, leichten und geringvolumigen, schweren Teilen und durch die Bündelung von Transportvolumina mehrerer Lieferanten steigern. Sinkende Transportkosten, reduzierte Bestände und eine höhere Flexibilität in der Beschaffungs-

---

[184] Vgl. ausführlich zum Thema „Aktives Transportmanagement": *Hartel, D.* (2006).

logistik sind die Folge. Dadurch wird der Spagat aus geringen Bestandskosten und geringen Frachtkosten geschafft (vgl. Abbildung 73):

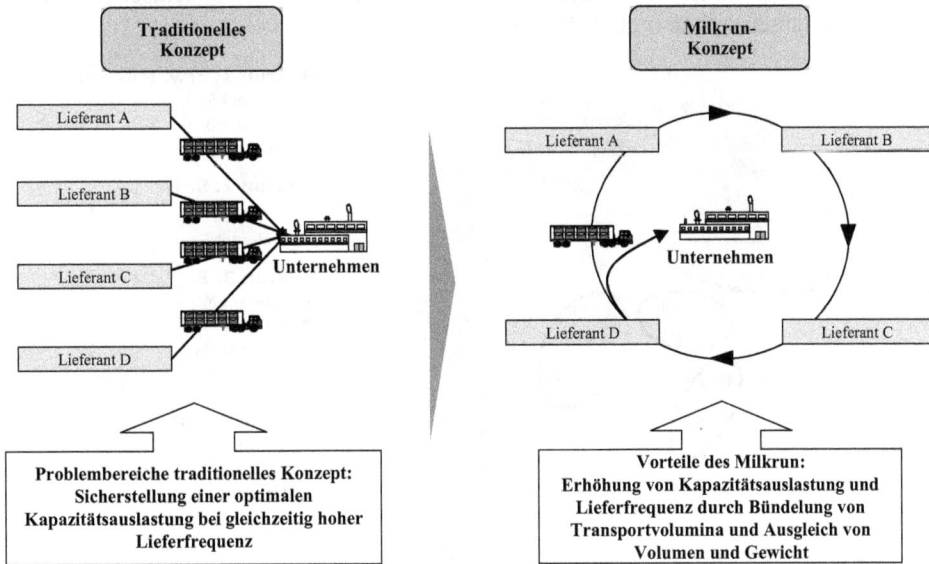

Abbildung 73: Gegenüberstellung Teilladung versus Milkrun[185]

Milkruns führen zu signifikanten Transportkosteneinsparungen gegenüber herkömmlichen Belieferungsansätzen. Dies liegt vor allem daran, dass anstelle einer einzelnen Transportdienstleistung mit mehreren durchlaufenen Hubs ein kompletter Lkw inkl. Fahrer pro durchgeführten Milkrun zum Festpreis (inkl. Leerguttransport im Rücklauf) angemietet wird. Die Umsetzung von Milkruns ist auf der anderen Seite naturgemäß an Restriktionen geknüpft, die nicht immer erfüllt werden können. Hierzu zählt etwa die Voraussetzung einer relativ stabilen Nachfrage, die in eine konstante, sich auf hohem Niveau befindliche Lkw-Auslastung mündet. Stabilität ist andererseits auch für die Einhaltung der gemeinsam verabschiedeten Abholfenster auf Seiten des Lieferanten erforderlich, um die Zeitplanung der Abholung über mehrere Be- und Entladestellen nicht zu gefährden.

Projektvorgehensweise

Im Anschluss an die Präsentation der Kurz-Audit-Ergebnisse vor dem Steuerkreis erfolgt der Kick-off der Ausgestaltungs- und Umsetzungsphase. Diese Phase wiederum wurde in vier Schritte unterteilt:

1. Schritt: Vertiefende Analyse der Transportvolumina und Definition möglicher Milkruns

---

[185] Entnommen aus: *Jacobi, C./Hartel, D./Ohlen, O./Wendik, H.* (2004), S. 39.

Im ersten Schritt wurden die Transportdaten der Top-30-Lieferanten mit dem Fokus der Bildung von Milkruns näher analysiert, indem u. a. die Ist-Kosten der Einzelfahrten erfasst wurden. Dabei ergaben sich vier verschiedene Milkruns für den südwestdeutschen Raum, die arbeitstäglich fahren sollten (vgl. Abbildung 74):

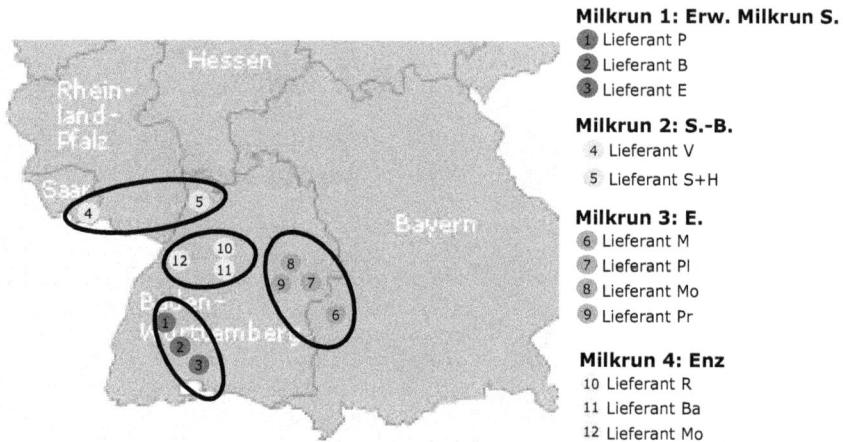

Milkrun 1: Erw. Milkrun S.
① Lieferant P
② Lieferant B
③ Lieferant E

Milkrun 2: S.-B.
4 Lieferant V
5 Lieferant S+H

Milkrun 3: E.
⑥ Lieferant M
⑦ Lieferant Pl
⑧ Lieferant Mo
⑨ Lieferant Pr

Milkrun 4: Enz
10 Lieferant R
11 Lieferant Ba
12 Lieferant Mo

Abbildung 74: Auszuplanende Milkruns

Durch den täglichen Milkrun ändert sich bei vielen der zwölf betroffenen Lieferanten auch die Lieferfrequenz, wodurch eine Beruhigung der Anlieferung und Weiterverarbeitung hervorgerufen wurde. Die Fertigungssteuerer gewannen dadurch ein hohes Maß an Planungssicherheit

2. Schritt: Interne Abstimmung zwischen Einkauf und Fertigungsdisposition

Im nächsten Schritt wurden die in der Logistik erarbeiteten Ergebnisse intern mit der Fertigung (als interne Kunden der Logistik) und dem Einkauf abgestimmt. An dieser Stelle wurde auch der strategische Einkauf dahingehend aktiv, dass er bei den betroffenen Lieferanten, soweit noch nicht erfolgt, die Lieferbedingungen auf „ab Werk" umstellte.

3. Schritt: Detailplanung und externe Abstimmung

Der dritte Schritt bezog sich zunächst auf die Detaillierung des Konzepts. Dabei standen folgende Inhalte im Vordergrund:

- Fixierung der Anzahl abzuholender Großladungsträger (inkl. Mengentoleranzen) pro Lieferant
- Definition des Informationsflusses im Regelfall und im Notfall
- Festlegung des Lkw-Equipments (Gliederzug mit 100 m^3 Ladevolumen)
- Definition der Streckenführung
- Fixierung der Abhol- und Anlieferfenster

Die Konzeptdetails wurden teilweise im Projektteam, teilweise bereits unter temporärer Hinzuziehung der Lieferanten ausgearbeitet. Die finale Version wurde pro Tour den jeweils beteiligten Milkrun-Kandidaten in einem zweistündigen Workshop vorgestellt und anschließend verabschiedet.

4. Schritt: Auswahl Spediteur und Umsetzung

Nachdem das Konzept ausgearbeitet worden war, erfolgte eine Angebotsanfrage bei drei Spediteuren für die vier Milkruns, um über diesen Weg die exakten Einsparungen errechnen zu können. Hierbei stellten sich große Preisunterschiede heraus, womit bestätigt wurde, dass nach wie vor hohe Einsparpotenziale in der Transportlogistik liegen (vgl. Abbildung 75):

Lfd.-Nr.	Bezeichnung	Preis pro Lkw/Tag		
		Spediteur 1	Spediteur 2	Spediteur 3
1.	Erw. Milkrun S.	600,00 €	575,20 €	590,00 €
2.	Milkrun S.-B.	590,00 €	575,20 €	580,00 €
3.	Milkrun E.	405,00 €	506,20 €	390,00 €
4.	Milkrun Enz	310,00 €	276,10 €	300,00 €

Abbildung 75: Angebotsvergleich der Milkruns (Preis pro Lkw und Einsatztag)

Vergleicht man das jeweils günstigste Angebot pro Milkrun mit den Ausgangskosten, ergaben sich Einsparungen zwischen 15 und 37 Prozent. Bezieht man die erzielten Einsparungen pro Jahr in Höhe von 200 T€ für diese vier Touren auf die ursprünglichen gesamten Inbound-Kosten von knapp 2,5 Mio. Euro, so konnten die Kosten um immerhin acht Prozent reduziert werden.

5.3.3   Vertiefende Fragen zur Fallstudie

Zur Vertiefung der Fallstudie und zu eigenen Übungszwecken bietet sich die Beantwortung folgender Fragen an:

1. Welche Alternativen zu Milkruns hätte es gegeben?
2. Nennen Sie stichwortartig die Voraussetzungen für Milkruns!
3. Welche Industriezweige halten Sie für geeignet, welche für weniger geeignet bzgl. einer Implementierung von Milkruns?
4. Wo sehen Sie Grenzen bei der Einführung von Milkruns?
5. Welche Auswirkungen hat die Einführung von Milkruns auf das eigene Bestandsniveau an Rohstoffen und Kaufteilen?

6. Im vorliegenden Fall standen nationale Milkruns im Fokus. Lässt sich der Ansatz auch auf internationale Transporte übertragen? Was ist hier speziell zu beachten?

7. Lassen sich Incoterms einfach umstellen? Welche Interessenlagen liegen bei Lieferanten, Logistik und Einkauf i. d. R. vor?

6 Beratung innerhalb von Industrieunternehmen

Analog zu Kapitel 5 werden in Kapitel 6 drei Themenblöcke behandelt: Im ersten Unterkapitel sollen aktuelle Trends und Herausforderungen dargestellt werden, die heute und zukünftig Einfluss auf das Produktionsmanagement haben werden. Anschließend werden fünf ausgewählte Ansatzpunkte dargestellt, mit denen sich Industrieunternehmen Branchen übergreifend auseinandersetzen bzw. auseinandersetzen sollten. Auf für Industriezweige spezifische Ansätze wurde – im Sinne eines Grundlagenwerks – wiederum verzichtet.

Das Kapitel wird durch eine Fallstudie abgerundet, die sich auf die Reorganisation eines Maschinenbauzulieferers bezieht.

6.1 Trends im Produktionsmanagement

Für Industrieunternehmen gilt nach wie vor in den meisten Fällen, dass die Produktion, wenn auch mit abnehmender Wertschöpfungstiefe und in einzelnen Branchen verstärkt beschränkt auf die Montage und das Branding, das Kernstück des Unternehmens darstellt. Das relativ hohe Lohnniveau in Deutschland und Westeuropa bedeutet nicht per se, dass solche Fertigungsstandorte keine Zukunft haben. Vielmehr ist es als Herausforderung zu verstehen, das erreichte Leistungsniveau permanent auf den Prüfstand zu stellen und im Sinne von Kaizen nach weiteren Verbesserungsansätzen zu suchen.

Die folgende Darstellung von Trends dient nicht nur dem Erkennen, in welchen Bereichen zukünftig Handlungsbedarf herrschen wird. Sie soll auch dem Consultant helfen, indem er durch einen Abgleich des eigenen Dienstleistungsportfolios mit den Trends und Ansatzpunkten herausfindet, inwieweit er „richtig" (im Sinne von beratungsmarktorientiert) aufgestellt ist bzw. in welchen Bereichen fachliche Lücken existieren.

1. Trend: Kostenmanagement und neue Arbeitszeitmodelle an bestehenden Standorten

Die weltweite Rezession führt zu sinkenden Absatzzahlen, insbesondere bei den Exportnationen Japan und Deutschland.[186] Sinkende Umsätze führen dazu, dass die betroffenen Unter-

---

[186] Beispielsweise gingen die Exporte aus Japan im Januar 2009 im Vergleich zum Vorjahreszeitraum um 46 Prozent zurück.

nehmen ihre Gesamtkostenstrukturen anpassen müssen, insbesondere bei sinkenden Auslastungsgraden der Fertigung. Um Massenentlassungen zu vermeiden, die erstens für das Image schädigend sind und zweitens zu Know-how-Abfluss führen, werden Lösungsansätze mit neuen Arbeitszeitmodellen (Schichtmodelle, Jahresarbeitszeitkonten, leistungsorientierte Entlohnung, …) gesucht. So kann die 1994 eingeführte 4-Tage-Woche bei Volkswagen durchaus als Pilotprojekt betrachtet werden, um Überkapazitäten abzubauen und die Entlassung von 30000 Mitarbeitern zu vermeiden. Während damals die Stundenanpassung nicht zu Lohn- und Gehaltsanpassungen in gleichem Umfang führten, geht es in aktuellen Diskussionen um Arbeitszeitverkürzungen bei gleichzeitigem Lohnverzicht. Kurzfristig betrachtet, stellt auch das deutsche Spezifikum der Kurzarbeit ein Arbeitszeitmodell dar, wobei der Einsatz nur bei temporären Umsatzausfällen wirtschaftlich sinnvoll erscheint, und somit kein Instrument darstellt, um dauerhaft Arbeitskosten durch Flexibilisierung zu senken.

2. Trend: Einführung von Produktionssystemen

In den 1950-er Jahren entwickelte Toyota das Toyota-Produktionssystem. Es wurde erstmalig in der europäischen Automobilindustrie am Opel-Standort Eisenach in abgewandelter Form eingeführt und ist heute über die Automotive-Grenzen hinaus im Einsatz (z. B. bei Trumpf Werkzeugmaschinen, Werkzeughersteller Festo Tooltechnik, Heidelberger Druckmaschinen, Dell Computers). Produktionssysteme beschreiben Prinzipien, Konzepte und Methoden und somit die Grundordnung der Produktionsorganisation in den beteiligten Werken. Sie stellen i. d. R. keine neuen Ansätze dar, sondern bündeln erfolgreiche Konzepte und Methoden, um durch Standardisierung schlanke und störungsfreie Prozesse sowie daraus resultierend qualitativ hochwertige Produkte zu gewährleisten.

3. Trend: Near- und Off-Shoring

Auch wenn der Trend der Produktionsverlagerung ins Ausland an Dynamik verliert, existiert dieser weiterhin besonders bei mittelständischen Betrieben, die nicht zu den Pionieren einer Verlagerung zählen. Stand früher das Thema Kostenreduktion in der Fertigung im Vordergrund, werden heute auch indirekte Bereiche (z. B. teilweise Verlagerung der Lohn- und Gehaltsbuchhaltung von Siemens nach Tschechien) verlagert. Auch sind bei Offshoring-Überlegungen die Motive inzwischen vielschichtiger: Je nach Branche und Unternehmensgröße liegen Gründe für Verlagerungen heute stärker im Bereich der Absatzmarkterschließung oder der Risikostreuung. Obwohl einige Unternehmen Teile ihrer Fertigung wieder nach Deutschland rückverlagern, was von den Massenmedien und Gewerkschaften mit großem Interesse aufgegriffen wird, kann von einem Stopp von Verlagerungen oder gar einem Gegentrend derzeit nicht gesprochen werden.

4. Trend: Modularisierung und Flexibilisierung der Produktion

Unter dem Stichwort „Mass Customization"[187] sollen zwei gegensätzliche Prinzipien verbunden werden, nämlich die Vorteile einer Massenfertigung (z. B. durch Mengengrößeneffekte) mit den Vorteilen einer Kleinserien-/Einzelfertigung durch individualisierte Produkte und hoher Kundenorientierung. Diese Strategie erscheint gerade für Premiumhersteller un-

---

[187] Vgl. beispielsweise *Piller, F.* (2006).

terschiedlicher Branchen (Braune Ware, Weiße Ware, Automobilindustrie) interessant, indem sie einerseits built-to-order-Strategien verfolgen, andererseits dem Kunden kurze Lieferzeiten zusagen. So bietet BMW mit Hilfe von KOVP (Kundenorientierter Vertriebs- und Produktionsprozess) seinen Kunden bis sechs Tage vor Produktionsende die Möglichkeit von Änderungen an.

Die Flexibilisierung bezieht sich im Produktionsmanagement nicht nur auf zeitliche Aspekte, sondern auch auf das Produktprogramm (Modularisierung). Dies führt dazu, dass ein Produkt nicht mehr nur an einem, sondern an unterschiedlichen Standorten produziert werden kann, sodass dadurch Produktionsrisiken gestreut werden. Die Modularisierung vereinfacht auch den Produktionsprozess, indem man verschiedene Produkte auf denselben Montagelinien fertigt („Multifunktionslinien").

5. Trend: Umsetzung von Produktionskooperationen

Die klassische Einteilung in Lieferanten, sonstige Geschäftspartner und Wettbewerber wird in einzelnen Industriezweigen zunehmend aufgebrochen. Bisherige Wettbewerber gehen aus Synergiegründen dazu über, gemeinsame Forschung und Entwicklung sowie Produktion zu betreiben. Mögen auch die bekanntesten Formen der so genannten coopetition[188], also der Kooperation von Unternehmen, die nach außen gegenüber Kunden weiterhin als Wettbewerber auftreten, aus der Automobilbranche entstammen[189], gründeten bereits 1967 die Weiße-Ware-Hersteller Bosch und Siemens die „BSH Bosch und Siemens Hausgeräte GmbH" als Joint Venture, um Entwicklungs- und Produktionskosten zu reduzieren.

6. Trend: Sich verkürzende Produktlebenszyklen

Der Trend zu Produktionskooperationen ist auch im Zusammenhang sich verkürzender Produktlebenszyklen zu sehen. Sie führen dazu, dass Unternehmen Produkte so schnell wie möglich an den Markt bringen müssen (Time-to-Market), da sich die Marktphase zur Amortisation entstandener Investitionen reduziert. So beträgt der Umsatzanteil von Produkten, die jünger als drei Jahre sind, bei dem Edelmetall- und Technologieunternehmen Heraeus 20 Prozent und bei Siemens Sector Healthcare gar 75 Prozent. Bei dem Getriebespezialisten ZF wurde etwa das 5-Gang-Automatikgetriebe in den 1990er Jahren in drei bis Jahren entwickelt, die 6-Gang-Version in zwei bis drei Jahren und das aktuelle 8-Gang-Getriebe in einem Jahr, und zwar bei gleich bleibenden Verkaufspreisen.[190]

---

[188] Coopetition als Wortschöpfung aus *cooperation* und *competition*.

[189] Beispiele sind etwa Motorkooperationen zwischen PSA und BMW sowie gemeinsame Produktionsstandorte (Van-Produktion von VW und Ford in Portugal (1991 bis 2006), zwischen Mitsubishi und Smart (Modelle Colt und SmartFour) in den Niederlanden (2002 bis 2006) oder zwischen Toyota und PSA in Tschechien (seit 2005 gemeinsame Kleinwagenfertigung).

[190] Vgl. *Gillies, C.* (2009), S. 13.

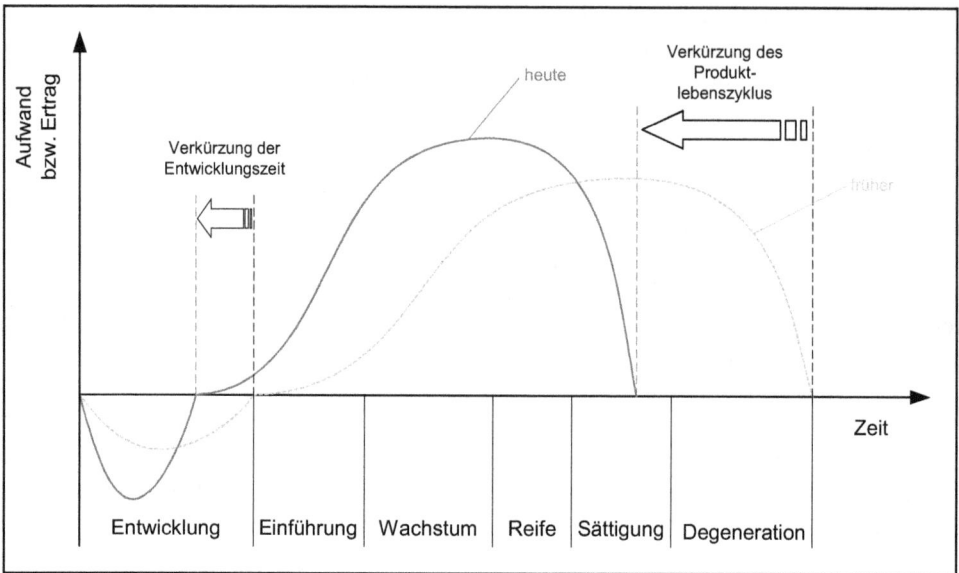

Abbildung 76: Produktlebenszyklus früher und heute[191]

7. Trend: Zunehmende Variantenvielfalt

Auf Grund der Tatsache, dass Kundenansprüche zwar ständig steigen, die Kunden aber nicht
bereit sind, für Extras mehr zu bezahlen, versuchen OEMs insbesondere im Premiumsektor,
dem Kosten- und Innovationsdruck über eine Zunahme der Modellvielfalt und Ausstattungs-
varianten und auch mit verkürzten Produktlebenszyklen entgegenzuwirken. Eine kurzfristige
Bauteilplanung, die isolierte Betrachtung von Baugruppen sowie lange Zeit der Verzicht auf
Gleichteilstrategien und auch eine unzureichende Kosten-Nutzen-Bewertung haben dazu
geführt, dass vor allem bei deutschen OEMs die Anzahl der Varianten ins Unermessliche
gestiegen ist. So nahm beispielsweise beim Modellwechsel vom alten auf den neuen Audi
A6 die Zahl der für Kunden bestellbaren Türverkleidungsvarianten um das 30-fache zu. Ein
ähnliches Bild zeigt sich bei Daimler: Im Jahr 2000 waren von den ungefähr 450000 in Sin-
delfingen produzierten Modellen lediglich 2,2 Fahrzeuge identisch.

8. Trend: Energieeffizienz

In Zeiten von Wirtschafts- und Währungskrise treten umweltpolitische Aspekte in Unternehmen, aber auch in der öffentlichen Wahrnehmung, temporär in den Hintergrund. Der
Klimawandel, ein wachsender Energiebedarf, begrenzte fossile Brennstoffe und damit verbundene steigende Energiekosten sowie verschärfte rechtliche Rahmenbedingungen bleiben
indes als Herausforderungen bestehen und werden nach Ende der Rezession wieder an Be-

---

[191] Enthalten in: *Bischoff, R.* (2007), S. 2.

deutung zunehmen. In vielen Fällen stehen Ökonomie und Ökologie in keinem Widerspruch, da optimierte Produktionsverfahren und umweltverträglichere Produkte i. d. R. auch wirtschaftlicher sind. Dies wird auch auf Managementseite so gesehen, wobei das Problem in der Praxis meist darin besteht, den Nutzen solcher Effizienzmaßnahmen im ersten Schritt zu messen und im nächsten kurze Amortisationsdauern zu gewährleisten.

6.2   Grundlegende Themenfelder und Ansatzpunkte

6.2.1   Standortwahl-Entscheidungen

Die Frage nach dem richtigen Standort bildet eine der grundlegenden betriebswirtschaftlichen Themenfelder und ist zweifelsohne von strategischer Bedeutung. Bereits 1909 befasste sich *Alfred Weber* in dem Standardwerk „Über den Standort der Industrie" mit deren Beantwortung.[192]

An dem Stellenwert der richtigen Standortentscheidung hat sich seitdem grundsätzlich nichts geändert, neu ist hingegen die Dynamik, in welcher solche Entscheidungen zu treffen sind. Dies wird am Beispiel der Standortwahl von BMW deutlich: Als sich BMW 1979 entschloss, ein sechstes Werk aufzubauen, dauerte es immerhin noch bis Ende 1982, bis sich der Aufsichtsrat für den Standort Regensburg entschied. Im Falle des Werks für die neue untere Mittelklasse (BMW 1er und 3er) verlief das Standortwahlverfahren wesentlich schneller: So verging von der Mitteilung, dass BMW ein neues Werk bauen wird, bis zur Bekanntgabe der Entscheidung zugunsten von Leipzig gerade einmal ein Jahr (Juli 2000 bis Juli 2001).

Standortmaßnahmen

Die Wahl des richtigen Standorts darf jedoch nicht auf die Suche nach einem neuen Standort reduziert werden. So gibt es neben der Standortgründung weitere Gründe, die Standortmaßnahmen nach sich ziehen (vgl. Abbildung 77):

---

[192] Vgl. *Weber, A.* (1909).

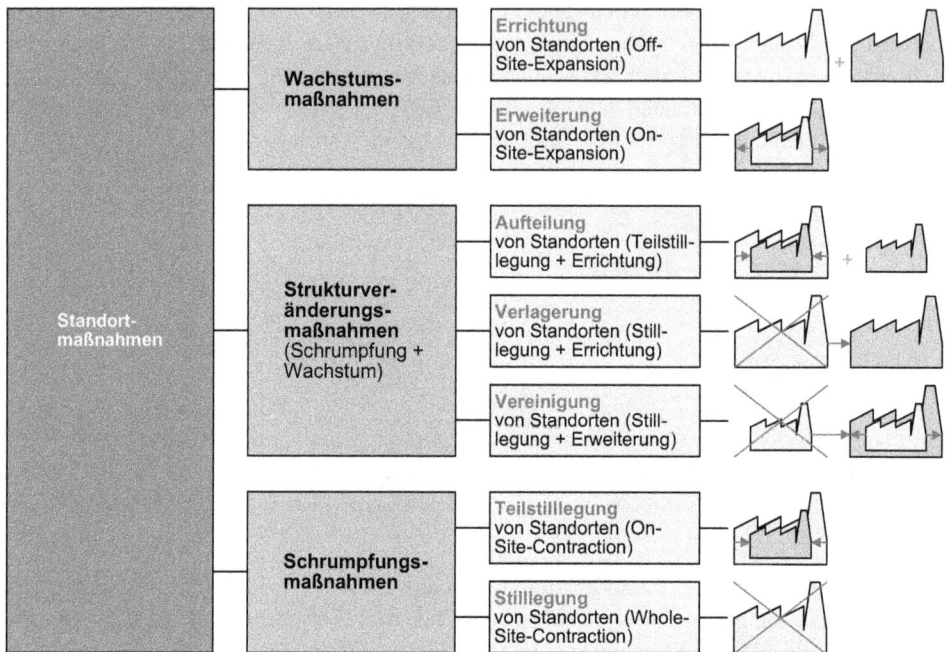

Abbildung 77: Standortmaßnahmen im Überblick[193]

Anhand der Übersicht wird deutlich, dass Standortmaßnahmen nicht nur in der Gründungs-, sondern auch in der Umsatzphase zu treffen sind, und daher mehrfach anstehen.

Praxisbeispiel Nokia: Verlagerung des Produktionsstandorts Bochum

Anfang 2007 verkündete das Topmanagement des finnischen Mobilfunkanbieters Nokia, das Produktionswerk in Bochum aus Kostengründen bis Mitte des Jahres schließen zu wollen. 2000 der 2300 Arbeitsplätze sollten nach Finnland, Rumänien und Ungarn verlagert werden. Die Unternehmensführung gab sich über die Reaktionen weit über die Landesgrenzen von Nordrhein-Westfalen hinaus überrascht. Trotz Boykottaufrufen, der Einschaltung des Ministerpräsidenten *Rüttgers* und der Forderung nach Rückzahlung von 60 Mio. Euro der von Bund und Land knapp 90 Mio. Euro erhaltenen Fördergelder setzte das Unternehmen die Maßnahme um. Durch die Gründung einer Transfergesellschaft (15 Mio. Euro) und die Bezahlung von Abfindungen (185 Mio. Euro) entstanden Nokia Kosten von 200 Mio. Euro zuzüglich der Rückzahlung von 40 Mio. Euro für Förderungen. Fraglich bleibt, ob die 240 Mio. Euro bei der ursprünglichen Standortwahl ausreichend berücksichtigt wurden.

---

[193] Enthalten in: *Bankhofer, U.* (2001), S. 96 und 191.

Verfahren der Standortwahl

Bei der Wahl des richtigen Standorts lassen sich grundsätzlich Verfahren im Hinblick auf das Kriterium „Zeit" (statisch/dynamisch) und „Berücksichtigung von Standortfaktoren" (quantitativ/qualitativ) unterscheiden (vgl. Abbildung 78):

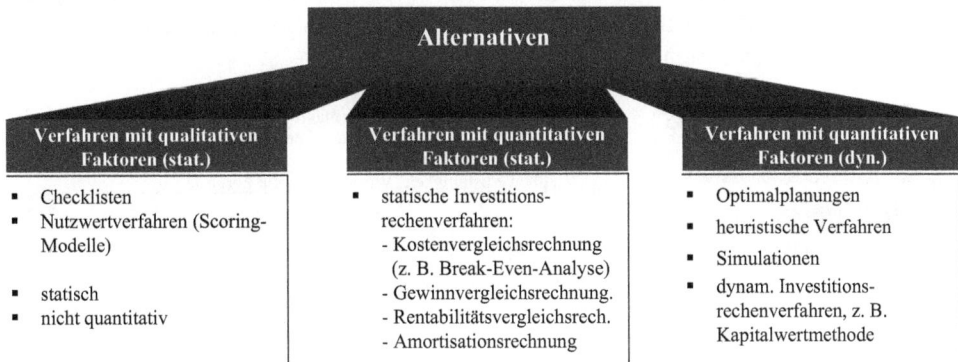

Alternativen		
Verfahren mit qualitativen Faktoren (stat.)	**Verfahren mit quantitativen Faktoren (stat.)**	**Verfahren mit quantitativen Faktoren (dyn.)**
▪ Checklisten ▪ Nutzwertverfahren (Scoring-Modelle) ▪ statisch ▪ nicht quantitativ	▪ statische Investitionsrechenverfahren: - Kostenvergleichsrechnung (z. B. Break-Even-Analyse) - Gewinnvergleichsrechnung. - Rentabilitätsvergleichsrech. - Amortisationsrechnung	▪ Optimalplanungen ▪ heuristische Verfahren ▪ Simulationen ▪ dynam. Investitionsrechenverfahren, z. B. Kapitalwertmethode

Abbildung 78: Ausgewählte Verfahren der Standortwahl

In der praktischen Anwendung kommen hauptsächlich Nutzwertverfahren (siehe Abschnitt 4.4.2) zum Einsatz, da diese universell einsetzbar sind, einfach in der Anwendung und sowohl qualitative („weiche") wie quantitative („harte") Standortfaktoren berücksichtigen. Als nachteilig sind dabei ein gewisser Grad an Subjektivität in der Bewertung sowie der statische Charakter (zeitpunktbezogen) der Betrachtungsweise zu nennen. Gerade bei komplexen, langfristigen Entscheidungen ist es von hoher Bedeutung, bei Entscheidungen Trends bei den Alternativen zu beachten. So spielt bei einer Verlagerung aus Kostengründen nicht nur das derzeitige Lohnniveau eine Rolle, sondern auch die Inflation im Zielland und sich abzeichnende Arbeitskostensteigerungen, z. B. infolge eines EU-Beitritts.

Praxisbeispiel Dacia: Lohnerhöhungen in Rumänien

Im Frühjahr streiken ca. 13.000 Beschäftigte des Automobilherstellers Dacia im rumänischen Stammwerk für höhere Löhne. Ursprünglich wurde über 50 Prozent mehr Arbeitslohn gefordert. Eine Forderung, die das Geschäftsmodell „Low Cost Car" der Renault-Tochter infrage gestellt hätte. Nach Beendigung des Streiks, die laut Analysten den Konzern 50 Mio. Euro gekostet haben könnten, einigte man sich auf Lohnerhöhungen um 35 Prozent, was einer Steigerung von 1.050 Lei (285 Euro) um 360 Lei entsprach. Damit verdienen die Dacia-Mitarbeiter 43 Prozent mehr als der rumänische Durchschnitt, so Renault.

Länderratings

Bei der Beurteilung potenzieller Zielländer für Standortentscheidungen sollte auf verlässliche Informationen zurückgegriffen werden. Grundsätzlich wird dabei zwischen qualitativen[194] und quantitativen Quellen unterschieden. Bei den quantitativen Informationsquellen wird wiederum zwischen objektiven[195] und subjektiven Formen differenziert, wobei sich letztere in ein- und mehrdimensionale[196] ausgliedern. Die folgende Abbildung zeigt einige dieser eindimensionalen Länderratings:

Growth Competitiveness Index (GCI)	• Makropolitische Beurteilung (makroökonomische Rahmenbedingungen, Qualität der staatlichen Institutionen und technologischer Fortschritt) der internationalen Wettbewerbsfähigkeit (World Economic Forum)
Business Competitiveness Index (BCI)	• Mikropolitische Beurteilung (Qualität der Unternehmensführung und die Qualität des mikroökonomischen Umfelds) der internationalen Wettbewerbsfähigkeit (World Economic Forum)
Corruption Perceptions Index (CPI)	• Ausmaß der erfahrenen oder wahrgenommenen Korruption mit Politikern oder Behörden
Index of Economic Freedom	• Geringer Staatseinfluss als Basis für wirtschaftliche Freiheit und wirtschaftlichen Wohlstand
Sovereign Risiks (Bonitätsrisiken)	• Einhaltung von Zahlungsverpflichtungen
Reform-Ranking	• Grad bzgl. Abbau von Handelshemmnissen

Abbildung 79: Ausgewählte Länderratings

Beispiel BERI-Index:

Der bekannteste und meistgenutzte Risiko-Indikator wird von der „Business Environment Risk Intelligence S.A." in Genf erhoben. Das gewerbliche Institut untersucht aktuell die Eigenschaften von 139 Ländern auf Risiken und erstellt eine „Hitliste" der Investmentfreundlichkeit verschiedener Länder. Für 45 Länder und fünf Regionen werden die Indizes dreimal jährlich aktualisiert. Sie sind nicht öffentlich zugänglich, sondern käuflich zu erwerben.

---

[194] Hierzu zählen etwa die Länderberichte der Außenhandelskammern, des F.A.Z.-Instituts oder der Bundesagentur für Außenwirtschaft (bfai).

[195] Zum Beispiel das Statistische Bundesamt.

[196] Zum Beispiel der BERI-Index.

Vorgehensweise: Trichtermodell

Der Prozess der Auswahl des richtigen Standards erweist sich regelmäßig als sehr komplex und aufwändig, vor allem dann, wenn sich – wie im Falle von BMW Leipzig – 250 potenzielle Standorte bewerben. Als roter Faden kann das Trichtermodell dienen. Dabei wird eine Vorgehensweise zur Standortwahl für Unternehmen beschrieben. Das Modell setzt sich aus verschiedenen Entscheidungsebenen zusammen, welche von oben nach unten die Standortanforderungen darlegen, detailliert und priorisiert. Im Rahmen jeder Entscheidungsebene gibt es wiederum unternehmensrelevante Entscheidungskriterien, welche die Anforderungen an die jeweilige Ebene beschreiben. Für jede Ebene sind jedoch unterschiedliche Faktoren zentral, welche in den Ebenen separat analysiert und durch eine Nutzwertanalyse bewertet werden (vgl. Abbildung 80):

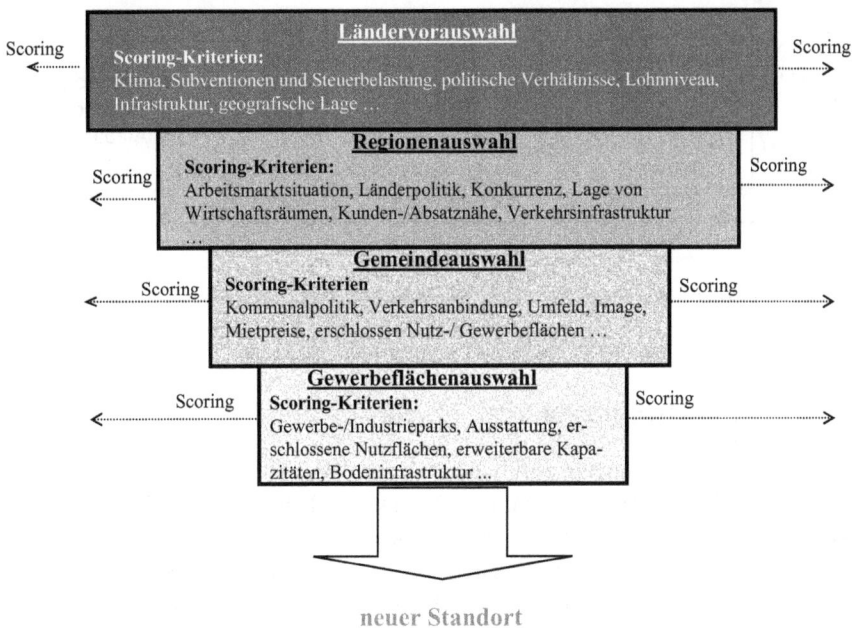

Abbildung 80: Trichtermodell der Standortauswahl

Auf der ersten Ebene geht es um die Länderauswahl. Hier zählen z. B. die Kriterien Politik, Klima, Lohnniveau oder auch geografische Lage. Hat man diese Entscheidung getroffen, gilt es, die jeweilige Region im Land auszuwählen (z. B. Bundesländer). Hierbei werden die regionalen Unterschiede, Wirtschaftsräume, Absatzmärkte, die Infrastruktur und optimale Kundennähe sowie Schnittstellen oder Wettbewerber untersucht, sodass in der dritten Entscheidungsebene eine bestimmte Gemeinde in der Region gewählt werden kann. Besondere Bedeutung auf dieser Ebene besitzen die Aspekte Infrastruktur mit Verkehrsanbindung, Kosten der Nutzflächen sowie die Kooperation mit der Gemeinde (Politik). Danach kommt es zu einer Einzelauswahl der Nutz- und Gewerbeflächen der Gemeinde bis zur Errichtung des neuen Standortes. Aufgrund der schrittweisen konkreten Prioritätensetzung von unternehmensindividuellen Faktoren eignet sich dieses Vorgehen sehr gut für eine Standortauswahl.

Die Abbildung 81 verdeutlicht das Prozedere am Beispiel des Daimler-Werks in Tuscaloosa, Alabama, welches 1997 offiziell eröffnet wurde:

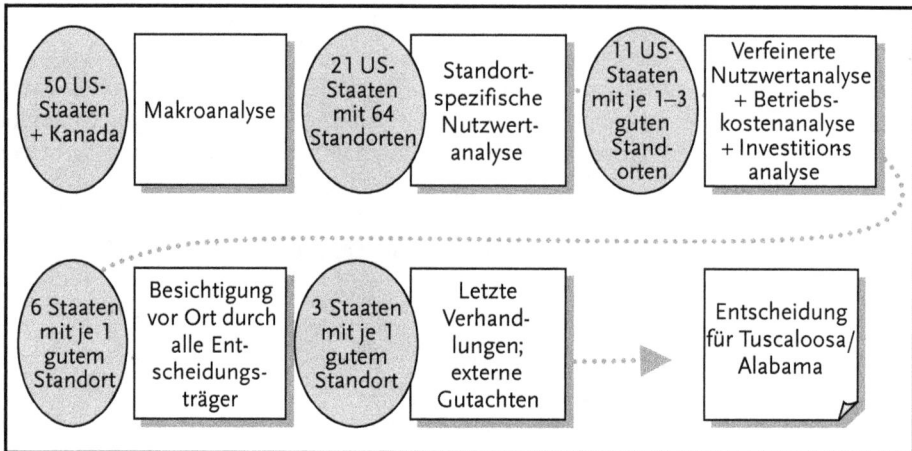

Abbildung 81: Standortauswahlprozess am Beispiel des Daimler-Werks in Tuscaloosa[197]

6.2.2   Anlaufmanagement

Steigende Kundenanforderungen, verbunden mit dem Wunsch nach Individualisierung, auch im B2CB-Geschäft, sinkende Markenloyalität sowie sinkende Kaufkraft im Zuge der Wirtschaftskrise zwingen Industriebetriebe zu Produktinnovationen mit kürzeren Produktlebenszyklen und mehr angebotenen Varianten. Diese Herausforderungen sind jedoch nicht neu, sondern haben sich lediglich in den letzten Jahren verstärkt. Optimierungsmaßnahmen gingen i. d. R. in zwei strategische Stoßrichtungen: Im ersten Fall zielten sie darauf ab, die Forschungs- und Entwicklungszeiten zu verkürzen, um früher am Markt zu sein (time-to-market). Im zweiten Fall setzten sie auf Verbesserungen im laufenden Prozess, um Effizienzvorteile in der Fertigung frühzeitig zu generieren (KVP). Eher vernachlässigt wurde der Übergang von der Produktentwicklung in die Serienproduktion, die Anlaufphase (vgl. Abbildung 82):

---

[197] Enthalten in: *Renschler, A.* (1995), S. 49.

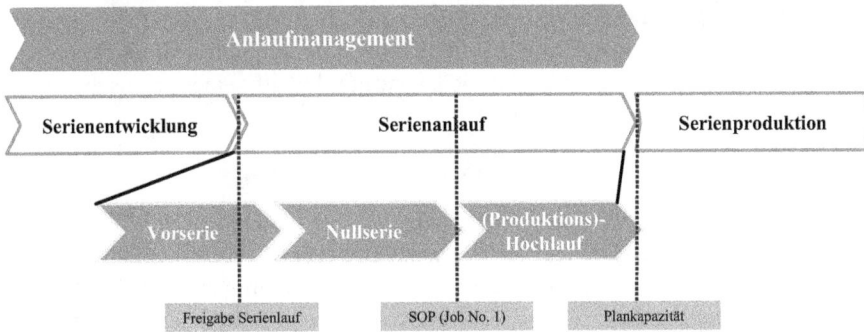

Abbildung 82: Bestandteile der Anlaufphase[198]

Die Abbildung verdeutlicht, dass die Anlaufphase weder nach den SOP (Start of Production) noch mit der Markteinführung endet, sondern erst ab dem Erreichen der Planfertigungskapazitäten. Wegen folgender Spezifika stellt sie sich als besonders kritisch dar:

- zahlreiche und teilweise wechselnde Beteiligte, und zwar intern (Entwicklung, Produktion, Einkauf, Logistik, ...) wie auch im Netzwerk (Teilelieferanten, Entwicklungsdienstleister, verlängerte Werkbänke, Logistikdienstleister, Anlagenlieferanten, ...)
- hoher Termindruck (frühzeitiges Erreichen der „Kammlinie"[199], vgl. auch Abbildung 83)
- teilweise fehlender Reifegrad von Produkt- und Produktionstechnologien („Kinderkrankheiten", vor allem zwischen einzelnen Teilen und Modulen bei komplexen Baugruppen)
- häufige Änderungen bei Bauteilen und Herstellungsverfahren in der Vor- und Nullserie

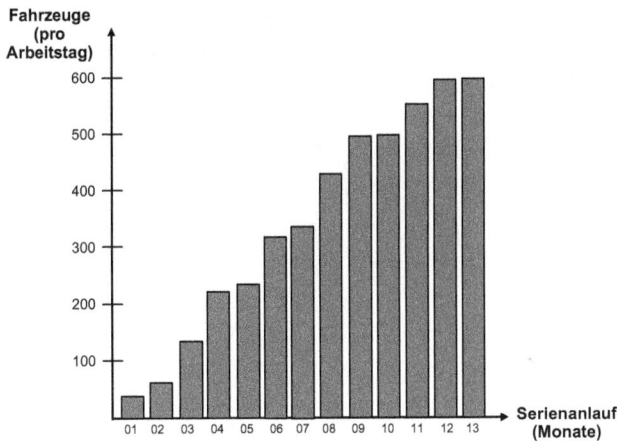

Abbildung 83: Ramp-up-Kurve (Praxisbeispiel Automobilhersteller)

---

[198] In Anlehnung an *Schuh et al.* (2008), S. 2.

[199] Unter „Kammlinie" ist das nachhaltige Erreichen der Normalproduktivität zu verstehen.

Vor diesem Hintergrund verwundert es kaum, dass ein hoher Prozentsatz der Serienanläufe als nicht erfolgreich eingestuft wird. So kommt eine Befragung in der europäischen Automobilzulieferindustrie zu dem Ergebnis, dass jeder zweite Anlauf seine technischen und jeder dritte seine wirtschaftlichen Ziele verfehlt.[200]

Praxisbeispiel Zulieferer: Qualitätsprobleme im Anlauf

Im Serienanlauf eines Nischenmodells mit geplanten 80 Fahrzeugen pro Tag kam es bei einem der drei „American Big Three" (GM, Ford, Chrysler) zu Problemen in einem europäischen Montagewerk. Abgesehen von internen Anlaufproblemen gab es auch in der Just-in-Sequence-Anlieferung Störungen bei einen internationalen Modullieferanten, der kaum in der Lage war, gemäß der Ramp-up-Kurve die gewünschten Varianten zeit- und qualitätsgerecht zu liefern. Das Problem eskalierte trotz Management-attention auf Ebene der europäischen Leitung des Lieferanten, da der Automobilhersteller damit drohte, den Zulieferer, immerhin ein Konzern mit mehreren zehntausend Mitarbeitern, für die nächsten drei Jahren weltweit von sämtlichen Ausschreibungen auszuschließen. Nur mit größten Anstrengungen konnte diese Maßnahme verhindert werden: Fast hätte ein relativ unbedeutender Auftrag dazu geführt, dass der Lieferant mit Millionen-Umsatzeinbußen in den nächsten Jahren hätte rechnen müssen.

Ziele und Elemente eines Anlaufmanagements

Das Anlaufmanagement soll dazu beitragen, über den Faktor Zeit hinaus zwischen den Zielgrößen Kosten und Qualität ein Gleichgewicht herzustellen, das einen reibungslosen Anlauf gewährleistet.[201] Dabei sollen die drei interdependenten Zielgrößen zu einem Optimum vereint werden. Beim Faktor Zeit müssen vor allem Folgekosten durch eine zeitliche Verzögerung berücksichtigt werden. Die Zielgröße Qualität sollte als eine grundlegende Voraussetzung betrachtet werden, da ein Nichterreichen dieser Zielgröße weitreichende Auswirkungen auch auf Kosten und Zeit hat. In Bezug auf die Kosten kann zwischen den Projektkosten, also Kosten die unmittelbar im Zuge des Anlaufs anfallen, und Produktkosten unterschieden werden, zu denen jegliche im Hochlauf der Produktion bzw. in der Serienproduktion anfallenden Kosten zählen, deren Ursprung in der Anlaufphase steckt.

Um das so genannte „magische Dreieck" der drei Erfolgsfaktoren Zeit, Kosten und Qualität miteinander in Einklang zu bringen, sollten die sechs folgenden Elemente des Anlaufmanagements beachtet werden (vgl. Abbildung 84):

---

[200] Vgl. *Fitzek, D.* (2006).

[201] Vgl. *Bischoff, R.* (2007), S. 3.

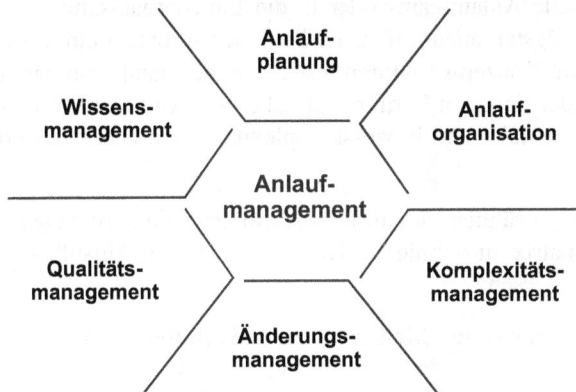

Abbildung 84: Elemente eines erfolgreichen Anlaufmanagements

Element Anlaufplanung:

Gerade in innovativen und wettbewerbsintensiven Branchen stellen Serienanläufe keine Ausnahme, sondern regelmäßig wiederkehrende Sondersituationen dar. Trotz oder gerade wegen der Besonderheiten von Ramp-ups erscheint es sinnvoll, diese strukturiert zu planen, zu kontrollieren und zu steuern, und zwar speziell im Hinblick auf Schnittstellen, Standardprozesse und IT-Unterstützung. Im Rahmen der internen Schnittstellenkoordination soll für die reibungslose Durchführung eines Ablaufs eine eigene Funktionseinheit eingerichtet werden (siehe Element Anlauforganisation). Eine externe Schnittstellenkoordination ist durch eine ganzheitliche Betrachtung der Supply Chain und die frühzeitige Einbindung ihrer Beteiligten zu erreichen, etwa durch eine synchrone Kommunikation der Absatz- und Produktionspläne.

Ein weiteres Instrument zur Optimierung stellt die Standardisierung von Prozessen dar. Dadurch lassen sich nicht nur Schnittstellenprobleme verhindern, sondern auch eine Verkürzung der Durchlaufzeit wird erreicht. In Anlaufmanagement kommt standardisierten Prozessen zudem eine große Bedeutung zu, da dadurch Änderungen schneller durchgeführt werden können. Hilfreich bei der Standardisierung von Geschäftsprozessen sind an dieser Stelle Produktionssysteme, die einen unternehmensweit einheitlichen Rahmen abstecken.

Unverzichtbar im Anlaufmanagement ist zudem die Unterstützung durch ein leistungsfähiges IT-System. Gerade hinsichtlich des kritischen Faktors Zeit sorgt ein Bestellüberwachungssystem dafür, dass kritische Teile pünktlich vorhanden sind. Eine Anlaufdatenbank umfasst über die Bestandsüberwachung hinaus Informationen für Anlaufcontrolling und Lieferantenbewertung.

Element Anlauforganisation:

Die interne Schnittstellenkoordination wird von Anlaufmanagern wahrgenommen, um eine personifizierte Integration von Aufgabe, Kompetenz und Verantwortung zu erreichen. In der Praxis findet die organisatorische Verankerung in drei Formen statt: als temporäre Projektorganisation, als spezielle Anlaufteams oder in die Linienorganisation integriert. Dabei sind Projektteams am häufigsten anzutreffen. Es lässt sich trotzdem ein Trend zu institutionalisierten Anlaufteams in Konzernstrukturen feststellen, die standortübergreifend Serienanläufe betreuen. Die Wahl der richtigen Form hängt dabei u. a. von den Einflussgrößen Häufigkeit von Serienanläufen, Produkt- und Prozesskomplexität sowie Dauer des Produktlebenszyklus ab.

Unabhängig von der gewählten Organisationsform sind die Zuständigkeiten in Form einer Verantwortlichkeitsmatrix zu definieren. Dabei werden dem Anlaufteam üblicherweise folgende Aufgaben zugewiesen:

- Erstellung von Zeitplänen mit Meilensteinen und erforderlichen Ressourcen (Mitarbeiter, Budget)
- Controlling von Produkt- und Prozessqualität, Projektzeitplan und -kosten
- Steuerung und Koordination von Änderungen
- Schulung betroffener Mitarbeiter

Hauptberufliche Anlaufmanager, die solche Anlaufteams leiten, gibt es primär in der Automobilindustrie. In anderen Branchen wird diese Funktion eher von (anlauf-)erfahrenen Mitarbeitern ausgeübt, die über eine ausgeprägte Methoden- und Sozialkompetenz verfügen, unternehmensintern wie -extern akzeptiert sind und temporär als Projektleiter zur Verfügung stehen.

Element Komplexitätsmanagement:

Serienanläufe sind durch eine hohe Komplexität gekennzeichnet. Komplexität liegt in den Dimensionen Produktkomplexität, Prozess- und Organisationskomplexität, Informationskomplexität und externe Komplexitätstreiber vor, die i. d. R. alle bei Anläufen vorkommen. Komplexitätsmanagement umfasst somit das Erfassen und Bewerten, das Vermeiden sowie das Beherrschen und Reduzieren von Komplexität.

Konkrete Maßnahmen des Komplexitätsmanagements greifen vor allem bei der Vermeidung von komplexen Anläufen, also vor allem in der Planungsphase:

- Reduzierung der Anzahl der Beteiligten
- Vermeidung wechselnder Supply-Chain-Partner durch Beibehaltung erfahrener Geschäftspartner
- Schaffung von Transparenz (Wer ist für was verantwortlich? Wie sieht der aktuelle Stand der Planung und Durchführung aus? Sind wir „on track"?)
- Standardisierung von Schnittstellen, z. B. durch eindeutige Verantwortlichkeiten und klare Prozessdokumentationen
- Reduzierung der Anzahl und Varianten neuer Bauteile

Element Änderungsmanagement:

Noch vor dem SOP fließen technische Änderungen in das Endprodukt oder einzelne Bestandteile ein. Bei vielen Änderungsmaßnahmen ist dem Auslöser kaum oder in unzurei-
chendem Maß bekannt, welche Auswirkungen sich auf nachgelagerte Stellen ergeben (z. B.
Lieferanten, Produktionsverfahren etc.). Gerade in westlichen Kulturkreisen ist festzustellen,
dass die Anzahl der Änderungen vor dem SOP stark ansteigt und somit die Komplexität stark
erhöht (vgl. Abbildung 85):

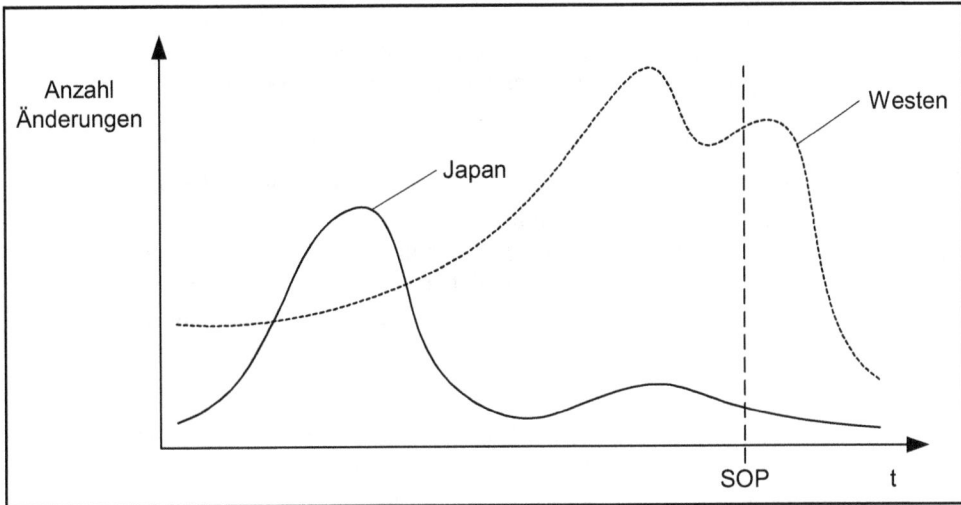

Abbildung 85: Änderungen in Serienentwicklung und -anlauf[202]

Anhand der Abbildung wird deutlich, dass Änderungen sich umso stärker auswirken, je später sie durchgeführt werden. Außerdem erhöhen sie, speziell wenn sie fast mit dem SOP
zusammenfallen, die operative Hektik im Supply-Chain-Netzwerk. Aufgaben des Ände-
rungsmanagements sind demzufolge:

- Bewertung gewünschter Änderungen bzgl. ihrer direkten und indirekten Auswirkungen
  intern wie extern
- frühzeitiges Erkennung und Umsetzung erforderlicher Änderungen
- Standardisierung von Änderungsprozessen
- frühzeitige und gezielte Information der von der Änderung betroffenen Stellen
- (vereinheitlichte) Dokumentation von Änderungsständen

---

[202] Enthalten in: *Bischoff, R.* (2007), S. 23.

Element Qualitätsmanagement:

Für das Qualitätsmanagement gelten die Konzepte und Methoden, die auch allgemein der Verbesserung der Produkt- und Prozessqualität dienen, etwa FMEA, Zertifikate, mit Lieferanten gemeinsame Produkt- und Prozessentwicklungen oder KVP. Typisch für die Anlaufphase ist indes die Kapazitätsmessung Run@Rate. Sie basiert i. d. R. auf einer vertraglichen Vereinbarung zwischen dem Lieferanten und dem Kunden und wird bei Meilensteinplänen entsprechend hinterlegt. Trotz unterschiedlicher Ausprägungsformen geht es darum, dass der Lieferant dem Kunden unter Realbindungen nachweist, dass er in der Lage ist, über einen repräsentativen Zeitraum (üblicherweise eine Tagesproduktion) die geforderten Stückzahlen in der gewünschten Menge und Qualität zu fertigen. Run@Rate soll den Vertragspartnern dabei helfen, Risiken im Anlauf frühzeitig zu erkennen und abzustellen.

Element Wissensmanagement:

„Wenn Siemens wüsste, was Siemens weiß" – dieser bekannte Spruch des Wissensmanagement gilt naturgemäß auch für das Anlaufmanagement. Da nur wenige Unternehmen über spezialisierte Anlaufmanager verfügen, ist es daher immanent wichtig, das erworbene Wissen zu explizieren, d. h. über den direkt Beteiligten weiteren Personenkreisen im Unternehmen zur Verfügung zu stellen. Diese Informationen beziehen sich nicht nur darauf, wer an welchen Anläufen beteiligt war, sondern auch, worin Erfolgs-/Miss-erfolgsfaktoren lagen oder welche eingesetzten Methoden sich in der Praxis als hilfreich erwiesen.

Generell liegt auch hier das Grundproblem weniger in der effektiven und effizienten Ablage von Informationen in entsprechenden Software-Lösungen, sondern eher darin, Anreize zu geben, Wissen Dritten zur Verfügung zu stellen, gerade bei solch zeitkritischen Projekten wie Serienanläufen, wo viele Entscheidungen teilweise spontan zu treffen sind.

6.2.3   Bestandsmanagement

Der Begriff Bestand hebt auf die vorhandene Menge an finanziellen Mitteln und Gütern ab. In diesem Kapitel stehen jedoch materielle Güter im Vordergrund, die sich wiederum in Bestände für Roh-, Hilfs- und Betriebsstoffe, für unfertige Erzeugnisse, Fertigerzeugnisse und Handelswaren unterscheiden. Hier spricht man auch vom Vorrat oder der Reserve, also der Aufbewahrung für eine spätere Verwendung. Bestände kommen an vielen Stellen im Materialfluss vor, insbesondere in Lagern.

Die Bedeutung von Beständen ist in der betriebswirtschaftlichen Praxis ambivalent: In der traditionellen Sichtweise werden Bestände dahingehend positiv betrachtet, dass sie als notwendige Puffer (z. B. in der Fertigung) eine unterbrechungsfreie Supply Chain und rüstkostenoptimale Produktion gewährleisten. Demgegenüber stehen moderne Sichtweisen, welche die Bestände als Ausdruck von Prozessschwächen und den Kostenfaktor im Hinblick auf die Kostenarten „Kapitalbindungskosten" und „Lagerkosten" betrachten. Hier besteht der Ansatz im Sinne einer Just-in-Time-Beschaffung und -Fertigung darin, möglichst ganz auf Bestände zu verzichten, da sie Schwachstellen verdecken (vgl. Abbildung 86):

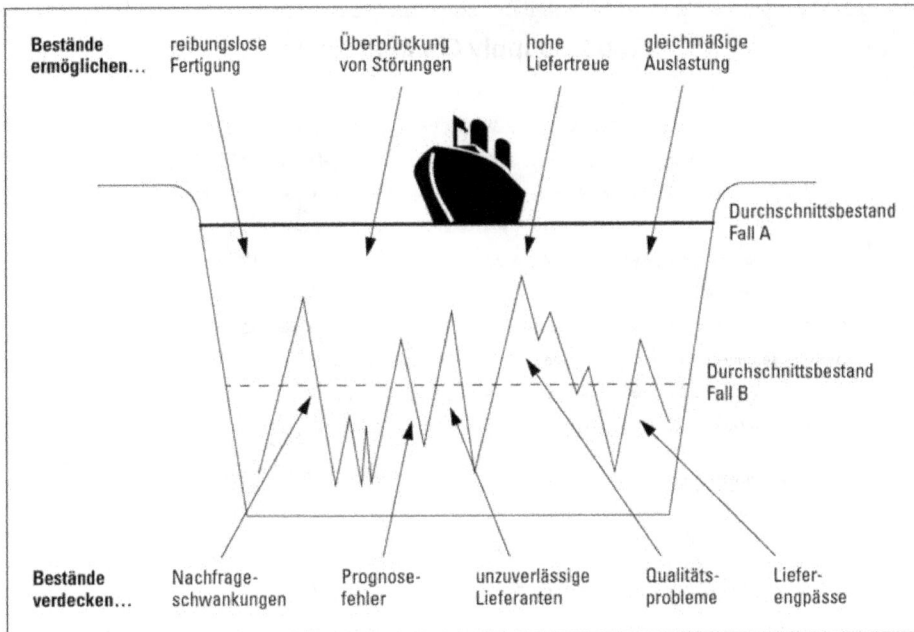

Abbildung 86: Bestände verdecken Fehler[203]

Bestände als Kostenverursacher

Nicht erst seit der aktuellen Wirtschafts- und Finanzkrise, sondern bereits im Toyota-Produktionssystem werden Bestände kritisch bewertet und als „muda" (Verschwendung) bezeichnet (siehe Kapitel 6.2.4). Eine aktuelle Studie der Beratung Capgemini stuft Bestandsoptimierung gar als wichtigstes Supply-Chain-Projekt ein:

---

[203] Enthalten in: *Christopher, M.* (1998), S. 135.

Top 10 Supply Chain Projects

Projekt	Prozent
1. Inventory Optimization	48%
2. Supply chain strategy project	45%
3. Improve long term forecasting /planning	44%
4. Network redesign	41%
5. Improve supply chain visibility	39%
6. Sales and Operation Planning	36%
7. Contract renewal strategic logistic partner(s)	35%
8. Warehouse centralisation or decentralisation	31%
9. Sustainability program	30%
10. Outsourcing of logistic services	29%

(Multiple answers per participant allowed)

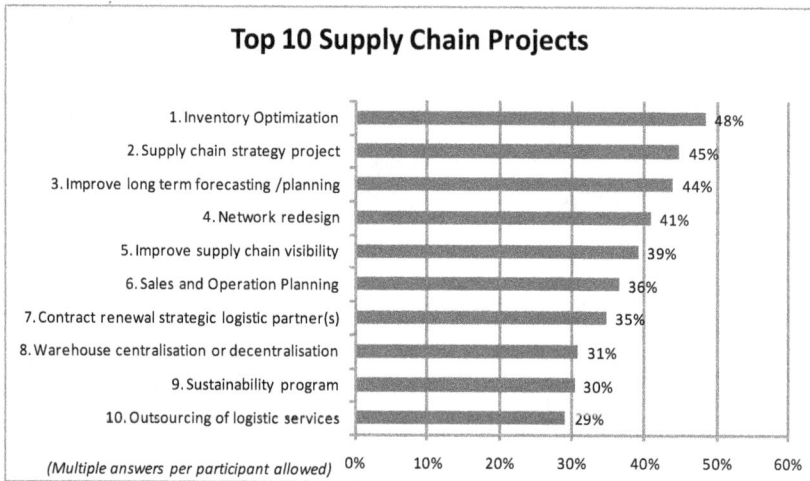

Abbildung 87: Bestandsoptimierung als Topthema für Supply-Chain-Projekte[204]

Branchenübergreifend stellen Bestände einen wesentlichen Faktor für Industrieunternehmen dar. Laut Deutscher Bundesbank betrugen im Jahr 2003 die Vorräte[205] im Verhältnis zur Bilanzsumme 20 Prozent und in Bezug zu den Jahresumsätzen ca. zwölf Prozent.[206] Dabei ist jedoch zu beachten, dass große Branchendifferenzen existierten: So lagen etwa die Quoten im Maschinenbau fast doppelt so hoch wie in der chemischen Industrie.

Durch die vieldeutigen Interpretationsmöglichkeiten einzelner Kennzahlen und ihre unterschiedlichen Aussagefähigkeiten können zusätzlich Kennzahlensysteme herangezogen werden. Der Interpretationsspielraum wird dadurch begrenzt und Abhängigkeitsbeziehungen zwischen einzelnen Kennzahlen lassen sich bereits im System aufzeigen. Kennzahlensysteme sind heutzutage zur Planung, Steuerung und Kontrolle in jedem Unternehmen verankert. Das im Jahr 1919 vom Chemiekonzern DuPont entwickelte und auch danach benannte Kennzahlensystem betrachtet nicht die absolute Größe Gewinn, sondern die relative Größe Gesamtkapitalrentabilität, die gleichzeitig die Spitzenkennzahl des Systems darstellt.

Welche Bedeutung Bestände für den Unternehmenserfolg haben, soll am Beispiel der Berechnung des Return-on-Investment (ROI) verdeutlicht werden (vgl. Abbildung 88):

---

[204] Enthalten in: Capgemini (2009), S. 3.

[205] „Vorräte" setzen sich zusammen aus Roh-, Hilfs- und Betriebsstoffen, unfertigen Erzeugnissen und Leistungen, fertigen Erzeugnissen und Leistungen sowie geleisteten Anzahlungen.

[206] Vgl. Deutsche Bundesbank (2006).

Return on Investment (ROI in %) 8,0

Umsatz-Rendite (%) 5,0

Kapital-Umschlag 1,6

Gewinn vor Steuern 550

Umsatz gesamt 11.000

Umsatz gesamt 11.000

Bilanz-summe 6.075

Gesamt-kosten 10.450

Anlage-vermögen 2.000

Umlauf-vermögen 4.075

Materialkosten 5.500

Personalkosten 4.450

sonstige Kosten 500

vorhandene Vorräte 3.300

übriges Um-laufvermögen 1.575

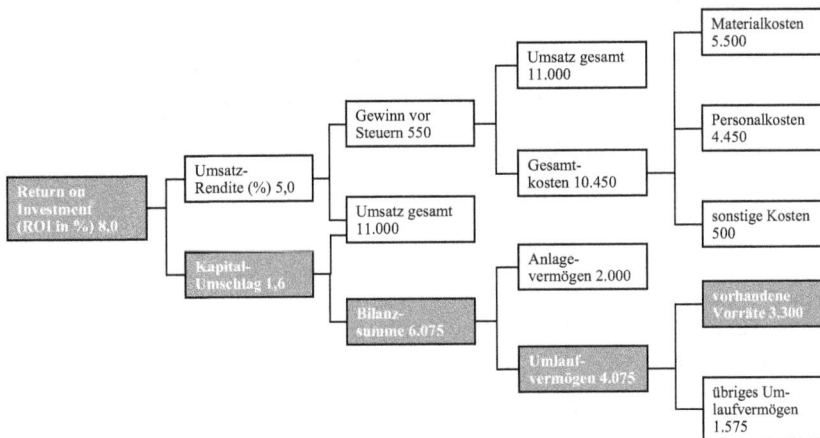

Abbildung 88: Auswirkungen des Bestands auf den ROI

Aus der Darstellung wird deutlich, dass eine Bestandswertreduzierung von 20 Prozent (von 3300 auf 2640) zu einer Verbesserung des ROI von 8 auf 8,85 Prozent führen würde. Möchte man aus Topmanagement-Sicht dasselbe Ergebnis der ROI-Verbesserung über eine Umsatzsteigerung erzielen, wäre ein Umsatzwachstum von 10,6 Prozent erforderlich[207] – in gesättigten Industriebranchen bleibt das ein eher theoretisches Ziel.

Aufgaben des Bestandsmanagements

Für den zeitlichen und mengenmäßigen Ausgleich zwischen Input- und Outputströmen sind Bestände als Puffer zu verstehen. Sie entstehen an verschiedenen Stellen im Unternehmen und weisen damit auch unterschiedliche Ziele auf.[208] Der größte gemeinsame Nenner in Bezug auf alle Bestände besteht in der reibungslosen Materialversorgung (sowohl intern als auch extern) zur Vermeidung von Fehlmengenkosten. Als weitere wichtige Ziele des Bestandmanagements kommt die Bestandssenkung und damit die Minimierung der Bestandskosten hinzu. Diese beiden Ansprüche stehen zueinander im Gegensatz. Fehlmengen werden vermieden, indem man genug Vorrat hat. Das widerspricht aber dem zweiten Ziel, Bestände zu senken, um Kosten einzusparen. Daher setzt ein erfolgreiches Bestandsmanagement eine prozessorientierte Sichtweise und ein modernes Logistikverständnis voraus. Dem Bestandsmanagement kommt somit eine Querschnittsfunktion zu. Hohe Bestände kaschieren zudem häufig Probleme in einzelnen Prozessabläufen. Wird der Bestand in Folge von Bestandoptimierungsprogrammen gesenkt, treten diese Probleme ans Licht. Hieraus lässt sich das dritte Ziel ableiten: die Prozessverbesserung.

---

[207] Unter Annahme einer unveränderten Umsatzrentabilität von 6 Prozent.

[208] Vgl. *Stölzle, W./Heusler, K./Karrer, M.* (2004), S. 30.

Instrumente zur Reduzierung

Als Querschnittsthema bieten sich sehr verschiedene Instrumente zur Reduzierung von Bestandswerten an. Die einzelnen Ansatzpunkte sind damit ebenso vielschichtig wie die Ursachen für (zu) hohe Bestände. Als Systematisierungsansatz soll hier auf die logistische Kette im Industriebetrieb zurückgegriffen werden:

Beschaffung

- Erhöhung der Anlieferfrequenz (Milkruns, JIS, JIT, …)
- Konsignationslager und VMI
- Zentralisierung der (Beschaffungs-)Lagerstandorte
- bedarfs- statt verbrauchsorientierte Materialdisposition
- Beschaffungsstrategie

Produktion

- Pull- statt Push-Prinzip in der Fertigungssteuerung, z. B. Kanban
- Fließ- statt Werkstattfertigung (Fertigungsorganisation)
- Kundenauftragsbezogene (make-to-order) statt kundenauftragsanonyme (make-to-stock) Fertigung

Distribution

- Kunden-Kanban
- Zentralisierung von (Distributions-)Lagern (horizontale Distributionsstruktur)
- Reduzierung Anzahl logistischer Stufen (vertikale Distributionsstruktur)

Übergreifende Instrumente

- Zuordnung von Beständen (fachliche Bestandsverantwortlichkeiten)
- Bestandsreduzierung als Abteilungsziel, Teil einer BSC
- Bestandsreduzierung als Ziel in einer persönlichen Zielvereinbarung
- Physischer Abbau von Alt-Beständen (z. B. durch Verschrottung oder Aktionsverkauf)

Die Übersicht verdeutlicht nicht nur, dass ein breites Spektrum an Ansatzpunkten existiert, sie zeigt vielmehr auch, dass sie zwar einzelnen Funktionsbereichen zugerechnet werden können, die Wirkung aber i. d. R. übergreifend ist. So kann etwa eine Umstellung der Produktion auf Fließfertigung dazu führen, dass auch Lieferanten auf der Beschaffungsseite anders als bislang anzubinden sind. Somit reicht in diesem Fall die Wirkung auf die Bestände über die Halbfertigware hinaus bis hin zu Rohstoffen und Komponenten, die von extern bezogen werden.

Praxisbeispiel: Kanban-Einführung bei Heraeus Kulzer

In der Division Dentistry (Dental-Systemanbieter) führte Heraeus Kulzer mit Unterstützung der Unternehmensberatung Emporias durchgängig Kanban ein, und zwar retrograd vom Kunden her kommend von den Landesgesellschaften über das Warenverteilzentrum bis hin zu den einzelnen Produktionsstandorten in Deutschland, abschließend auch an der Schnittstelle zu zahlreichen Lieferanten. Anstelle des klassischen Karten-Kanbans setzt Heraeus Kulzer auf einen „elektronischen Kanban", mit dem das Unternehmen nach eigenen Angaben die Bestände stark reduzieren konnte.

Die Reduzierung von Beständen ist – gerade in Rezessionszeiten – ein typisches Beratungsthema, insbesondere für Prozess-, Organisations- und IT-Beratungen.

Tipps und Tricks für Berater

1. Bestände sind vielfach Ergebnisse problembehafteter Prozesse, nicht die Ursachen dafür. Aufgabe des Beraters muss es daher sein, die Ursachen für hohe Bestände zu beheben, da Bestände an sich lediglich Symptome darstellen.

2. Bestände ziehen sich vielfach wie ein roter Faden durch einen Industriebetrieb. Als Querschnittsthema ist es daher unerlässlich, Projekte fachbereichsübergreifend zu besetzen, schließlich sind Bestände kein „reines" Einkaufs- oder Logistikthema.

3. Für hohe Bestände gibt es vielfach nicht nur eine Ursache. Als Analyseinstrument zur Systematisierung von Ursache-Wirkungsbeziehungen empfiehlt sich das Ishikawa-Diagramm.

4. Teil eines Bestandsoptimierungsprojekts muss nicht nur die Bestandssenkung, sondern kann teilweise auch ein bewusster Bestandsaufbau sein, etwa bei Produkten, bei denen es immer wieder zu Versorgungsengpässen kommt (Beschaffungs- oder Verkaufsgüter).

5. Bei der Analyse von Beständen sollte von Anfang an eine Trennung in Verkaufsartikel für die Erstausstattung und für die Ersatzausstattung (After Sales/Ersatzteilmanagement) vorgenommen werden. Ausgangssituation, typische Lagerreichweiten und Zielgruppen weichen in den beiden Fällen üblicherweise stark voneinander ab.

6. Um Befürchtungen auf Seiten der Kunden-Projektteammitglieder entgegenzutreten, dass weniger Bestände etwa zu Versorgungsengpässen führen könnten, sollten Maßnahmen der Bestandssenkung pilothaft eingeführt werden.

7. Bei der Senkung von Beständen sollte nach folgender Priorität vorgegangen werden: Prio a) Reduzierung interner Bestände, Prio b) Reduzierung von Beständen auf der Beschaffungsseite, Prio c) Reduzierung von Beständen auf der Kundenseite. Hierdurch werden zwar die Bestände, die den höchsten Einzelwert haben, zuletzt gesenkt, zugleich aber sichergestellt, dass negative Auswirkungen auf den Lieferservicegrad gegenüber Kunden (durch interne Lerneffekte) weitgehend vermieden werden können.

> 8. Das Ziel „Bestandskostensenkung" kann u. U. im Konflikt zu einer Transportkostensenkung stehen, da geringere Bestände an den Schnittstellen zum Lieferanten oder zum Kunden oft eine Erhöhung der Anlieferfrequenz und damit tendenziell höhere Frachtkosten verursachen (Ausnahme: Milkruns).

6.2.4   Lean Production und Toyota-Produktionssystem:

„Es gibt keine Maschine oder keinen Prozess, der nicht verbessert werden kann."[209]

In den 1980er Jahren traten die Wettbewerbsvorteile japanischer Automobilhersteller im Vergleich zur europäischen und nordamerikanischen Konkurrenz immer stärker zu Tage. Im Rahmen einer MIT-Studie wurden japanische Werke in Japan, japanische Werke in Nordamerika, amerikanische Werke und europäische Werke bzgl. der Produktivität, Qualität und Mitarbeiter miteinander verglichen.[210] Aus den Daten ließen sich vor allem zwei Erkenntnisse ableiten: Erstens stellte sich heraus, dass japanische Werke besonders effektiv und effizient waren, zweitens zeigten die Ergebnisse japanischer Hersteller in Nordamerika, dass sich japanische Ergebnisse durchaus auch in Montagewerken außerhalb Japans erreichen lassen. Im Rahmen dieser Studie wurde auch der Begriff „Lean Production" geprägt, ohne ihn jedoch zu definieren.

Hintergrund

Die Philosophie hinter dem System wurde allerdings viel früher in Japan unter dem Namen Toyota Production System (TPS)[211] von *Taiichi Ohno* begründet, der Ende der 1940er Jahre als Produktionsleiter im Stammwerk arbeitete. Zu dieser Zeit steckte das Unternehmen in einer Krise: Die amerikanische Konkurrenz war dominierend, die inländische Nachfrage in Japan zu gering und für eine effiziente Massenproduktion fehlten die Stückzahlen. Da die finanziellen Mittel beschränkt waren, 15 Prozent der Mitarbeiter entlassen wurden, den verbleibenden 85 Prozent jedoch lebenslange Arbeitsplatzgarantien gegeben wurden, fehlten die Investitionen für eine zweite Pressenstraße. Auf der Suche nach anderen Lösungswegen besichtigten *Ohno* und der spätere Toyota-Präsident *Elji Toyoda* amerikanische Werke im Jahr 1956. Dort stellten sie fest, dass das tayloristische Prinzip der Arbeitsteilung für amerikanische Massen- geeignet, jedoch für japanische variantenreiche Serienproduktion nur wenig geeignet erschien. Außerdem entstand zu diesem Zeitpunkt auch der Kanban-Gedanke, indem sie die Materialversorgung in amerikanischen Supermärkten auf die Steuerung in der Automobilfertigung übertrugen. Das TPS ist weltweit nicht nur das bekannteste Produktionssystem, sondern wird inzwischen faktisch als Synonym für Lean Production verwendet.

---

[209] *Sakichi Toyoda*, Gründer der Toyota Motor Corporation, 1902.

[210] Vgl. *Womack, J./Jones, D./Roos, D.* (1992).

[211] Vgl. *Ohno, T.* (1993).

14 Managementprinzipien

Das TPS zielt auf der einen Seite in Richtung „Operational Excellence", indem engagierte Mitarbeiter und schlanke Prozesse zu höchster Produktqualität und Kundenzufriedenheit führen, auf der anderen soll es helfen, jede Art von Verschwendung zu vermeiden. Unter Verschwendung ist jede Ressourcen verbrauchende Aktivität zu verstehen, die ohne Mehrwert für den Kunden erfolgt. Es lassen sich dabei sieben Arten der Verschwendung identifizieren, wobei „Bestand" als größtes Problem betrachtet wird, da es i. d. R. die sechs anderen Arten der Verschwendung zur Folge hat (vgl. Abbildung 89):

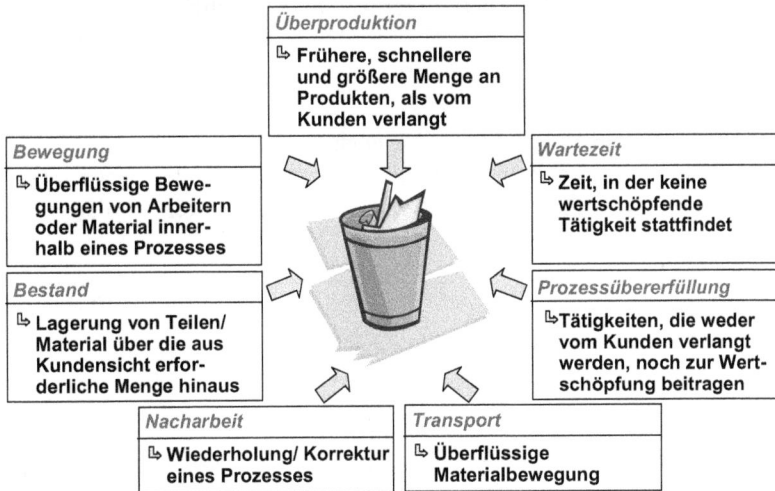

Abbildung 89: Sieben Arten der Verschwendung[212]

TPS setzt sich aus mehreren Bausteinen zusammen, die individuell im Unternehmen baukastenartig eingesetzt werden können. Die Philosophie dahinter wird anhand von 14 Managementprinzipien formuliert:

- Prinzip 1: Managemententscheidungen müssen den langfristigen Philosophien dienen, selbst wenn das kurzfristige Gewinnziele beeinflusst
- Prinzip 2: Schaffung von kontinuierlich fließenden Prozessen, um Probleme in den Prozessen ans Licht zu bringen
- Prinzip 3: Verwendung des Pull-Systems, um Überproduktion zu vermeiden
- Prinzip 4: Ausgleichen der Produktionsauslastung (Heijunka)
- Prinzip 5: Entwicklung einer Kultur, die auf Qualität statt Nachbesserung setzt
- Prinzip 6: standardisierte Arbeitsschritte als Grundlage für kontinuierliche Verbesserung
- Prinzip 7: Benutzung von visuellen Kontrollen, um Probleme aufzuzeigen

---

[212] Enthalten in: *Töpfer, A.* (2009), S. 28.

- Prinzip 8: Anwendung von zuverlässiger, getesteter Technologie, die sowohl Menschen als auch Prozessen dient
- Prinzip 9: Entwicklung von Führungskräften, die alle Arbeitsabläufe kennen, die Firmenphilosophie vorleben und den Nachwuchs fördern
- Prinzip 10: Entwickelung von außergewöhnlichen Mitarbeitern und Teams, die der Philosophie des Unternehmens treu sind
- Prinzip 11: Respekt vor Geschäftspartnern und Zulieferern
- Prinzip 12: Mitarbeiter, die sich ein eigenes Bild von der Situation machen müssen
- Prinzip 13: Entscheidungen sorgfältig treffen und schnell umsetzen
- Prinzip 14: unermüdliche Reflexion (Hanzei) und kontinuierliche Verbesserung (Kaizen)

Elemente des TPS

Während die Managementprinzipien teilweise noch recht abstrakt formuliert sind, soll das TPS-Haus einen Gesamtüberblick einschließlich konkreter Methoden geben, wobei die einzelnen Elemente vielfach nicht isoliert voneinander betrachtet werden können (vgl. Abbildung 90):

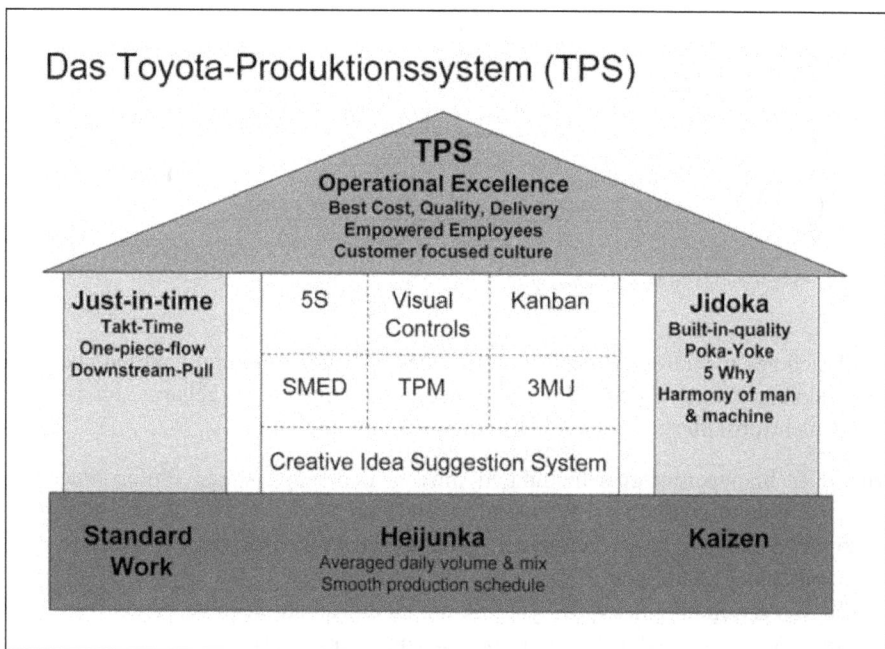

Abbildung 90: TPS-Haus[213]

---

[213] Enthalten in: *Kämpf, R.* (2008), S. 24.

Zu den einzelnen Elementen soll an dieser Stelle kurz Bezug genommen werden:

Just-in-Time: termin- und bedarfsgerechte Bereitstellung von Material zum Zwecke der Vermeidung unnötiger Bestände

5S: Die „5S" stehen für die Schritte seiri (Aussortieren), seiton (Aufräumen), seiso (Sauberkeit an Maschine und Arbeitsplatz), seiketsu (kontinuierlicher Ordnungssinn im Sinne von Standards) sowie shitsuke (Selbstdiszipliniziplin). Sie sind so oft im eigenen Arbeitsumfeld (Büro, Werkstatt) zu wiederholen, bis ein geordneter Zustand erreicht wird.

Visual Controls: Selbststeuerung der Mitarbeiter durch eindeutige Markierungen und den öffentlichen Aushang von Leistungskennzahlen oder Arbeitsplatzbeschreibungen

Kanban: verbrauchsgerechte Kunden-Lieferanten-Beziehung, wobei der (interne oder externe) Kunde die Nachproduktion der vorgelagerten Stelle steuert, z. B. mit Hilfe von Karten (jap. Kanban)

SMED (Single Minute Exchange Dies): Reduzierung von geplanten und ungeplanten Rüstzeiten zur Anlageneffizienzsteigerung

TPM (Total Productive Maintenance): Durch TPM sollen Produktion und Instandhaltung stärker zusammenarbeiten. Dabei steht die vorbeugende Instandhaltung der Maschinen, Anlagen und Hilfsmittel im Vordergrund, die – soweit möglich und sinnvoll – durch die Werker selbst durchgeführt werden soll.

3MU: Vermeidung der 3 MU (muda = Verschwendung, muri = Überlastung, mura = Abweichung) in Produktionsprozessen bei Mensch und Maschine

Creative Idea Suggestion System: Von den Mitarbeitern aller Hierarchieebenen wird erwartet, dass sie selbstständig Prozessverbesserungsideen einbringen, die sehr zeitnah und teilweise unbürokratisch umgesetzt werden.

Jidoka (Autonomation): Überwachung des Produktionsprozesses durch die Maschine anstelle des Menschen sowie fallweises Anhalten bei Produktionsstörungen oder Erreichen der Soll-Mengen

Kaizen: permanentes Verbessern im Unternehmen in kleinen Schritten durch Nutzung des Ideenpotenzials der Mitarbeiter aller Hierarchieebenen

Heijunka: gleichmäßige Auslastung von Produktionslinien, Arbeitsplätzen und beim Auftrags- und Produkt-Mix, um Prozesse zu beruhigen, zu stabilisieren und effizienter zu gestalten

Standard Work: Einrichtung einheitlicher Prozesse und Standardarbeitsplätze, um (fehlerträchtige) Abweichungen zu vermeiden

---

Praxisbeispiel: „SYNCHRO" bei Trumpf

Der schwäbische Werkzeugmaschinenhersteller Trumpf hat – anfangs unterstützt durch den ehemaligen Toyota-Manager *Takeda* – ein eigenständiges Produktionssystem entwickelt. Im Gegensatz zu vielen anderen Systemen beschränkt es sich nicht auf Fertigungsprozesse (z. B. durch die Umstellung von Standplatz- auf Fließmontage), sondern berücksichtigt mit „Büro SYNCHRO" auch Verwaltungs-, Vertriebs- und Serviceprozesse. Trumpf wurde 2002 „Fabrik des Jahres" und bietet inzwischen sein Know-how als Beratungsleistung auch Dritten an.

Thesenhaftes Fazit

1. Lean Production als Konzept: Lean Production stellt an sich kein neues Konzept dar. Es ist vielmehr die intelligente Verknüpfung bestehender Ansätze zur Prozessoptimierung.
2. Lean Production: Mehr als nur „schlanke Produktion": Lean Production bezieht sich nicht nur auf Produktionsprozesse. Weiterentwicklungen wie „Lean Leadership", „Lean Logistics", „Lean Management" etc. weisen darauf hin, dass die Ansätze grundsätzlich auf sämtliche Unternehmensprozesse übertragbar sind.
3. Lean Production als Philosophie: Lean Production darf nicht als einmaliges Projekt verstanden werden. Wichtig ist die permanente Weiterentwicklung im Sinne von Kaizen und KVP.
4. Lean Production und aktuelle Automobilkrise: Die aktuelle Finanz- und Automobilkrise trifft Toyota wie seine Wettbewerber.[214] Als ein eher unternehmensinternes und auf Lieferanten ausgerichtetes Konzept schützt Lean Production nicht automatisch vor Absatzkrisen.

Tipps und Tricks für Berater

1. Um bei Lean-Production-Programmen auf einer breiten Basis aufzubauen, empfehlen sich entsprechende Kurzschulungen (Philosophie, Methoden, Beispiele) der betroffenen Mitarbeiter.

2. Werksbesichtigungen bei anderen Unternehmen sollten mit dem Kunden vereinbart und zu Projektbeginn durchgeführt werden, um am „lebenden Objekt" zu lernen. Nicht in allen Fällen lassen sich Erkenntnisse aus der einen Branche, z. B. der Automobilindustrie, eins zu eins auf die Branche des Klienten übertragen.

3. Der Begriff Toyota-Produktionssystem ist im Allgemeinen positiv besetzt. In der Projektarbeit sollte jedoch auf die Verwendung der japanischen Fachbegriffe eher verzichtet werden. Lean-Production-Programme sind eher Prozessberatungs- und weniger Strategieberatungsthemen, auch wenn grundlegende Änderungen damit einhergehen.

---

[214] Die Nummer 1 der Automobilhersteller wies für das Ende März 2009 endende Geschäftsjahr 2008/09 (erstmalig seit über 70 Jahren) einen operativen Verlust in Höhe von 3,5 Mrd. Euro und Umsatzrückgänge von 20 Prozent aus.

4. Der Erfolg gibt dem Berater Recht: Zu Projektbeginn sollten solche Piloten gewählt werden, in denen schnell positive Verbesserungen erreicht werden können. Ein Großteil der Projektarbeit findet im Shopfloor statt.

5. Planung eines schrittweisen Übergangs: Lean Production ist eine Produktionsphilosophie, die nicht wie ein Projekt zeitlich befristet ist. Zum Ende der externen Beratung hin sind organisatorische Strukturen beim Kunden aufzubauen (z. B. Lean-Stabsstelle), die gewährleisten, dass das Gedankengut und die Aktivitäten auch nach dem Ausscheiden des Consultants fortbestehen.

6.3 Fallstudie Prozessoptimierung indirekter Fertigungsbereiche

Die vorliegende Fallstudie basiert auf einem Beratungsprojekt, dessen Ziel die grundlegende Neugestaltung der Supply Chain (vom Lieferanten bis zum Kunden des Klienten) im Sinne einer nachhaltigen Kostensenkung darstellte. Die Produktionsprozesse wurden dort als Black Box betrachtet, von den vier definierten Teilprojekten soll im vorliegenden Kapitel aus Gründen des Projektumfangs ausschließlich auf das Thema „Optimierung der Zulaufsteuerung" eingegangen werden. Die „Fragen aus Beratersicht" dienen dem Leser, sich in die Rolle des Consulting-Projektleiters zu versetzen und sich im Vorfeld eigenständig mit möglichen Antworten auseinanderzusetzen.

6.3.1 Aufgabenstellung und Ausgangssituation

Die zweite Fallstudie bezieht sich auf ein Tochterunternehmen eines deutschen Maschinenbauers. Der mittelständisch geprägte Betrieb mit knapp 300 Mitarbeitern agiert als interner Zulieferer für verschiedene Montagestandorte und stand vor der Herausforderung, zukünftig zu marktfähigen Preisen und Services zu liefern. Das Produktprogramm bestand sowohl aus Standardprodukten wie auch kundenindividuellen Produkten, wobei gerade bei den Standardprodukten der Trend zu größeren Produktionsstückzahlen ging und sich in diesem Bereich der Standort vom Projektgeschäft hin zur Serienfertigung entwickelte.

Projektauftrag

Trotz der überschaubaren Unternehmensgröße war der Betrieb durch die bestehenden Konzernstrukturen in der Organisation geprägt. Dies wirkte sich nicht nur negativ auf die Produktionsprozesse, sondern ganz besonders auf die administrativen Strukturen aus, die durch hohe Durchlaufzeiten, zahlreiche Schnittstellen und fehlende Kundenorientierung (als interner Dienstleister) geprägt war.

Vor diesem Hintergrund wurde dem externen Beraterteam folgender Projektauftrag übertragen:

- Neusausrichtung der Geschäftsprozesse mit dem Ziel der Effizienzsteigerung und Durchlaufzeitreduzierung
- Verbesserung der Anbindung an die internen Kunden
- signifikante Verbesserung der Prozess- und logistischen Qualität

Der eher abstrakt formulierte Projektauftrag der Konzernleitung Produktion wurde im Rahmen des Projektauftakts mit zwei konkreten Projektzielen[215] hinterlegt:

- Reduzierung der internen Durchlaufzeiten in der Auftragsabwicklung um 50 Prozent
- Halbierung der Anzahl interner Schnittstellen bei der Auftragsabwicklung von der Anfrage bis zum Versand

Der Untersuchungsbereich „Auftragsabwicklung" umfasste sämtliche indirekten Geschäftsprozesse am Standort, und zwar vom Bestelleingang im System bis zur Auslieferung an das jeweilige Montagewerk (vgl. Abbildung 91):

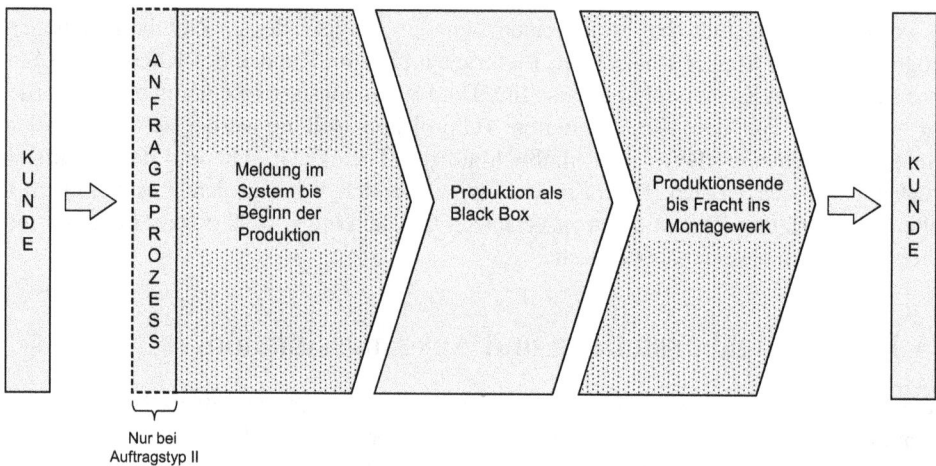

Abbildung 91: Untersuchungsbereich Auftragsabwicklungsprozess

---

[215] Der tatsächliche Projektumfang umfasste nicht nur die indirekten, sondern auch direkten Geschäftsprozesse (Produktion) im Zulieferwerk. Aus Platzgründen beschränkt sich die Vorstellung der Fallstudie auf die indirekten Prozesse der Auftragsabwicklung.

Fragen aus Beratersicht:

Wo beginnt, wo endet ein „Auftragsabwicklungsprozess"?

Welche Daten sind für die Analyse des Auftragsabwicklungsprozesses erforderlich?

Wie lassen sich Aufträge typologisieren, und zwar im Hinblick auf eine möglichst hohe Trennschärfe im administrativen Bereich?

Wie lässt sich das Problem lösen, dass keine Ist-Daten für Prozessbearbeitungs- und -durchlaufzeiten vorliegen?

Ist-Analyse

Im Rahmen der Kick-off-Veranstaltung fand die konstituierende Sitzung des Projektteams statt. Es setzte sich – im Sinne der Querschnittsfunktion Auftragsabwicklung – hierarchie- und funktionsübergreifend aus Mitarbeitern folgender Abteilungen zusammen:

- Materialwirtschaft und Logistik
- Produktionssegmentleiter (als interne Kunden und Lieferanten der Auftragsabwicklung)
- Arbeitsvorbereitung
- Qualitätsmanagement
- Werkleitung

Um den internen Know-how-Transfer zu weiteren Standorten zu gewährleisten, nahmen darüber hinaus zwei Vertreter der internen Consulting-Einheit des Konzerns am Projekt Teil.

Im ersten Schritt wurde eine Checkliste bzgl. des erforderlichen Datenmaterials als Grundlage einer fundierten Ist-Analyse erarbeitet. Sie umfasste im Wesentlichen folgende Analysepunkte:

- Personalaufwand nach Funktionen der Auftragsabwicklung
- vorhandene Qualifikationsprofile
- Anzahl und Struktur der Kundenaufträge, getrennt nach Auftragstypen
- Durchlaufzeiten und Bearbeitungszeiten nach Auftragstypen, nach Kunden und nach Produktionssegmenten
- Termintreue nach Auftragstypen, nach Kunden und nach Produktionssegmenten

Bei der Definition von Auftragsarten wurden vier Typen identifiziert, die sich im Hinblick auf Prozessanfang und -ende, Mengengerüst, beteiligte Stellen im Betrieb und Durch- und Bearbeitungszeiten unterschieden (vgl. Abbildung 92):

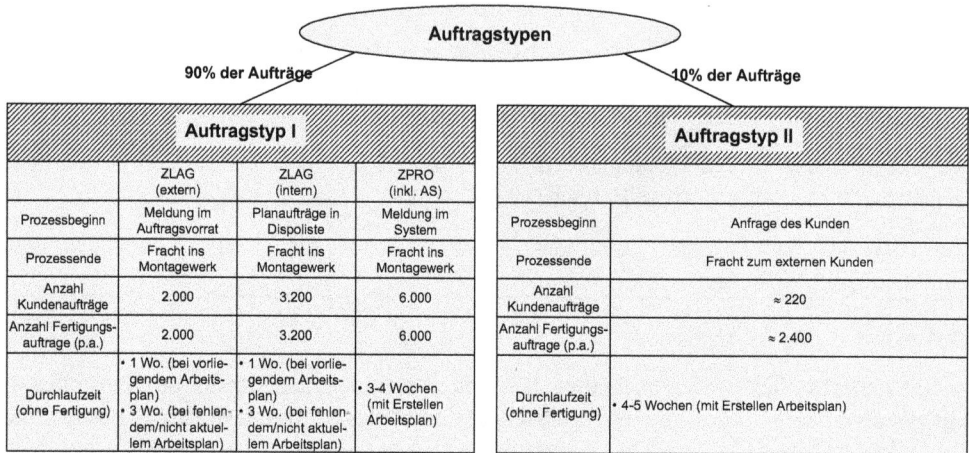

	ZLAG (extern)	ZLAG (intern)	ZPRO (inkl. AS)
Prozessbeginn	Meldung im Auftragsvorrat	Planaufträge in Dispoliste	Meldung im System
Prozessende	Fracht ins Montagewerk	Fracht ins Montagewerk	Fracht ins Montagewerk
Anzahl Kundenaufträge	2.000	3.200	6.000
Anzahl Fertigungsaufträge (p.a.)	2.000	3.200	6.000
Durchlaufzeit (ohne Fertigung)	• 1 Wo. (bei vorliegendem Arbeitsplan) • 3 Wo. (bei fehlendem/nicht aktuellem Arbeitsplan)	• 1 Wo. (bei vorliegendem Arbeitsplan) • 3 Wo. (bei fehlendem/nicht aktuellem Arbeitsplan)	• 3-4 Wochen (mit Erstellen Arbeitsplan)

Prozessbeginn	Anfrage des Kunden
Prozessende	Fracht zum externen Kunden
Anzahl Kundenaufträge	≈ 220
Anzahl Fertigungsaufträge (p.a.)	≈ 2.400
Durchlaufzeit (ohne Fertigung)	• 4-5 Wochen (mit Erstellen Arbeitsplan)

Abbildung 92: Auftragstypen

Für jeden der vier Auftragstypen[216] wurden Prozessanalysen erhoben, und zwar mit Prozessschritten, Beteiligten, Bearbeitungs- und Durchlaufzeiten (vgl. hierzu Abbildung 30). Im Rahmen der Darstellung und Analyse wurde deutlich, dass auftragstypübergreifend ein starkes Missverhältnis zwischen Bearbeitungs- und Durchlaufzeit[217] existierte. So betrug der Anteil der Bearbeitungszeit an der gesamten Prozesszeit – abhängig vom einzelnen Auftragstypen – lediglich zwischen 0,8 und 2,3 Prozent.

Eine Ursache hierfür war die hohe Anzahl beteiligter Stellen im Betrieb (vgl. Abbildung 93):

---

[216] Im Verlauf der Konzeptphase konnten drei der vier Auftragstypen als „Standardauftrag" in Abgrenzung zum Sonderauftrag (der vierte Auftragstyp) zusammengefasst werden.

[217] Die Durchlaufzeit lässt sich als Summe aus Bearbeitungs-, Rüst-, Transport-, Liege- und Kontrollzeit definieren. Je größer die Differenz zwischen Bearbeitungszeit und Durchlaufzeit, desto ineffizienter der betroffene Geschäftsprozess.

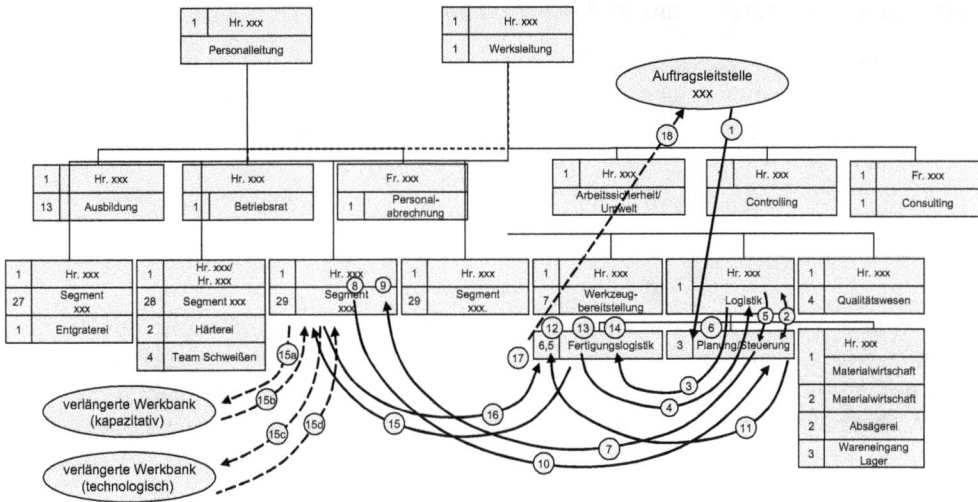

Abbildung 93: Prozessdurchlauf im Organigramm

Die weiteren Erkenntnisse der Ist-Analyse sollen hier thesenhaft formuliert werden:

- stark schwankende Liefertreue, i. d. R. unter 80 Prozent
- räumliche und organisatorische Trennung der an der Auftragsabwicklung beteiligten Funktionen
- fehlende durchgängige Prozessverantwortung für Kundenaufträge
- dezentrale Terminüberwachung und Auftragssteuerung

6.3.2 Konzepterarbeitung und Vorgehensweise im Projekt

Während die Ist-Analyse innerhalb von drei Wochen in Form von Interviews und Projektteamsitzungen durchgeführt wurde, fand zu Beginn der Soll-Konzeptphase ein Managementworkshop statt, in welchem der Lösungsansatz der Bildung von Auftragsabwicklungssegmenten im Vordergrund stand.

Fragen aus Beratersicht:

Inwieweit hilft der Ansatz des Auftragsabwicklungssegments bei der Prozessoptimierung?

Inwieweit hat der Ansatz Auswirkungen auf die individuellen Arbeitsverträge der Mitarbeiter?

Sollten ein Auftragsabwicklungszentrum oder zwei bzw. mehrere Auftragsabwicklungssegmente gegründet werden?

Welche Funktionen sind zu integrieren, welche nur temporär zum AAS hinzuzuziehen?

Wie sollte die organisatorische Einbindung in den Standort erfolgen?

Auftragsabwicklungssegmente als Lösungsansatz

Um administrative Prozesse zu beschleunigen, bietet sich neben der Neugestaltung der Abläufe auch der organisatorische Ansatz der Auftragsabwicklungssegmente (AAS) an. Auftragsabwicklungssegmente sind teilautonome Arbeitsgruppen, die als eigenständige Organisationseinheit funktionsübergreifend Kundenaufträge von der Anfrage bis zur Auslieferung eigenverantwortlich und durchgängig betreuen. Folgende Prinzipien stehen dabei im Vordergrund:

Prinzip 1:

Ganzheitliche Vorgangsbearbeitung und Prozessorientierung: Die AAS sollten von der Kundenanfrage bzw. dem Auftragseingang bis zur Auslieferung an das empfangende Montagewerk den Auftrag betreuen. Auf diesem Weg sollen die Verantwortung erhöht und Schnittstellen abgebaut werden. Im Mittelpunkt aller Aktivitäten soll der Kundenauftrag als gemeinsames Objekt stehen und nicht die Interessen Einzelner oder einzelner Abteilungen/ Gruppen.

Prinzip 2:

Räumliche Zusammenführung: Zur Erreichung kurzer Entscheidungswege und um den internen Know-how-Transfer zu fördern, wurde es als sinnvoll erachtet, alle Beteiligten in einen Bürobereich zu integrieren. Das Arbeiten im gemeinsame Büro sollte darüber hinaus den Teambildungsprozess und das gegenseitige Verständnis bzgl. der jeweiligen Arbeitsinhalte („Zu welchen Konsequenzen beim Auftrag führt es, wenn der Kollege A Unterlagen unvollständig oder verzögert an den Kollegen B weitergibt?") fördern.

Prinzip 3:

Gegenseitige Vertretung und Know-how-Austausch: Speziell in kleineren Produktionsstandorten gibt es nur wenige Redundanzen. Fällt ein bestimmter Experte aus, fehlen oft kompetente Vertreter. Aus diesem Grund sollte für jede in das AAS integrierte Funktion ein Stellvertreter weiterqualifiziert werden, der bei Bedarf den Kollegen – zumindest temporär – vertreten kann.

Prinzip 4:

Fachliche Integration: Um einen Kundenauftrag – mit Ausnahme der eigentlichen Produktion – von A bis Z zu betreuen, war es erforderlich, das AAS mit den entsprechenden Kompetenzen auszustatten. Hierzu wurden die bisherigen indirekten Gruppen wie Einkauf, Arbeitsvorbereitung etc. in das AAS integriert.

Prinzip 5:

Fertigungsnaher Bürobereich: Gerade im Mittelstand wird heute noch teilweise zwischen „denen im Büro" und "denen in der Produktion" unterschieden. Um diese Trennung nicht zuletzt mental zu überwinden und kurze Reaktionsschleifen aus der Fertigung zu gewährleisten, wurde beschlossen, dass die AAS vom Verwaltungs- in den Fertigungsbereich umziehen sollten.

Prinzip 6:

Aufbau und Visualisierung von Prozesskennzahlen: „What you can't measure, you can't manage" – getreu diesem Prinzip sollten Prozesskennzahlen definiert werden, die regelmäßig, mindestens monatlich zu erheben waren. Sie dienten der Selbststeuerung der AAS, um – klassisch im Sinne der BSC – über effiziente Prozesse eine hohe Kundenzufriedenheit herzustellen.

Projektvorgehensweise

Nachdem das Konzept an sich vom Management verabschiedet wurde, fand anschließend ein Planungsworkshop zur Ausgestaltung des Ansatzes statt, der zweimal zwei Tage umfasste.

Zunächst wurde die Frage erörtert, ob die Bildung eines zentralen Auftragsabwicklungszentrums (AAZ) für sämtliche Kundenaufträge oder die Bildung mehrerer AAS als sinnvoll erscheint. Nach Durchführung einer Argumentenbilanz entschied man sich für eine dezentrale organisatorische Aufstellung (vgl. Abbildung 94):

Auftragsabwicklungszentrum	**Auftragsabwicklungssegmente**
Vorteile:	**Vorteile:**
+ Kapazitätsausgleich bei Schwankung im Auftragseingang + geringerer Schulungsbedarf + Funktionen mit geringem Aufwand können integriert werden (Spezialwissen)	+ Möglichkeit, einzelne Auftragstypen schnell abzuwickeln + Entstehung eines Teambewusstseins + klare Regelung der Zuständigkeiten im Team + schnelle Umsetzbarkeit + Einführung von Messgrößen besser möglich + Verantwortung klarer geregelt
Nachteile:	**Nachteile:**
- keine wesentliche Veränderung - keine entsprechenden Räumlichkeiten - Größe führt zu Abteilungen in den Abteilungen - fehlendes Teambewusstsein - keine klaren Zuständigkeiten - mangelnde Spezialisierung - kein interner Wettbewerb	- geringerer übergreifender Informationsfluss - Qualifizierungsbedarf (SAP) (learning by doing/ Teamkompetenz) - Gefahr von Doppelarbeit (in Abhängigkeit von den Segmentierungskriterien) - Zuordnung von Spezialwissen muss geregelt werden
Abstimmung: ○	**Abstimmung:** ○○○○○○○○○

Abbildung 94: Argumentenbilanz: AAZ oder AAS?

Im nächsten Schritt stand die Frage nach dem Segmentierungskriterium im Vordergrund. Ziel ist es dabei, ein solches Kriterium zu finden, welches die Segmente nach außen heterogen und nach innen homogen erscheinen lässt. Grundsätzlich kam die Unterscheidung nach Auftragstypen, nach Kundenwerken oder nach Produkten in Betracht. Da die Auftragsabwicklungsprozesse und -inhalte weniger von den Kunden oder Produkten, sondern vielmehr von den Auftragstypen abhingen, entschloss man sich dazu, zwei Auftragsabwicklungssegmente zu gründen, und zwar eines für Standardaufträge („Lagerprodukt") und eines für kundenspezifische Sonderaufträge.

Nachdem die Einteilung in zwei AAS erfolgt war, mussten nun die erforderlichen, zu integrierenden Funktionen pro AAS definiert werden. Dabei stellte sich heraus, dass es bis auf wenige Funktionen kaum Unterschiede zwischen den beiden AAS gab. Die Abweichungen lagen vielmehr im Umfang der Beanspruchung. So ergab die vorgeschaltete Prozessanalyse, dass bei den Lageraufträgen (ZLag) zwar wesentlich mehr Kunden- und Produktionsaufträge vorlagen, die Komplexität indes signifikant geringer ausfiel als bei den Sonderaufträgen (ZPro). Dieses Phänomen spiegelte sich dann in den notwendigen Personalressourcen wider (vgl. Abbildung 95), die sich auf den optimierten Zustand (nach Festlegen der Soll-Prozesse) bezogen:

Funktion	AAS 1 (ZLAG)	AAS 2 (ZPRO)
Arbeitsvorbereitung	767 h	4.780 h
NC-Programmierung	2.500 h	4.800 h
Kapazitätsplanung und -überprüfung	1.220 h	2.240 h
Angebotserstellung (Kalkulation, Anfragen, Preisbestimmung)	./.	1.120 h
Fertigungssteuerung, Terminüberwachung, Fremdvergabe	~ 1.500 h	~ 3.000 h
Plotten (inkl. Freigabe)	920 h	1.440 h
Reklamationsbearbeitung	250 h	500 h
Bereitstellung aus Kanbanlager	1.500 h	./.
	5,6 MJ	11,6 MJ

Abbildung 95: Funktionen und notwendige Personalressourcen

Für die vier Auftragstypen wurden anschließend Soll-Prozesse unter Berücksichtigung von Bearbeitungs- und Durchlaufzeiten definiert. Die Bezugsbasis waren wiederum die in der Projektanalysephase erhobenen Werte. Dabei ergab sich folgendes Bild:

- Anzahl Prozessschritte: 20
- beteiligte Stellen: 10
- Bearbeitungszeit: 108 Minuten
- Durchlaufzeit: 19 Arbeitstage

Nach der Erarbeitung von Lösungsansätzen und der darauf folgenden Darstellung in Form eines Soll-Prozesses wurden in dem Industrieprojekt signifikante Verbesserungen zunächst formuliert und anschließend realisiert. Aus dem gemeinsam mit dem Projektteam erarbeiteten Soll-Prozess ergaben sich folgende Ergebnisse:

- Anzahl Prozessschritte: 16 (minus 20 Prozent)
- beteiligte Stellen: 4 (minus 60 Prozent)
- Bearbeitungszeit: 81 Minuten (minus 25 Prozent)
- Durchlaufzeit: 4 Arbeitstage (minus 79 Prozent)

Die Darstellung des Soll-Prozesses entsprach im Aufbau dem Ist-Prozess (vgl. Abbildung 96):

| lfd. Nr. | Prozessschritte | beteiligte Stellen/Abteilungen | | | | | | | BAZ (pro FA) | DLZ | Papierfluss/ Formulare/ EDV | Maßnahmen Bemerkungen |
		AAS 1 (ZLAG)	Produktion	Versand	Spediteur							
1	Planauftrag in Dispoliste	●							./.			
2	Überprüfung Auftrag: Termine, Auftragsreservierung	●										
3	Bestandsprüfung	●							5 min	1 AT		
4	Materialverfügbarkeitsprüfung	●										
5	Eröffnen FA	●										
6	Zeichnungen plotten	●							12 min	1 AT		
7	Prüfung auf vorh. Arbeitspläne (inkl. Aktualität)	●							5 min			In Einzelfällen Erstellen von Arbeitsplänen
8	Kapazitätsprüfung über System	●							1 min			
9	Kapazitätsbestimmung bei Engpässen und Aktualisierung	●							10 min	1 AT		
10	Freigabe/ Druck FA	●							3-5 min			
11	Weitergabe an Produktion	●							2 min			

| lfd. Nr. | Prozessschritte | beteiligte Stellen/Abteilungen | | | | | | | BAZ (pro FA) | DLZ | Papierfluss/ Formulare/ EDV | Maßnahmen Bemerkungen |
		AAS 1 (ZLAG)	Produktion	Versand	Spediteur							
12	Produktion		●						./.	./.		
13	Fertigmeldung FA am Bereitstellungsplatz	●							2 min			
14	Kommissionierung an Spindellager (nur Spindeln)	●							30 min (pro Box)	1 AT		
15	(Tägliche) Beladung			●					10 min			
16	Fracht ins Montagewerk				●				./.	./.		
								Summe	81 min	4 AT		

Abbildung 96: Prozessanalyse (Soll) am Beispiel eines Auftragsabwicklungsprozesses

Ergebnisse und nächste Schritte

Der Soll-Prozess unter Berücksichtigung des organisatorischen Ansatzes der Auftragsabwicklungssegmente wurde für sämtliche Prozesstypen fixiert. Die Ergebnisse wichen stark voneinander ab, waren aber in den meisten Fällen besser als die anspruchsvoll formulierten Projektziele (vgl. Abbildung 97):

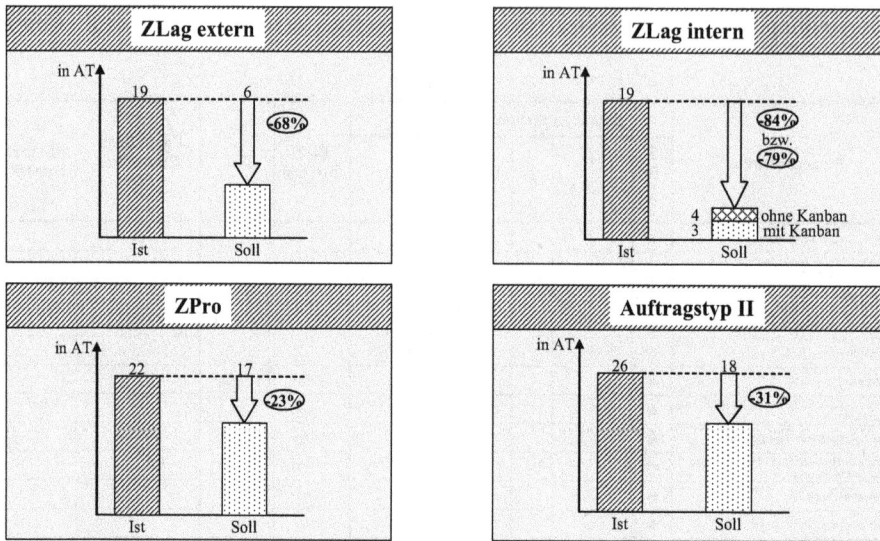

Abbildung 97: Projektergebnisse in Bezug auf Durchlaufzeitreduzierung

Auch in Bezug auf die Produktivität und die Schnittstellenanzahl konnten entsprechende Ziele erreicht werden:

- Reduzierung des Aufwands pro Auftragstyp: zwischen 9 und 31 Prozent
- Senkung der internen Schnittstellen pro Auftragstyp: zwischen 47 Prozent (von 17 auf 9) und 60 Prozent (von 10 auf 4)

Nach Abschluss des erarbeiteten Soll-Konzepts und anschließender Präsentation vor dem Steuerkreis fand innerhalb von zwei Monaten die Realisierungsphase statt. Sie beinhaltete folgende Aspekte:

1. Information der Mitarbeiter und des Betriebsrats
2. Ableitung von Schulungsbedarfen pro Auftragsabwicklungssegment
3. Bürolayout-Feinplanung und Schulung der Mitarbeiter
4. Umzugsplanung und -realisierung
5. Erfassung von Leistungskennzahlen (auf AAS-Ebene) (fortlaufend)

Insgesamt umfasste das Projekt von der Durchführung der verkürzten Ist-Analyse bis zur Umzugsrealisierung eine Gesamtdauer von knapp vier Monaten. Die schnelle Projektumsetzung war sowohl auf die Managementattention vom Konzern-Vorstand und der Werkleitung als auch auf die überschaubaren organisatorischen Strukturen zurückzuführen.

6.3.3   Vertiefende Fragen zur Fallstudie

Zur Vertiefung der Fallstudie und zu eigenen Übungszwecken bietet sich die Beantwortung folgender Fragen an:

1. Inwieweit tangiert der Ansatz die Informations- oder Mitbestimmungsrechte des Betriebsrats?
2. Nennen Sie Voraussetzungen für die erfolgreiche Implementierung und die erfolgreiche tägliche Arbeit in AAS!
3. Stellen Sie mögliche Kennzahlen für die Leistungsmessung von AAS dar!
4. Welche Industriezweige halten Sie für die Einführung von AAS für geeignet, welche für weniger geeignet?
5. Welche Alternativen hätte es zur Einrichtung von Auftragsabwicklungssegmenten gegeben?

7 Beratung in Industrieunternehmen an der Schnittstelle zum Kunden

Im Anschluss an die Darstellung branchenübergreifend wichtiger Trends im Kunden- und Vertriebsmanagement werden typische Beratungsfelder an der Schnittstelle zwischen Industrieunternehmen und Kunde dargestellt und diskutiert.

Das Kapitel wird durch eine Fallstudie abgerundet, die sich mit der Neuausrichtung der Vertriebsaufbau- und -ablauforganisation in einem mittelständischen Industriebetrieb befasst.

7.1 Trends im Kunden- und Vertriebsmanagement

Analog zu den Kapiteln 5 und 6 werden zunächst Trends dargestellt, denen sich Industrieunternehmen gegenübersehen bzw. auf die zahlreiche Betriebe reagieren.

1. Trend: Differenzierte und systematische Kundenklassifizierung

Aussagen wie „Der Kunde ist König." oder „Jeder Kunde ist für uns das Wichtigste." stehen stellvertretend für ein undifferenziertes Marketingverständnis. Schließlich stellt nicht jeder Kunde einen Gewinn für das Unternehmen dar. Vielmehr kann durchaus der Fall eintreten, dass ein Kunde zwar umsatzbezogen als „A-Kunde" zu klassifizieren ist, aber zugleich, bedingt durch hohen Betreuungsaufwand, nur einen durchschnittlichen Kundendeckungsbeitrag erzielt. Daher steht die Frage im Vordergrund, welche Kunden für das Unternehmen generell profitabel sind, um sie anschließend zu klassifizieren und den Marketing-Mix darauf abzustimmen. Speziell im business-to-business-Bereich könnte der Ansatz der Kundenwert-Ermittlung – bedingt durch die im Regelfall eher überschaubare Anzahl an Kunden – ein Ansatz sein, die Vertriebseffektivität zu steigern.

2. Trend: Strukturierte Vertriebsplanung

Unternehmenserfolge im Vertrieb dürfen nicht auf das Ergebnis individueller und kaum planbarer Vertriebstalente reduziert werden. Stattdessen umfasst eine seriöse Vertriebsplanung des nächsten Geschäftsjahrs mehr als nur eine Planung von Umsätzen im Gegenstromverfahren (top-down und bottom-up). Sie beginnt zwar bei der Planung von Umsätzen und

Gewinnen, bricht diese auf Vertriebsaktivitäten herunter, um schließlich die erforderlichen mit den verfügbaren Personalressourcen abzugleichen.

3. Trend: Erreichung von Kundennähe durch Multi-Channel-Management

Früher fokussierten sich viele Unternehmen auf einen Vertriebskanal, sei es, um Vertriebskosten gering zu halten, sei es, um den mächtigen Handel als zwischengeschaltete Instanz nicht zu verärgern. Heute soll indes über mehrere, sich teils konkurrierende Vertriebskanäle, ein möglichst breites Zielgruppenspektrum erreicht werden. So plant etwa der Sportartikelhersteller Adidas, im Jahr 2010 30 Prozent seines Umsatzes über „selbst kontrollierte Handelsformate" zu erzielen. Der Konkurrent Puma nennt keinen Umsatzanteil, will aber im Gegenzug jährlich 15 bis 20 neue Läden weltweit eröffnen.

4. Trend: Einführung von Key-Account-Management

Die Abhängigkeit von wichtigen Kunden, gerade bei gesättigten Märkten, sowie der Trend zu individuellen Kundenwünschen führen dazu, dass viele Unternehmen nach organisatorischen Lösungen suchen, um ihre wichtigsten Kunden zu betreuen. Auch bei mittelständischen Unternehmen ist oft die Betriebsgröße überschritten, bei der der Inhaber oder Geschäftsführer solche Kunden in allen Belangen persönlich betreuen kann. Aufgabe eines Key-Account-Managers ist nicht nur die Betreuung solcher Kunden, sondern er fungiert auch als Schnittstelle und Koordinationsstelle in das eigene Unternehmen hinein und als Seismograph für Kundentrends.

5. Trend: Systemgestütztes Customer Relationship Management (CRM)

Was in der Konsumgüterindustrie und der Finanzdienstleistung seit Jahren erfolgreich eingesetzt wird, hält auch in klassischen Industriezweigen wie Maschinen- und Anlagenbau Einzug: CRM-Systeme sollen helfen, Vertriebsprozesse transparenter zu gestalten und den Vertriebsbeauftragten bei der Suche und Pflege von Kunden(beziehungen) zu unterstützen. Nach dem Hype der Pionierjahre, in denen man glaubte, über komplexe CRM-Systeme die Lösung für sämtliche Vertriebsprobleme gefunden zu haben, stehen nun bei der Einführung solcher Systeme eher schlanke Lösungen im Vordergrund, die den Sales Manager nicht überfordern und auch den Administrationsaufwand beim User beschränken.

6. Trend: Aktives Betreiben von Cross Selling

Im Gegensatz zu anderen Funktionsbereichen im Unternehmen werden Vertriebseinheiten (Bereiche, Abteilungen, Teams, Einzelmitarbeiter) schon lange als Profitcenters geführt. Dies fördert einerseits die Transparenz über die Leistungsfähigkeit und Arbeitsergebnisse, unterstützt aber auch Bereichs- und Team-Egoismen. So interessiert es etwa noch allzu häufig den Produktverkäufer wenig, ob und bei wem der Kollege Servicevertriebler akquiriert. Gerade aber bei stagnierenden oder rückläufigen Absatzmärkten muss es im Interesse des Gesamtunternehmens sein, das gesamte Absatzpotenzial seiner Kunden und Kundengruppen abzuschöpfen. Hierzu sind entsprechende Leistungsanreize für Cross Selling zu schaffen.

7. Trend: Führen des Service als eigenes Geschäftsfeld

Viele Unternehmen, speziell im Maschinen- und Anlagenbau, haben erkannt, dass Service-leistungen nicht nur der Kundenbindung oder als Verkaufsargument für den Produktvertrieb dienen, sondern eigenständige Umsatz- und Ergebnisträger darstellen.[218] Dies gilt im Besonderen bei After-Sales-Dienstleistungen (Garantie, Schulungen, Instandhaltung, Reparatur, Ersatzteilmanagement), da hier im Gegensatz zu Pre-Sales-Services weniger die Gefahr besteht, dass der Kunde sie als „kostenloses" Verkaufsargument einstuft. Auch in der Auto-mobilzulieferindustrie ist feststellbar, dass sich größere Gewinnspannen eher im Ersatzteil- als im Erstausrüstungsgeschäft erzielen lassen.

8. Trend: Vertriebscontrolling über Prozesskennzahlen

Ein Vertriebscontrolling rein über finanzielle (Ergebnis-)Größen wie Umsatz und Gewinn greift zu kurz, da hier lediglich der Teil der vergangenheitsbezogenen „Kontrolle"[219] abge-deckt wird. Auf diese Weise ist es dem Management kaum möglich, frühzeitig negative Entwicklungen zu erkennen und Gegenmaßnahmen einzuleiten. Das Führen der Vertriebs-mannschaft erfolgt daher bei erfolgreichen Unternehmen zunehmend zweigleisig: Neben die (bisherige) Kontrolle über finanzielle Quartalskennzahlen tritt die monatliche Steuerung über Prozesskennzahlen. Hierzu zählen als Kennzahlen etwa „Anzahl Kundenkontakte", „Anzahl Kundenbesuche" und „Anzahl abgegebener Angebote". Gerade bei prozessbezogenen Ver-triebskennzahlen wird die Datenerhebung und -auswertung durch CRM-Systeme erleichtert.

9. Trend: Anbieten von Betreibermodellen

Während industrielle Serviceleistungen traditionell meist als Leistung an einem Investitions-gut betrachtet werden, gehen Betreibermodelle weiter: Der Lieferant vertreibt nicht länger ein komplexes Leistungsbündel aus Produkt und Dienstleistung, sondern behält hieran das Eigentum und veräußert das Leistungsergebnis an den Kunden. Beschränkten sich solche Modelle zunächst oft auf Public-Private-Partnership-Modelle, gibt es heute zunehmend sol-che Modelle auch im allgemeinen Maschinen- und Anlagenbau, etwa unter dem Begriff „Pay-on-Production", indem z. B. der Lackieranlagenbauer Eisenmann von seinen Kunden (z. B. Smart in Hambach und Ford in Köln) pro lackiertes Fahrzeug bezahlt wird. Im Gegen-satz zu früher trägt er damit einen Teil des Absatzrisikos, das bisher bei Daimler (Smart Fortwo) bzw. Ford (Fiesta) lag.

---

[218] Vgl. hierzu beispielhaft eine aktuelle Studie im Rahmen des Forschungsprojekts „Serv.biz": *Bienzeisler, B./ Kunkis, M.* (2008).

[219] „Controlling" im Sinne von „Planung, Steuerung und Kontrolle".

7.2   Grundlegende Themenfelder und Ansatzpunkte

7.2.1   Kundenwerte: „All customers are equal ..."

... but some are more equal than others".

In vielen Vertriebsabteilungen scheint nach wie vor das Prinzip „Je mehr Kunden, desto besser!" vorzuherrschen. Es wird in solchen Fällen offensichtlich davon ausgegangen, dass jeder Kunde nicht nur Umsatz bringt, sondern auch einen Beitrag zum Unternehmensgewinn. Monetäre Anreizsysteme, die vielfach auf Umsatzkennzahlen aufsetzen, fördern naturgemäß diese Einstellung. Jedoch fördert nicht jeder neue Kunde den Gewinn: Bereits Anfang der 1990er Jahre stellten *Reichheld/Aspinall* in einem Fallbeispiel fest, dass jeder zweite, im Rahmen einer Neukundenakquisition gewonnene Kunde einer Retail Bank als nicht profitabel eingestuft wurde.[220] Umsatzsteigerung und Kundenwert hängen hier offensichtlich nicht proportional voneinander ab.

Ob es auf der anderen Seite richtig ist, dass auch bei Kunden das Pareto-Prinzip vorliegt, nämlich dass das Unternehmen mit 20 Prozent seiner Kunden 80 Prozent seines Umsatzes oder Gewinns erwirtschaftet, sei dahingestellt.[221] Auf jeden Fall ist es zielführend, Kunden anhand ihres Wertes zu messen, um sie anschließend zu klassifizieren und differenziert zu behandeln, denn umsatzstarke Kunden verursachen nicht selten auch einen hohen internen Betreuungsaufwand. Auf dieser Basis lässt sich der Kundenwert als ökonomischer Gesamtwert einer Geschäftsbeziehung definieren, der sich aus mehreren Variablen zusammensetzen kann.

Nutzen des Kundenwerts

Für das Arbeiten mit Kundenwerten ergeben sich mehrere Vorteile im Absatzbereich:

• unternehmensweit einheitlicher Maßstab zur Bewertung von Kunden
• Konzentration und Steuerung der Vertriebs- und Marketingaktivitäten auf die „wertvollen" Kunden
• Vermeidung von zu vielen kleinen Kunden, die hohen Akquisitions- und Betreuungsaufwand verursachen
• Ausrichtung der Vertriebsmitarbeiter an den Vertriebszielen des Unternehmens (anstelle individueller Präferenzen, welcher Kunde wie zu betreuen ist)
• Möglichkeit zum Herunterbrechen von Vertriebszielen auf Vertriebsmitarbeiter und Kunden

---

[220] Vgl. *Reichheld, F.F./Aspinall, K.* (1993/94).

[221] In einer VDI-Studie aus dem Jahr 1997 sagten die befragten Unternehmen aus, dass nur knapp 65 Prozent der Kunden als „gewinnbringend" einzustufen sind (vgl. *Krafft, M.* (1997)).

Methoden der Kundenwert-Ermittlung

So wenig die Bedeutung des Kundenwerts für ein effektives und effizientes Marketing- und Vertriebsmanagement in Frage gestellt wird, so sehr ergibt sich das Problem, ihn zu ermitteln. Grundsätzlich lässt er sich aus Kunden- oder Unternehmenssicht ableiten. Aus Kundensicht liegt dann ein „Customer Value" vor, wenn die Lösung (Produkt, Produkt-Dienstleistungs-Mix) des Anbieters Wettbewerbsvorteile aufweist. Im Vordergrund der weiteren Betrachtung soll hingegen die Unternehmenssicht stehen. Dabei wird im Grundsatz zwischen ein- und zweidimensionalen Ansätzen unterschieden (vgl. Abbildung 98):

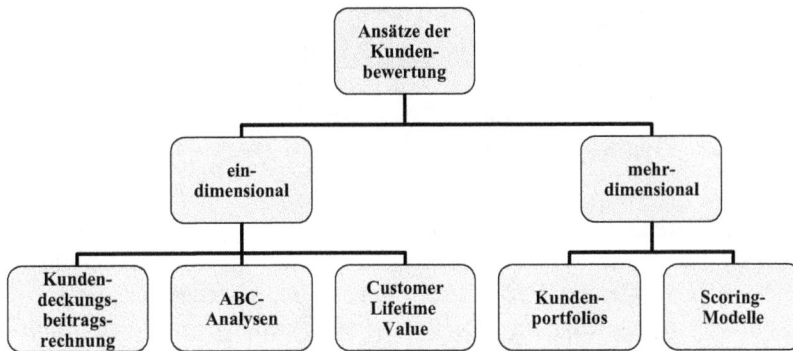

Abbildung 98: Systematisierung ausgewählter Kundenwert-Berechnungsansätzen

Zu den eindimensionalen und gegenwartsbezogenen Methoden zählen die Kundendeckungsbeitragsrechnung sowie ABC-Analysen nach Umsätzen oder Gewinnen. Bei der Kundendeckungsbeitragsrechnung werden pro Kunde Erlöse und Aufwände für einen bestimmten Vergangenheitszeitraum gegenübergestellt: Im ersten Schritt sind pro Kunde die Brutto-Umsätze zu ermitteln und anschließend Preisnachlässe und sonstige Erlösschmälerungen abzuziehen, um die Netto-Umsätze zu ermitteln. Während diese Parameter meist einfach ermittelbar sind, ist die Zuordnung von Aufwänden zu Kunden komplizierter: Hierzu ist es erforderlich, Marketing-, Vertriebs- und Servicekosten den Kunden zuzuweisen (vgl. Abbildung 99):

Bruttoumsatz

– kundenbezogene Preisabschläge (Rabatte, Skonti)

= kundenbezogener Nettoumsatz

– Produktstückkosten * Menge

= **Kundendeckungsbeitrag I**

– Direkt dem Kunden zurechenbare Auftragskosten (z. B. für Versand)

= **Kundendeckungsbeitrag II**

– Direkt dem Kunden zurechenbare Kosten (z. B. für Kundenjubiläumsgeschenk)

= **Kundendeckungsbeitrag III**

– (anteilige) kundengruppenbezogene Fixkosten (z. B. für Branchenkampagne)

= **Kundendeckungsbeitrag IV**

Abbildung 99: Beispielhafter Aufbau einer Kundendeckungsbeitragsberechnung

Während es bei Einzelkosten (z. B. Reisekosten zu Kundenterminen) noch relativ einfach möglich ist, gestaltet es sich bei den Gemeinkostenblöcken wie Back-Office-Bereiche (Vertriebsinnendienst, Call Center, Vertriebskampagnen, Beschwerdemanagement, Kundeninformationssysteme) meist schwierig, die Kosten verursachungsgerecht zu schlüsseln. Die ABC-Analyse stellt darauf aufbauend die Kundenumsätze oder -beiträge in kumulierter Form für den gesamten Kundenstamm dar (vgl. Abbildung 100):

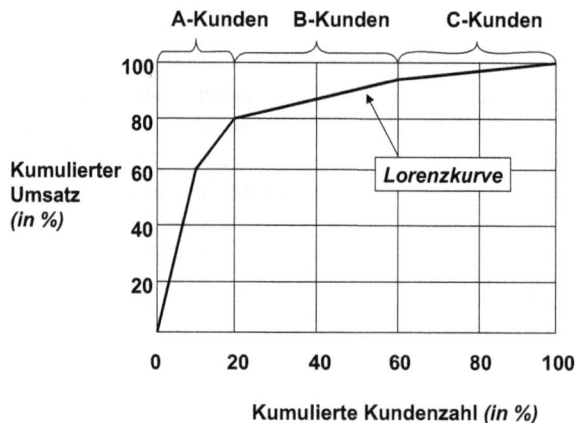

Abbildung 100: ABC-Analyse der Kunden nach Umsatz[222]

Im Gegensatz zu den vergangenheitsorientierten Ansätzen Kundendeckungsbeitragsrechnung und ABC-Analyse stellt der Customer Lifetime Value (CLV) eine zukunftsgerichtete Me-

---

[222] In Anlehnung an: *Rieker, S. A.* (1995), S. 54.

thode dar. Es wird versucht, den Wert der Geschäftsbeziehung über den gesamten Zyklus von der Akquisition bis zur Beendigung der Geschäftsbeziehung zu berücksichtigen. Dabei wird es als erforderlich angesehen, dass das Unternehmen erst in eine Kundenbeziehung investieren muss, bevor es Einnahmen hieraus erzielt: Im Mobilfunkmarkt ist es üblich, dass Kunden bei Abschluss eines Vertrags Anspruch auf ein subventioniertes Handy haben. Hier übernimmt der Telekommunikationsprovider einen Großteil der Kosten, da er davon ausgeht, dass zukünftige Telefonrechnungen wesentlicher höher ausfallen als die Anfangsinvestition in ein Neugerät. Hätte man den Fall ausschließlich vergangenheitsorientiert beurteilt, wäre der Kundenwert gering ausgefallen (da es sich um einen Neukunden handelt) und Vodafone & Co. hätten sich nicht an den Gerätekosten beteiligt.

Die dynamische Investitionsrechnung bezieht sämtliche prognostizierten Ein- und Auszahlungen pro Kunde ein. Somit handelt es sich beim Kundenwert um den Barwert aller künftig erwarteten Rückflüsse abzüglich der Kosten, welche dem Kunden direkt zugeordnet werden können (vgl. Abbildung 101):

$$CLV=\sum_{t=0}^{T}\frac{R_t-K_t}{(1+r)^t}$$	CLV	Customer Lifetime Value
	t	Jahr
	T	Anzahl der Jahre, die der Kunde bei dem Unternehmen bleibt
	R_t	kundenspezifische Rückflüsse in t
	K_t	kundenspezifische Marketing-Kosten in t
	r	Diskontierungssatz

Abbildung 101: Berechnung des Customer Lifetime Value

Problematisch bei der Anwendung des CLV ist besonders die Abschätzung der Geschäftsbeziehungsdauer sowie die zukünftigen Ab- und Zuflüsse. Selbst im Industriegütermarketing mit stabilen und längerfristigen Vertragsbeziehungen sowie i. d. R. einer geringeren Anzahl an Kunden erweisen sich diese Abschätzungen als spekulativ.

In der Praxis häufiger anzutreffen sind Nutzwertanalysen oder Scoring-Modelle (vgl. Abschnitt 4.4.2), bei denen die einzelnen qualitativen wie quantitativen Komponenten des Kundenwerts aufgeführt werden. Grundsätzlich lassen sich dabei sowohl zukunfts- wie vergangenheitsorientierte Kriterien anwenden. Anschließend werden sie durch Experten gewichtet und schließlich durch die Vertriebsbeauftragten bewertet. Typische Bewertungskriterien sind dabei etwa:

- bisheriges Umsatzvolumen
- bisheriger Kundendeckungsbeitrag
- Umsatzpotenzial
- Deckungsbeitragspotenzial
- Cross-Selling-Potenzial
- Referenzpotenzial
- Liquiditätspotenzial / Zahlungsbereitschaft/-moral
- …

Die bekannteste und wohl älteste Form stellt die RFMR-Methodik[223] dar, die seit den 1930er Jahren von amerikanischen Versandhäusern im Direktmarketing eingesetzt wird. So stellte man damals fest, dass der Kundenwert, zumindest in dieser Branche, besonders hoch ist, je weniger Zeit seit dem letzten Kauf (Recency) vergangen ist, je häufiger der Kunde bestellt (Frequency) und je größer das Bestellvolumen ausfiel (Monetary Ratio). Diese drei Hauptkriterien fließen anschließend in ein Scoring-Modell ein.

Ein weiteres, mehrdimensionales Verfahren einer Kundenbewertung bilden Kundenportfolios. Hierzu zählen auf der einen Seite die klassischen Portfolios, z. B. von BCG und McKinsey (siehe Abschnitt 4.3.1), auf der anderen Seite aber auch solche Portfolios, die beliebige, indes unabhängige Dimensionen abbilden, etwa Kundenwert/Kunden-wertpotenzial, Kundenzufriedenheit/Kundenwert oder Kundenzufriedenheit/Kundenloya-lität.[224] Wesentlich ist dabei die Quantifizierbarkeit der Kriterien.

In Abbildung 102 werden die Vor- und Nachteile der vorgestellten Ansätze der Kundenbewertung gegenübergestellt:

Methode	Vorteile	Nachteile
Kunden-deckungs-beitrags-rechnung	- Konzentration auf monetäre Kriterien - einfache Nachvollziehbarkeit der Ermittlung - hoher Bekanntheitsgrad der Methode im Unternehmen	- Vergangenheitsorientierung, statische Betrachtung - problematische Zuordnung von kundenspezifischen Aufwänden - Reduzierung auf eine Dimension
ABC-Analyse	- Konzentration auf monetäre Kriterien - einfache Nachvollziehbarkeit der Ermittlung - hoher Bekanntheitsgrad der Methode im Unternehmen - i. d. R. geringer Erhebungsaufwand	- Vergangenheitsorientierung, statische Betrachtung - im Fall einer Umsatz-Analyse: Vernachlässigung der Ergebniskomponente pro Kunden - bei einer DB-Analyse: problematische Zuordnung kundenspezifischer Aufwände - Reduzierung auf eine Dimension

---

[223] Von einigen Autoren auch als RFM-Methode bezeichnet.

[224] Vgl. *Sackmann, S./Kundisch, D./Ruch, M.* (2008).

Customer Life-time Value	- Bewertung der gesamten Geschäftsbeziehung	- problematische, da meist subjektive Abschätzung der Dauer der Geschäftsbeziehung und zu erwartender Ein- und Auszahlungen - aufwändige Erhebung bei CLV-Ermittlung auf Einzelkunden- statt Zielgruppenebene
Scoring-Modelle	- Eignung für quantitative und qualitative Beurteilungskriterien - Berücksichtigung einer Vielzahl von Kriterien - direkte Vergleichbarkeit von Alternativen - Notwendigkeit einer streng systematischen Vorgehensweise und Entscheidungsvorbereitung - Transparenz in der Vorgehensweise - universelle Einsetzbarkeit - hoher Bekanntheitsgrad der Methode im Unternehmen	- Subjektivität des Verfahrens, der Kriterienauswahl, -gewichtung und der Erfüllungsgrade der Anforderungen pro Alternative - Annahme der Unabhängigkeit der Beurteilungskriterien untereinander - u. U. hoher Zeitaufwand
Kundenportfolios	- einfache Nachvollziehbarkeit der Ermittlung - hoher Bekanntheitsgrad der Methode im Unternehmen - i. d. R. geringer Erhebungsaufwand	- Reduzierung auf zwei Dimensionen

Abbildung 102: Vor- und Nachteile der Ansätze zur Kundenwertermittlung

Verbreitungsgrad in der industriellen Praxis

Empirische Studien belegen, dass zwischen wissenschaftlicher Diskussion und realer Anwendung, speziell im Fall des CLV, große Unterschiede herrschen: „Very few managers are comfortable with the concept and its applications, and many have stayed away from the computations involved in the analysis as they consider this to bet he work of in-house statisticans or hired consultants."[225]

Während gerade im Finanzdienstleistungsbereich, nicht zuletzt vor dem Hintergrund verbreiteter CRM-Systeme, Kundenwert-Ermittlung zur gezielten Steuerung und Kontrolle und Vertrieb eingesetzt werden, scheinen viele Industrien diesen Stand noch nicht erreicht zu haben: Am weitesten verbreitet sind Methoden, die einen geringen Erhebungsaufwand verursachen und aus anderen Anwendungsfällen dem Management bereits bekannt sind. Verfahren wie die ABC-Analyse, Kundendeckungsbeitragsrechnungen oder Kundenportfolios sind – zumindest bezogen auf den deutschen Maschinenbau – häufiger angewendet und bekannt:

Customer valuation method	% of respondent firms using the method	% of respondents not familiar with the method
ABC-Analysis based on sales	70,2	5,6
Customer contribution margins	47,7	5,7
ABC-analysis based on customer contribution margins	44,3	6,3
Customer portfolios	38,5	12,1
Customer focussed activity-based-costing	24,0	19,3
Customer focussed scoring models	14,0	39,5
Customer lifetime value	11,0	43,6

Abbildung 103: Kundenwertbezogene Ansätze im deutschen Maschinenbau[226]

Stellt man dieses Ergebnis der VDI-Studie von 1997 gegenüber, so lässt sich festhalten, dass bereits sieben Jahre zuvor Kundenportfolios stark verbreitet waren, aber auch, dass die Praxis-Bedeutung des CLV seitdem nicht wesentlich zugenommen hat.[227] Die wissenschaftliche Diskussion um den CLV ist anscheinend in der praktischen Umsetzung nur begrenzt angekommen.

Unabhängig von der verwendeten Methodik erscheint es sinnvoll, sich mit der Bewertung und anschließenden Klassifizierung von Kunden auseinanderzusetzen, da die am häufigsten angewendeten Verfahren (ABC-Analyse, Kundendeckungsbeitragsrechnung, Kundenportfolios) i. d. R. zu stark vereinfachend für ein differenziertes Marketing-Mix sind. Bei der Suche nach besseren Verfahren können Berater einen wesentlichen Beitrag leisten.

---

[225] *Bechwati, N. N./Eshghi, A.* (2005), S. 87.

[226] Enthalten in: *Helm, G.* (2004), S. 83.

[227] Vgl. *Krafft, M.* (1997).

Tipps und Tricks für Berater

1. Bei der Ermittlung von Kundenwerten gibt es kein perfektes Verfahren; jede Methodik hat Vor- und Nachteile. Daher sollte ein Ansatz gewählt werden, der nicht zu kompliziert ist (auch wenn er im ersten Schritt vielleicht nicht sämtliche Bewertungskriterien berücksichtigt), jedoch nicht rein vergangenheitsbezogen beurteilt.

2. Die Ermittlung der Kundenwerte sollte vertriebsintern möglich sein, d. h. ohne Unterstützung anderer Abteilung wie etwa dem Controlling. Dadurch wird der Eindruck der Fremdkontrolle vermieden.

3. Im Vorfeld der Kundenwertermittlung sollte der Consultant einen Leitfaden erstellen, unter welchen Voraussetzungen welche Punkte zu vergeben sind. Dies erhöht einerseits die Transparenz und Nachvollziehbarkeit und andererseits wird vermieden, dass die Einzelergebnisse von individuellen Bewertungsfehlern geprägt sind.

4. Bei der Durchführung der Kundenwertermittlung sind die ersten Kundenwerte im kleinen Kreis gemeinsam mit Berater und Vertriebsmitarbeiter zu erheben.

5. Nach Durchführung sämtlicher Kundenbewertungen ist es Aufgabe des Vorgesetzten, die durch seine Mitarbeiter ermittelten Kundenwerte stichprobenartig zu überprüfen. Schließlich besteht die Gefahr, dass jeder Vertriebsmitarbeiter „seine" Kunden als unabdingbar ansieht. Ohne eine Differenzierung der Kunden ist der Nutzen des Kundenwerts jedoch gleich null.

6. Im Rahmen der Projektarbeit sollte der Berater immer wieder darauf hinweisen, dass Kundenwerte nur Mittel zum Zweck sind. Allein durch die Bewertung von Kunden ist der Vertrieb keineswegs effektiver oder effizienter geworden. Der Fokus des Projekts sollte darauf liegen, was man mit den Erkenntnissen erreichen will: Was lässt sich aus den unterschiedlichen Kundenwerten und -klassen für das Marketing-Mix (Preis-, Kommunikations-, Distributions-, Produktpolitik) ableiten?

7.2.2 Strukturierte Vertriebsakquisitionsprozesse und systematische Marktbearbeitung

Eine international angelegte Befragung von 800 Vertriebsmitarbeitern kam zu dem Ergebnis, dass diese durchschnittlich lediglich 11 Prozent ihrer Zeit für den aktiven Verkauf bei Bestandskunden und 9 Prozent für die Neukundengewinnung verbrachten: „Tausende Verkäufer, von Proudfoot Consulting in den letzten drei Jahren im Rahmen von Vertriebseffizienzprojekten betreut, litten zumeist darunter, zuviel Zeit für Administration und Problemlösung verbringen zu müssen statt mit aktivem Verkauf"[228]. Im Gegensatz dazu entfielen fast 50 Prozent der Arbeitszeit auf administrative Tätigkeiten und Leerzeiten (vgl. Abbildung 104):

---

[228] Proudfoot Consulting (2006), S. 4.

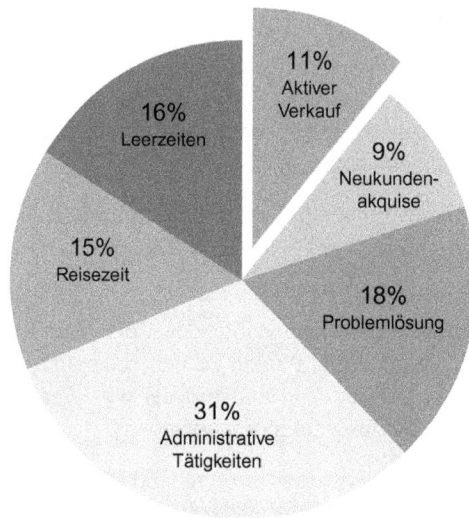

Abbildung 104: Arbeitszeitverteilung eines Vertriebsmitarbeitern[229]

Eine Ursache hierfür mag im Bereich Zeitmanagement liegen, eine andere in der fehlenden Definition von Zielen und internen Abläufen. Oftmals sind solche definierten und standardisierten Prozesse nicht gewünscht. Aussagen wie „Bei uns ist jeder Kunde individuell zu betreuen.", „Wir haben keine wiederholenden Tätigkeiten, für die sich eine Standardisierung lohnen würde." oder „Der Vertrieb ist doch keine Produktion!" belegen, dass Vertriebsmitarbeiter die Gefahr einer zu ausgeprägten Kontrolle von oben fürchten.

Die fehlende Strukturierung führt aber auch zu einer gewissen Unsicherheit bei den Vertriebsmitarbeitern, insbesondere bei Neu- oder Quereinsteigern im Unternehmen. Sie verfügen vielleicht über verkäuferisches Talent, kennen aber die Strukturen und Abläufe im Vertrieb nicht. Auch ist in der Praxis vielfach wenig Hilfe von Kollegen zu erwarten, da diese entweder unterwegs sind oder wenig Interesse zeigen, Know-how weiterzugeben. Aber auch für langjährige Mitarbeiter erscheint es sinnvoll, Marktbearbeitungs-, speziell Akquisitionsprozesse, zu strukturieren und den Absatzmarkt systematischer zu bearbeiten, um bessere Vertriebsergebnisse zu erzielen.

Definition des Akquisitionsprozesses

Bei der Fixierung des Akquisitionsprozesses als Teil des Marktbearbeitungsprozesses geht es um sämtliche Aktivitäten von der Klärung der Kontaktaufnahme gegenüber den Zielgruppen bis zum erfolgreichen Vertragsabschluss. Der sich anschließende Kundenbetreuungsprozess (für die Bestandskunden), der ebenfalls dem Marktbearbeitungsprozess zuzuordnen ist, soll an dieser Stelle nicht näher betrachtet werden. Da es auf der Ebene der Detaillierung große

---

[229] Enthalten in: Proudfoot Consulting (2006), S. 15.

Branchenunterschiede bzgl. zielführender Instrumente, Methoden, Vorgehensweisen geben kann, soll an dieser Stelle auf einem allgemein gültigen Prozessmodell aufgesetzt werden (vgl. Abbildung 105):

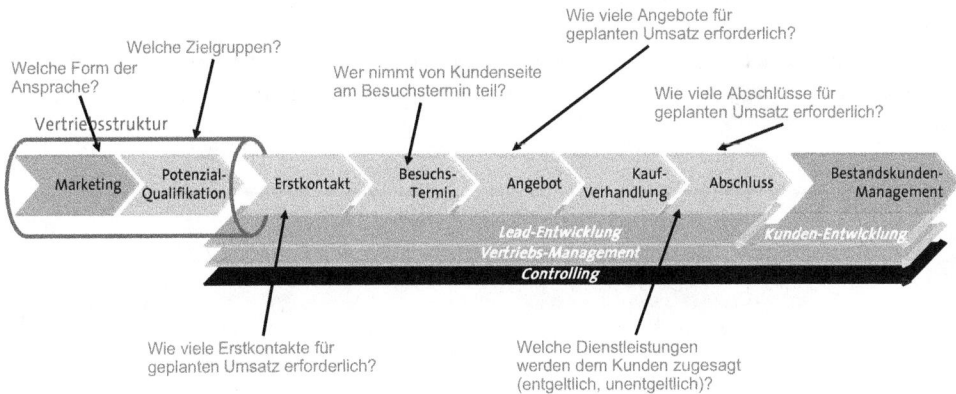

Abbildung 105: Marktbearbeitungsprozess, ergänzt um typische Vertriebsfragen[230]

Der Mehrwert in der Darstellung des Marktbearbeitungsprozesses auf Topebene liegt üblicherweise weniger darin, welche Prozessabfolgen in Bezug zueinander stehen, sondern vielmehr im Setzen von Vertriebsprozesskennzahlen als Frühindikatoren des Vertriebserfolgs.

Hinterlegen von Prozesskennzahlen

Im Normalfall werden Mitarbeiter über Vertriebsziele, deren Zielerreichungsgrad sich auf die individuelle Entlohnung auswirkt, geführt.[231] Hierzu zählen etwa Umsatz-, Deckungsbeitrags-, Stückzahl- oder Marktanteilsziele. Es handelt sich somit um ergebnisbezogene Kennzahlen, die meist aus dem Gesamtvertriebsziel top down abgeleitet wurden.

Solche Kenngrößen sind jedoch ebenso prägnant wie wenig hilfreich bei der unterjährigen Planung und Steuerung der Mitarbeiterkapazitäten. So bleiben für den Vertriebsleiter wie auch für seine einzelnen Mitarbeiter die in Abbildung 105 gestellten Fragen meist unbeantwortet:

- Wie viele Vertragsverhandlungen müssen geführt werden, um den Zielumsatz zu erreichen?
- Wie viele Angebote müssen geschrieben werden, um zu einer bestimmten Anzahl an Vertragsverhandlungen eingeladen zu werden?
- Wie viele Kundenbesuche müssen durchgeführt werden, um eine bestimmte Anzahl an Angeboten zu schreiben?

---

[230] In Anlehnung an: BITKOM (2006), S. 7.

[231] 92 bzw. 88 Prozent der Führungskräfte in Vertrieb bzw. Marketing und 89 bzw. 69 Prozent der Fachkräfte in Vertrieb bzw. Marketing erhalten eine variable Vergütung (vgl. Kienbaum (2009)).

- Wie viele Kontakte mit potenziellen Kunden und mit Bestandskunden müssen durchgeführt werden, um eine bestimmte Anzahl an Kundenbesuchsterminen zu generieren?
- Und schließlich: Welcher Mitarbeiteraufwand wird im Back und Front Office für die oben genannten Tätigkeiten benötigt?

Schlussendlich ist es erforderlich, aus den Vertriebszielen sinnvolle Prozesskennzahlen abzuleiten, um damit unterjährig den Vertriebserfolg zu messen und zu steuern (vgl. Abbildung 106):

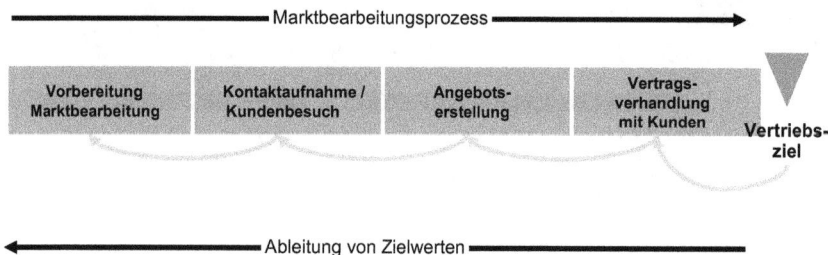

Abbildung 106: Ableitung von Prozesskennzahlen aus dem Vertriebsziel

Beispiel

Die abgeleiteten Prozesskennzahlen dienen über das Vertriebscontrolling hinaus auch der Kapazitätsplanung im Vertrieb: Aus den Umsatzzielen wird für ein Vertriebsteam eines Anlagenbauunternehmens die Zielgröße „acht Neukundenabschlüsse" für das nächste Geschäftsjahr abgeleitet. Bei einer Erfolgsquote von eins zu fünf ergibt sich daraus das Erfordernis von 40 verbindlichen Angeboten, die hierfür zu erstellen sind. Um 40 verbindliche Angebote platzieren zu können, sind 160 Kundenbesuche erforderlich, da nur jedes vierte Gespräch mit der Aufforderung zur Abgabe eines Angebots endet. Voraussetzung für 160 Kundentermine sind jedoch 480 Kundenkontakte in Form qualifizierter Telefongespräche oder Explorationstermine, da auch hier erfahrungsgemäß eine Erfolgsquote von eins zu drei subsumiert wird.

Diese Mengengerüste bilden wiederum die Grundlage für die Abschätzung des jeweiligen Aufwands pro Tätigkeit. Es wird davon ausgegangen, dass pro Kundenkontakt/Kundenbesuch/Angebot ein differenzierter Aufwand für die Vorbereitung, Durchführung und Nachbereitung anfällt. Im vorliegenden Rechenbeispiel ergibt sich ein planerischer Personalaufwand von 288 Manntagen (vgl. Abbildung 107). Hinzuzurechnen sind Personalkapazitätsbedarfe für administrative Tätigkeiten, Bestandskundenpflege und übergreifende Projektarbeit. Auch kann es sinnvoll sein, das Modell dahingehend zu erweitern, dass die acht Vertragsabschlüsse nach Neu- und Bestandskunden unterschieden werden, da i. d. R. unterschiedliche Erfolgquoten und Aufwandstreiber vorliegen dürften.

	Kunden-kontakt	Kunden-besuch	Angebots-erstellung[1]	Ab-schlüsse
Anzahl Kunden	480	160	40	8
Vorbereitung [MT]	0	0,20	0,50	
Durchführung [MT]	0,05	0,60	1,0	
Nachbereitung [MT]	0,05	0,20	0,50	
Manntage gesamt	48,0	160,0	80,0	288,0

480

Quote 1/3

160

Quote 1/4

40

Quote 1/5

8

Anzahl Abschlüsse — Anzahl verbindl. Angebote — Anzahl Kundenbesuche — Anzahl Kundenkontakte*

* telefonisch oder Explorationstermin

[1] inkl. Vertragsverhandlung

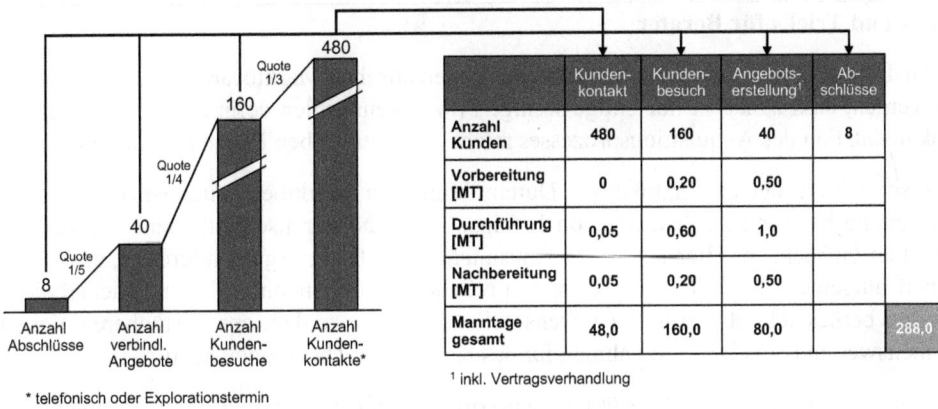

Abbildung 107: Ressourcenplanung für den Akquisitionsprozess

Anschließend empfiehlt es sich, die Jahresvorgabewerte für „Kundenkontakte", „Kundenbesuche" und „Angebote" auf Monatszielwerte herunterzubrechen und monatlich mit Hilfe eines Soll-/Ist-Vergleichs zu überwachen. So lassen sich sowohl für den Vertriebsleiter wie auch den einzelnen Vertriebsbeauftragten Überraschungen am Geschäftsjahresende vermeiden.

Fazit

Die teilweise vorzufindenden Vorurteile, dass der Vertriebserfolg ausschließlich vom Verkaufstalent Einzelner abhängt bzw. dass Vertriebsprozesse weder plan- noch strukturierbar sind, erschweren eine systematische Marktbearbeitung. Gerade aber im Business-to-Business-Bereich wird deutlich, dass eine solide Vertriebsplanung zwar nicht automatisch zu Erfolg führt, aber zumindest eine Voraussetzung hierfür darstellt. Die Ableitung von und Steuerung über Prozesskennzahlen auf Grundlage der individuellen Jahreszielvereinbarungen unterstützen dabei in zweierlei Hinsicht: Zunächst helfen sie bei der Verifizierung, ob die gesetzten Vertriebsziele über die bestehenden Personalressourcen grundsätzlich abdeckbar sind. Somit wird vermieden, dass der Vertriebsmitarbeiter oder sein Team am Jahresende klagen, die Vertriebsziele wegen fehlender Ressourcen nicht erreicht zu haben („Hätten wir einen Vertriebsassistenten zur Unterstützung mehr im Team, wären die Ziele auch erreicht worden!"). Darüber hinaus dienen die Prozesskennzahlen der unterjährigen Kontrolle der Zielerreichung, um „böse Überraschungen" am Jahresende zu vermeiden. Der monatliche Abgleich von Kennzahlen wie „Kundenbesuche Ist zu Soll" ist damit nicht nur ein Instrument für das Management, sondern auch zum Selbstcontrolling der Vertriebsmannschaft. Außerdem helfen die tatsächlichen Erfolgsquoten bei der exakteren Planung der darauffolgenden Jahre (Erfahrungswerte statt Vermutungen).

Tipps und Tricks für Berater

1. Analog zur BSC-Einführung sollte bei der systematischen Marktbearbeitung darauf geachtet werden, dass zunächst nur einige wenige Prozesskennzahlen definiert werden. Auch die Dokumentation des Akquisitionsprozesses reicht auf einer groben Ebene hierfür aus.

2. Insbesondere bei der erstmaligen Durchführung der Marktbearbeitungsplanung ist mit Widerstand bei der Einschätzung von Erfolgsquoten und durchschnittlichem Aufwand pro Tätigkeit zu rechnen. Hier sollte der Consultant zweigleisig argumentieren: Erstens sollte darauf hingewiesen werden, dass es sich um Schätzwerte handelt und daher Sicherheitszuschläge berücksichtigt werden. Zweitens sollte versucht werden, aus verfügbaren Vergangenheitswerten realistische Annahmen für das Kapazitätsrechenmodell abzuleiten.

3. Wie bei Kennzahlenprojekten üblich, wird oft der Aufwand für die Datenerhebung kritisch moniert. Dies gilt speziell für Prozesskennzahlen aus einer frühen Phase des Marktbearbeitungsprozesses (z. B. bei der Anzahl Kontaktaufnahmen). Grundsätzlich hilfreich ist dabei die Erfassung über CRM-Systeme. Falls dies nicht vorhanden ist, sollte die Aufgabe auf die Vertriebsassistenz übertragen werden.

4. Die Akzeptanz des Projekts hängt im starken Maße von der Aktualität der erhobenen Prozesskennzahlen ab. Es hilft daher kaum etwas, wenn die Ist-Werte für den Monat Juni erst Anfang August kommuniziert werden. Hier sollte eine Reaktionszeit von sieben bis zehn Tagen angestrebt werden.

5. Bei der Auswertung der monatlichen Prozesskennzahlen ist zu gewährleisten, dass – außer für den Vorgesetzten und den Betroffenen – keine Rückschlüsse auf die Leistungen Einzelner möglich sind.

6. Beim Herunterbrechen von Soll-Werten auf Monatsebene sind ggf. saisonale Besonderheiten zu berücksichtigen. So sollten die Vorgabewerte etwa bei der Anzahl Kundenbesuche in den Sommermonaten oder während des Jahreswechsels – bedingt durch die Urlaubszeit – niedriger als in Vergleichsmonaten angesetzt werden.

7. Im Vordergrund eines solchen Projekts steht die Verbesserung der Vertriebsprozesse, nicht die inhaltliche Ausgestaltung der Vertriebsaktivitäten (Form der Ansprache, Verkaufstrainings etc.). Daher sollte der Consultant den Eindruck im Projekt vermeiden, dass er dazu da ist, um den Verkäufern das Verkaufen beibringen zu wollen!

7.2.3 Zentralisierung der Vertriebs- und Distributionslogistik

Im Herbst 2004 eröffnete der österreichische Gartengerätehersteller Viking, ein Tochterunternehmen der STIHL-Gruppe, zusammen mit dem Logistikdienstleister Wincanton, sein europäisches Zentrallager in Straßburg. Mit einer Kapazität für 50000 Rasenmäher, Rasentraktoren, Häcksler u. ä. werden die Fachhändler aus über 15 Ländern direkt beliefert, während früher die Auslieferung zweistufig über Werks- und lokale Vertriebslager erfolgte. Durch die Umstellung erhoffte sich das Management im Vergleich zum Basisjahr 2001 eine Einsparung von einer Million Euro über die logistische Kette. Auch die Leifheit KG, mittelständischer Anbieter von Haushaltsprodukten, konzentrierte ihre Distributionsstrukturen im Rahmen des Projekts „Supply Chain Champion – Vorsprung durch Service" mit Unterstützung einer Beratung, indem der bisherige baden-württembergische Produktionsstandort Zuzenhausen zum Zentrallager umgewandelt wurde. Zwar konnte Personal eingespart werden, „unerwartete logistische Anlaufprobleme" im ersten Quartal führten jedoch zu einem reduzierten Betriebsergebnis laut Halbjahresbericht 2008 des Unternehmens. Als drittes Beispiel sei der Schreibgerätehersteller Staedtler genannt, der im Zuge seines Eurologistik-Projekts 2007 seine Distributionsaktivitäten am Standort Nürnberg bündelte. Von dort aus wird der Fachhandel in zwölf Ländern bedient, die nationalen Vertriebslager werden schrittweise aufgelöst. Die Industriebeispiele Leifheit, Viking und Staedtler stehen nur exemplarisch für eine Vielzahl von Unternehmen, die ihre Vertriebs- und Distributionsstrukturen zunehmend straffen.

Trend zur zentralen Distribution

Früher gab es in der Konsumgüterindustrie hauptsächlich mehrstufige Distributionssysteme, z. T. mit Produktions-, Zentral-, Regional- und Auslieferungslagern. Weil derartige Konstellationen neben einem hohen Maß an Verfügbarkeit der einzelnen Produkte aber zugleich auch hohe Bestandskosten verursachen, wurden diese mehrstufigen Systeme in der Vergangenheit sukzessive abgebaut und zentralisiert. Dabei bieten sich drei Optionen an, wobei sich für den europäischen Markt in zahlreichen Branchen die erste durchsetzt (vgl. Abbildung 108):

1. Kundenbelieferung aus einem Zentrallager
2. Kundenbelieferung aus nationalen Lagern
3. direkte Kundenbelieferung ab Werk

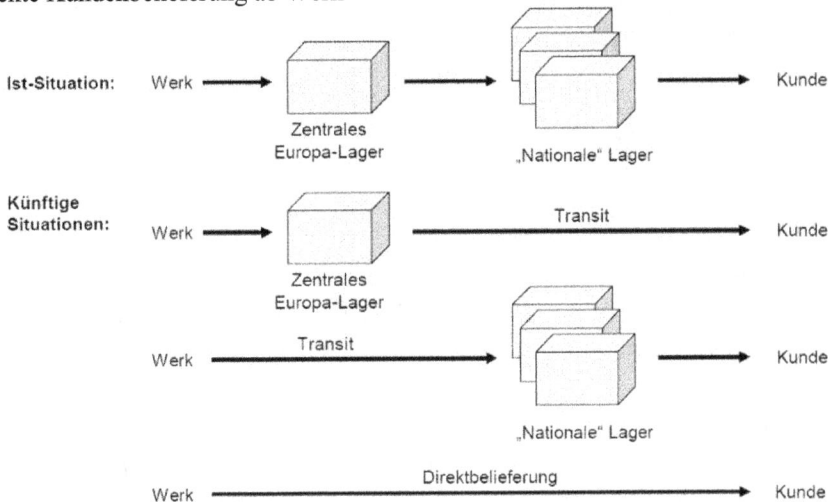

Abbildung 108: Lagerstrukturen im europäischen Binnenmarkt[232]

---

[232] Enthalten in: *Schulte, C.* (2009), S. 464.

Die Tendenz zur Zentralisierung hat mehrere Ursachen: Bei einer dezentralen Lösung durch die Vorhaltung von Sicherheitsbeständen ist n jedem Auslieferungslager der Gesamtlagerbestand über alle Lager relativ hoch, bei einer Zentralisierung des Distributionssystems sinken die mit der Lagerung verbundenen Lager- und Kapitalbindungskosten. Insbesondere bei höherwertigen Produkten kann dieser Effekt stark zu Buche schlagen, da beispielsweise in jedem Regionallager der bisher benötigte Sicherheitsbestand zur Abdeckung von Nachfrageschwankungen deutlich sinkt.

Auch die aufgrund der verstärkten Individualisierung der Produkte und der häufigeren Produktwechsel vergrößerte Produktpalette fördert die Zentralisierung. Hieraus ergibt sich neben den damit verbundenen höheren Kapitalbindungskosten auch noch ein erhöhtes Lagerrisiko, da die Gefahr steigt, Produkte einzulagern, die später nicht mehr verkauft werden können oder als technisch überholt angesehen werden. Verglichen mit einer dezentralen Distributionsstruktur sind diese Risiken bei einer zentralen Distribution geringer, da hier ein besserer Überblick über den gesamten Bestand der gesamten Produktpalette vorliegt.

Hinzu kommt schlussendlich, dass sich aus einer Zentralisierung höhere Mengenaufkommen für die einzelnen Lager ergeben, die den Einsatz moderner Lager- und Kommissioniertechniken sowie der hierfür erforderlichen Informationsstrukturen erleichtern. Das führt schließlich zu einer im Ergebnis kostengünstigeren Distributionslogistik.

Risiken einer Zentralisierung

Die im vorhergehenden Abschnitt erläuterten Vorteile der zentralen Distributionslogistik sind konträr zu den Nachteilen der dezentralen Distributionsstruktur zu betrachten und umgekehrt. Eine dezentrale Organisation bringt Nachteile und Vorteile mit sich. Wie Abbildung 109 verdeutlicht, sinkt durch mehrere kleine Absatzlager die durchschnittliche Entfernung zwischen Kunden und Lager. Daraus resultieren niedrigere Auslieferungskosten pro Stück. Zudem sind kürzere Wege zum Kunden statistisch gesehen weniger störanfällig (etwa Stau), als lange Strecken. Dies führt zu kürzeren Lieferzeiten. Der Vorteil der kürzeren Transportwege innerhalb der dezentralen Struktur bedeutet zugleich einen großen Nachteil der Zentrallager und führt zu einem erhöhten Risiko. Bei längeren Transportwegen liegt eine zusätzliche Herausforderung in der zeitgenauen Planung. Verglichen mit der dezentralen Struktur ergibt sich hier ein Nachteil für die zentrale Warenverteilung.

Entscheidungskriterien und relevantes Datenmaterial

Somit stellt sich die Frage, in Abhängigkeit welcher Kriterien eine zentrale oder eine dezentrale Distributionslogistik vorzuziehen ist. Dies ist – nicht zuletzt für den Berater als neutralem Dritten – eine Herausforderung, da meist unterschiedliche Interessenlagen im Industrieunternehmen aufeinander treffen, z. B.:

- Sichtweise Headquarters versus nationale Vertriebsgesellschaften
- Sichtweise Controlling und Distributionslogistik versus Marketing und Vertrieb
- Sichtweise Kosten versus Leistung

Vor dem Hintergrund unterschiedlicher Interessenlagen ist es wesentlich, objektive Entscheidungskriterien bzgl. Kosten und Leistung einer zentralen oder dezentralen Distributionsstruktur herauszuarbeiten. Zu den Kostenkriterien zählen dabei:

- Anzahl und Größe der Lager
- Umschlagkosten
- Transportkosten für Bewegungen zwischen den Standorten
- Auslieferungskosten zum Kunden
- Kapitalbindungskosten
- Fehlmengenkosten (entgangene Gewinne, Konventionalstrafen, Preisdifferenzen)

Vereinfachend lässt sich unter rein logistikkostentechnischen Gesichtspunkten die optimale Anzahl an Distributionsstandorten schematisch folgendermaßen herleiten (vgl. Abbildung 109):

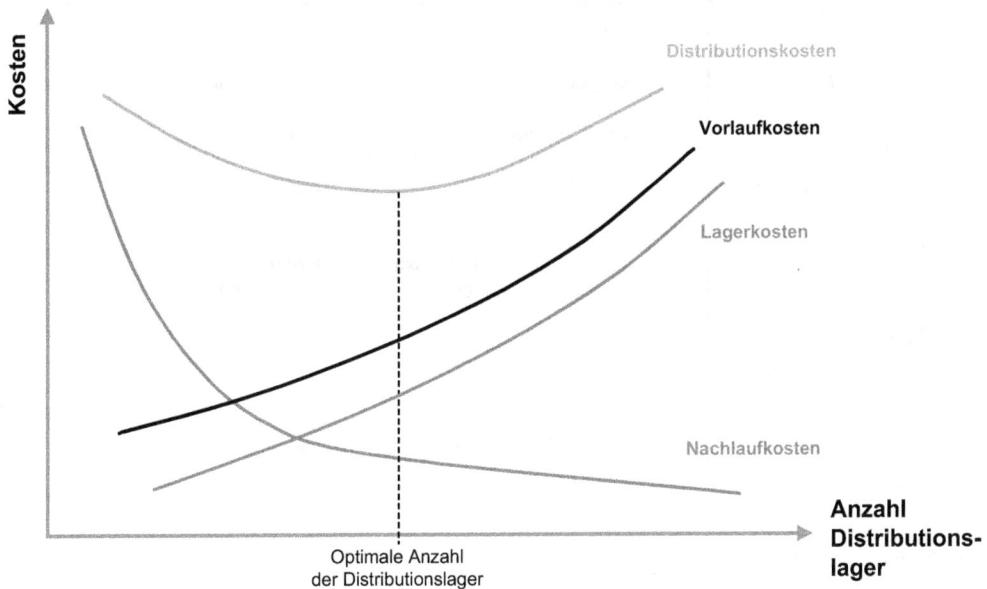

Abbildung 109: Bestimmung der optimalen Anzahl an Distributionslagerstandorten[233]

In Bezug auf die logistische Leistungsfähigkeit der Distributionsstruktur sind hingegen folgende Parameter relevant:

- Lieferservicegrad (Erfüllung von Kundenwünschen im Sinne einer Lieferfähigkeit)
- Lieferzeit (Zeitraum von Bestelleingang bis Anlieferung beim Kunden)

---

[233] In Anlehnung an: *Eisele, P.* (1976), S. 16.

- Lieferzuverlässigkeit/Termintreue (Einhaltung von Lieferterminen)
- Lieferflexibilität (im Hinblick auf spezielle Kundenwünsche)
- Lieferqualität/Lieferbeschaffenheit (Art, Menge und Zustand der Lieferung ohne Beanstandung aus Kundensicht

Darüber hinaus fließt die Risikobereitschaft ein, inwieweit der Industriebetrieb bereit ist, sich in die Abhängigkeit eines Standorts zu begeben (GAU-Gefahr). So wird von einem Automobilhersteller berichtet, der Ende der 1990er Jahre auf Grund einer SAP-Umstellung mehrere Tage technisch nicht in der Lage war, Ersatzteile aus seinem europäischen Zentrallager an Kfz-Werkstätten zu liefern.

Schulte hebt als wesentliche Kriterien bei der Errichtung zentraler bzw. dezentraler Lager folgende Aspekte hervor (vgl. Abbildung 110):

Einflussgröße	Zentrallager	Dezentrale Lager
Sortiment	breit	schmal
Lieferzeit	länger	kurz, stundengenau
Wert der Produkte	teure Produkte	billige Produkte
Konzentration der Produktion	eine Quelle	mehrere Quellen
Kundenstruktur	homogene Kundenstruktur/ wenige Großkunden	inhomogene Kundenstruktur/ viele kleiner Kunden
Spezifische Lageranforderung (z. B. Temperatur)	vorhanden	nicht vorhanden
Nationale Absatz-markt-Eigenheiten	wenige Eigenheiten	viele nationale Eigenheiten

Abbildung 110: Kriterien für zentrale oder dezentrale Belieferung von Kunden[234]

---

[234] In Anlehnung an: *Schulte, C.* (2009), S. 463.

Praxisbeispiel: Neustrukturierung des europäischen Logistik-Netzwerks bei Gardena[235]

Als Gartengerätehersteller ist das Geschäft von Gardena mit Sitz in Ulm äußerst saisonal geprägt. In den Monaten März bis Juni liegen die Umsätze zehn bis zwanzig Mal so hoch wie im umsatzschwächsten Monat. Bis zur Umstrukturierung der Distributionslogistik in den Jahren 2001 und 2002 verfügte jede Landesgesellschaft über ein eigenes Fertigwarenlager, für dessen Bestand und Lieferservice sich der jeweils nationale Vertrieb verantwortlich zeichnete. Im Zuge einer Zentralisierung der Europalogistik am Produktionsstandort Ulm werden inzwischen zahlreiche Kunden Mittel- und Westeuropas bis nach Spanien direkt beliefert: „Von ehemals 13 westeuropäischen Lagerstandorten sind mittlerweile noch sechs übrig."[236]

Lediglich die Länder Großbritannien, Portugal, Schweiz und Italien verfügen noch über so genannte „National Distribution Centers", während Skandinavien länderübergreifend über ein „Regional Distribution Center" in Süd-Schweden verfügt (vgl. Abbildung 111). Hieran wird deutlich, dass auch ein Mix aus einer zentralen und dezentralen Lösung in der Praxis umgesetzt wird: Während von Ulm aus weitgehend flächendeckend westeuropäische Kunden beliefert werden, verfügen die vier oben genannten westeuropäischen Länder sowie alle osteuropäischen Länder (weiterhin) über dezentrale Vertriebslager.

Als ein Projektergebnis konnte der Lieferservicegrad auf durchschnittlich über 98 Prozent im Jahr 2005 erhöht werden. Zeitgleich wurden die Bestände „deutlich verringert" und „auch bei den Kosten erzielten die Schwaben durchweg positive Ergebnisse."[237]

---

[235] Vgl. im Folgenden: o. V. (2002), o. V. (2006a), o. V. (2006b).

[236] O. V. (2006b), S. 65.

[237] O. V. (2006b), S. 65.

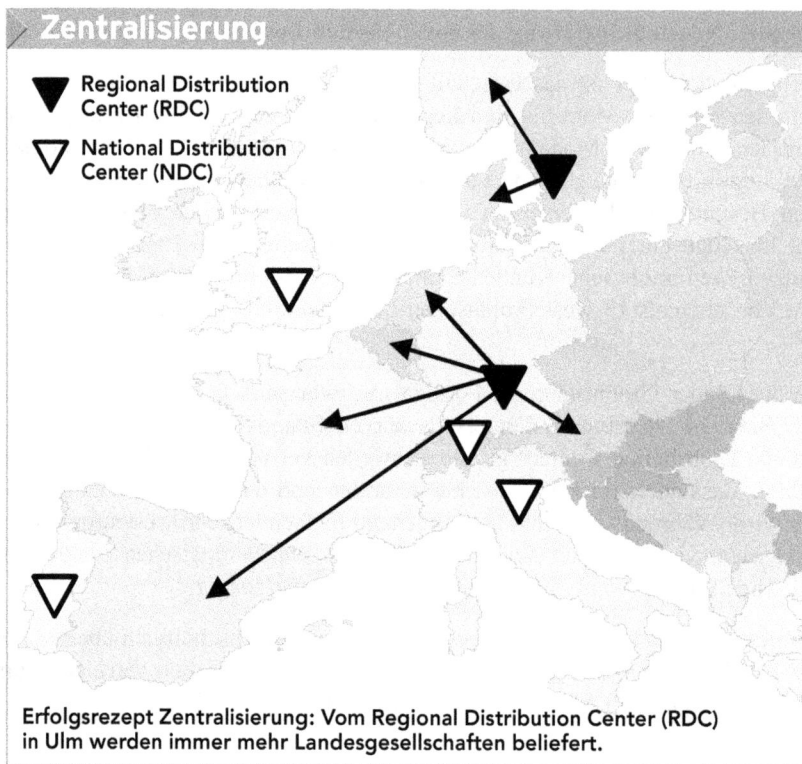

Abbildung 111: Distributionsstruktur von Gardena[238]

7.3   Fallstudie Vertriebsmanagement

Die dritte und letzte Fallstudie befasst sich mit der grundlegenden Neuausrichtung des Vertriebs in einem mittelständischen Industrieunternehmen. Im Rahmen der Projektarbeit wurden nahezu sämtliche Bereiche im Hinblick auf Optimierungsansätze untersucht. Zielsetzung war die Bewältigung des prognostizierten Absatzwachstums unter Vermeidung des Aufbaus weiterer Personalressourcen. Wie in den beiden anderen Fallstudien soll zunächst auf die Ausgangssituation, Problemstellung und den Projektauftrag eingegangen werden, um anschließend konkrete Lösungsansätze darzustellen. Abgerundet wird das Praxisbeispiel durch vertiefende Fragen im letzten Abschnitt.

---

[238] Enthalten in: o. V. (2006b), S. 64.

7.3.1 Ausgangssituation und Aufgabenstellung

Das Unternehmen agiert in einem Marktumfeld mit relativ stabilen Nachfragen, unter anderem aus dem öffentlichen Sektor. Es ging auch in den Folgejahren von zweistelligen Wachstumsraten aus. Dies setzte voraus, dass die Kundenbereiche verstärkt ein systematisches und effektives Vertriebsmanagements betreiben, da der Stellenwert des Vertriebs an Bedeutung gewinnen wird. Wesentliche Gründe für die gestiegenen Herausforderungen an die Vertriebsbereiche lagen einerseits darin, dass zunehmend neue Wettbewerber aus dem Ausland in den eigenen Absatzmarkt eindrangen und so den Wettbewerb verschärften, und andererseits in dem stagnierenden Neugeschäft durch Kooperationspartner und sonstige Absatzmittler.

Vor diesem Hintergrund entschloss sich die Geschäftsführung zur Beauftragung eines externen Beratungsunternehmens hinsichtlich der Durchführung eines Vertriebsscreenings, um Schwachstellen zu konkretisieren, zu analysieren und Lösungsansätze unterbreiten zu lassen. Es umfasst dabei folgende Bausteine am Unternehmensstammsitz (vgl. Abbildung 112):

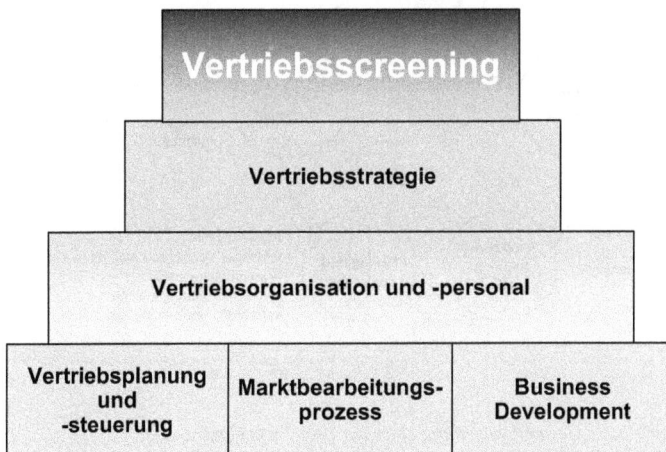

Abbildung 112: Bausteines des Vertriebsscreenings

Im Rahmen des zweiwöchigen Audits durch ein dreiköpfiges Beraterteam wurden mehrere Schwachstellen identifiziert. Fasst man die wesentlichen Problemstellungen und Handlungsbedarfe zusammen, ergibt sich folgendes Bild:

- geringe Neugeschäftquote über Kooperationspartner und die verschärfte Konkurrenzsituation erfordern Neukundengeschäft verstärkt durch eigenen Vertrieb
- weitgehend voneinander abgekoppelte Prozesse und Strukturen, die ein internes gegenseitiges Lernen voneinander erschweren
- kein durchgängig definierter Marktprozess von der Kontaktaufnahme bis zur Vertragsunterzeichnung

- bedingt durch Komplexität und fehlendes Zahlenmaterial derzeit kaum bis kein prozess-orientiertes Vertriebscontrolling
- eine fehlende Vertriebsstrategie führt zu einer fehlenden Ausrichtung des Unternehmens nach dem Boom
- Business Development und Produktmarketing sind in den Vertriebseinheiten derzeit unterschiedlich stark ausgeprägt bzw. in einer Vertriebseinheit sogar fehlend
- trotz knapper Ressource „Vertriebsmitarbeiter" am Markt und hoher Fluktuation wenige Maßnahmen zur Mitarbeiterbindung, die teilweise nicht als solche empfunden werden
- ausbaufähige Delegation von Verantwortung (außerhalb der reinen Sales-Ziele) auf Füh-rungskräfte (unterhalb Bereichs- und Abteilungsleitung) und Mitarbeiter im Vertrieb

Die Ergebnisse wurden dokumentiert und pro Vertriebseinheit dem Topmanagement präsen-tiert.

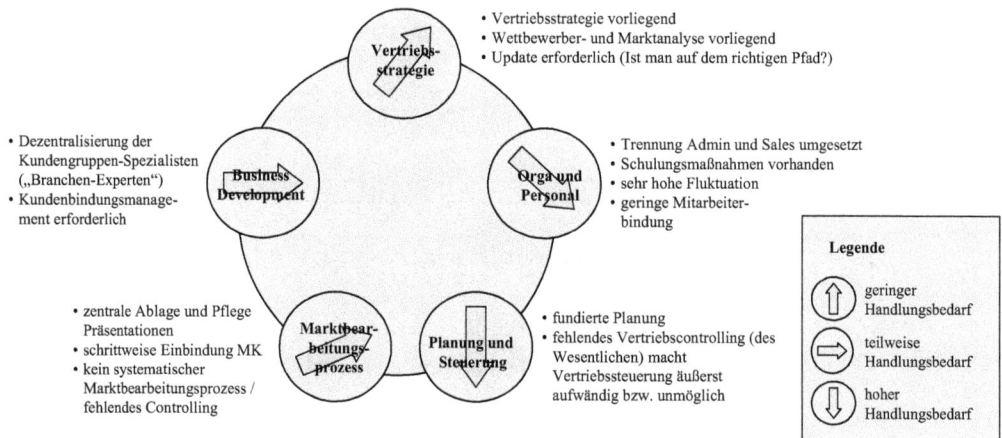

Abbildung 113: Beispielhafte Gesamtbeurteilung einer der drei Vertriebseinheiten

7.3.2　　Konzepterarbeitung und Vorgehensweise im Projekt

Im Anschluss an das Vertriebsscreening und die Steuerkreissitzung wurde die Unterneh-mensberatung damit beauftragt, die vorgeschlagenen Ansatzpunkte im Rahmen eines Folge-projektes gemeinsam mit dem mittleren Vertriebsmanagement (Bereichs- und Abteilungslei-ter) innerhalb von vier Monaten auszugestalten und umzusetzen. Um eine hohe Projektdy-namik sicherzustellen, fanden wöchentliche Workshops unter der Teilnahme mindestens eines der beiden zuständigen Geschäftsführungsmitglieder statt (vgl. Abbildung 114). Wäh-rend sich die Vertriebsbereichsleiter die Projektleitung teilten, wurden sie von fünf Sales Manager sowie temporären Vertretern aus Controlling und Personalwesen unterstützt.

Baustein	Februar	März	April	Mai	Juni
Vorgehensweise Vertriebsplanung und Kundenmanagement		███████	███████		
systematischer Marktbearbeitungs-prozess			████████	██	
Vertriebscontrolling-prozess				████████	███████
Vertriebsorganisation und -personal					████████
Projektteamsitzungen	▽ (Kick-off)	▽ ▽▽	▽ ▽▽▽ ▽▽	▽ ▽	▽▽ ▽ ▽

Abbildung 114: Projektgrobplan mit vier Arbeitspaketen

Die Projektzielsetzung wurde relativ global umschrieben. Als Projektergebnis wurde eine Umsatzsteigerung von 15 Prozent im nächsten Geschäftsjahr erwartet, und zwar unter Verzicht auf den Aufbau zusätzlicher Personalkapazitäten, die aufgrund der Branchenspezifika und des erforderlichen technischen Produkt-Know-hows auch nicht kurzfristig am Arbeitsmarkt hätten gedeckt werden können. Die Zielsetzung des Projektes sollte schließlich in zwei Richtungen gehen: Erstens sollten Lücken in den einzelnen Arbeitspaketen des Vertriebmanagements – nicht zuletzt durch internes Benchmarking und voneinander Lernen geschlossen werden. Trotz der Unterschiedlichkeit des Geschäfts sollten durch eine engere Zusammenarbeit eine Vielzahl von (konkreten und direkt umsetzbaren) Ansatzpunkten hieraus erarbeitet werden. Zweitens diente das Projekt auch der verstärkten Vereinheitlichung und Standardisierung von Vorgehensweisen und Prozessen innerhalb des Gesamtunternehmens.

Im Folgenden soll auf ausgewählte Lösungsansätze in dreien der vier Arbeitspakete eingegangen werden:

Arbeitspaket „Vertriebsplanung und Kundenmanagement":

- Festlegung eines Vertriebsplanungsprozesses im Gegenstromverfahren
- Definition von Kundenklassen

Arbeitspaket „Marktbearbeitungsprozess":

- Ausschöpfung von Cross-Selling-Potenzialen

Arbeitspaket „Vertriebsorganisation und -personal":

- Implementierung einer Vertriebsabteilung „Sales und Business Development"

Arbeitspaket „Vertriebsplanung und Kundenmanagement": Festlegung eines Vertriebsplanungsprozesses im Gegenstromverfahren

Im ersten Arbeitspaket standen strategische Fragestellungen im Vordergrund. Im Rahmen des Vertriebsscreenings wurden dabei folgende konkrete Defizite in Bezug auf den Vertriebsplanungsprozess ermittelt:

- unklare Herleitung der Vertriebsziel-Zielwerte
- Ableitung der Zielwerte ausschließlich top-down
- späte Kommunikation der Vertriebsziele, teilweise bereits erst ein bis zwei Monate nach Beginn des Geschäftsjahres
- nachträgliche Anpassung der Vertriebsziele durch den Aufsichtsrat

Die dargestellten Schwachstellen machten den Handlungsbedarf deutlich, da einerseits die Vertriebsführungskräfte und -mitarbeiter über Intransparenz und darauf folgend geringe Zielidentifikation klagten. Andererseits zeigte die Geschäftsführung nur beschränkte Bereitschaft dazu, die Ebenen ab Abteilungsleiter und darunter in den Zielfindungsprozess zu integrieren. Um die Situation zu verbessern, wurden Eckpunkte als Basis für den Soll-Prozess definiert:

- Verabschiedung eines verbindlichen Zeitplans, der sich jährlich wiederholt
- Bekanntmachung des finalen Zeitplans mindestens einen Monat vor Geschäftsjahresbeginn
- im Anschluss an Top-down-Planung konkrete Bottom-up-Planung (auf Basis der A-Kunden)
- Einbinden von Vertriebsmitarbeitern auf der Ebene Senior Sales Manager in die Bottom-up-Planung

Als neuer Vertriebsplanungsprozess, der anschließend in der Geschäftsprozess-Software ViFlow hinterlegt wurde, ergab sich folgender fünfstufiger Prozess (vgl. Abbildung 115):

1. Festlegen Planungs- grundlagen	2. Top-down- Vorgabe von Vertriebszielen	3. Bottom-up- Planung	4. Konsolidierung und Verabschiedung des Vertriebsplans	5. Budget- planung
• Festlegung der wesentlichen Grundlagen, z. B. geplanter Eintritt in neue Märkte, neue Marktsegmente etc. • abgeleitet aus der strategischen Vertriebsplanung (Planungshorizont meist 3-5 Jahre) • entwickelt von Topmanagement, abgestimmt mit Aufsichtsrat	• Einschätzung der Entwicklung des Vertriebserfolgs für das Folgejahr • Einflussgrößen: - Marktvolumen - Marktentwicklung - eigener Marktanteil • Ist-Werte laufendes Geschäftsjahr • Festlegung auf Basis angenommener Personalressourcen	• konkrete Einschätzung durch die Vertriebs- mitarbeiter (aus Effizienzgründen i. d. R. fokussiert auf A- Kunden) unter Beachtung Ist-Werte laufendes GJ • Aggregation der Ein- zeleinschätzungen durch BL und AL • Festlegung auf Basis verfügbarer Personalressourcen	• Gegenüberstellung der Top-down- und Bottom- up-Planung • Konsensfindung aus „Hochsprung" (top- down) und „Limbo- tanz" (bottom-up) • aktive Einbindung des Vertriebs in Konsolidierungsphase	• Überführung Vertriebsplan in Budgetplan • Abstimmung mit der Personalplanung von Back/Front Office
Geschäfts- führung	Geschäfts- führung	Bereichs- und Abteilungsleiter	Geschäftsführung, Bereichs- u. Abteil.	Geschäftsführung/ Controlling
vorhanden	Deadline: Ende April	Deadline: Ende Mai	Deadline: Ende Juni	Deadline: Ende August

Abbildung 115: Soll-Vertriebsplanungsprozess des Unternehmens

Im dritten Schritt der Vertriebsplanung findet die Bottom-up-Planung durch die Vertriebs-mitarbeiter statt. Auf der untersten Ebene sind pro A-Kunde, und zwar getrennt nach Be-standskunden und geplanten Neukunden, Umsätze und Deckungsbeiträge zu ermitteln. Wäh-rend bei den Bestandskunden Umsätze und Deckungsbeitrage namentlich zuzuordnen sind, erfolgt die Planung bei den geplanten Neukunden auf Basis der gewünschten Anzahl sowie Aussagen zu den Zielgruppen.

Die Planung auf der Ebene Kunde konzentriert sich aus Effizienzgründen auf die A-Kunden, die ca. 80 Prozent der Umsätze und Kundenbeiträge beisteuern. Die fehlenden 20 Prozent werden pauschal auf die Planung zugeschlagen. Die Zielwerte berücksichtigen einerseits Vorjahreszahlen, andererseits die sich abzeichnende Marktentwicklung. Zur Sicherstellung realistischer Zielwerte sind die Einzelwerte jeweils mit der nächst höheren Instanz abzu-stimmen (vgl. Abbildung 116):

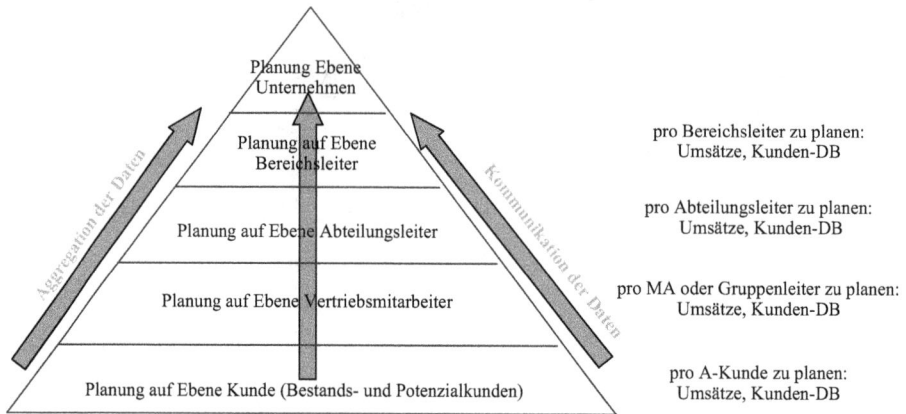

Abbildung 116: Bottom-up-Planung als Teil der Vertriebsplanung

Arbeitspaket „Vertriebsplanung und Kundenmanagement": Definition von Kunden-klassen

Voraussetzung für die Vertriebsplanung war zunächst die Entwicklung eines einheitlichen Kundenklassifikationsschemas. Das Schema gilt für sämtliche Vertriebseinheiten, die jeweiligen Grenzwerte bei der Einteilung in A-, B- oder C-Kunde unterscheiden sich im Hinblick auf die drei Vertriebsbereiche. Hierdurch soll auf der einen Seite eine Vergleichbarkeit hergestellt werden, andererseits aber auch den Besonderheiten von Branchen und Vertriebsregionen Rechnung getragen werden.

In der Ausgangssituation wurden Kunden nicht explizit klassifiziert. Die implizite, nicht schriftlich fixierte Einteilung erfolgte durch den einzelnen Vertriebsbeauftragten, wobei dieser sich von den vergangenen Umsätzen und Deckungsbeiträgen leiten ließ. Da der Auftraggeber wünschte, dass ein möglichst einfaches Instrument zur Kundenklassifizierung entwickelt werden sollte, entstand ein Modell, das sich auf vier Beurteilungskriterien und jeweils drei Ausprägungsformen beschränkte.[239] Dennoch enthält die gefundene Lösung sowohl qualitative wie quantitative als auch vergangenheits- wie zukunftsorientierte Aspekte (vgl. Abbildung 117):

---

[239] Vgl. zum grundsätzlichen Konzeptansatz z. B. *Detroy, E.-N.* (2007), S. 695-699.

Kriterium	Ausprägungsform		
	C	**B**	**A**
Jahresumsatz	bis 25 Mio. €	zwischen 25 und 75 Mio. €	größer 75 Mio. €
Kunden-DB p. a.	bis 50 T€	zwischen 50 und 150 T€	größer 150 T€
Kunden-DB-Potenzial der nächsten 2 Jahre	bis 50 T€ p. a.	zwischen 50 und 150 T€ p. a.	größer 150 T€ p. a.
Imagefaktor / Eignung als Referenzkunde	gering	mittel	hoch

(Vergangenheit / Zukunft)

A, B oder C?

Abbildung 117: Kundenklassifikationsschema eines Vertriebsbereichs

Die Kundenklassifikation fungiert seitdem nicht nur als objektive Basis für die jährliche Vertriebsplanung, sondern auch für die Kommunikationspolitik im Vertrieb: Anzahl der Kundentermine vor Ort pro Monat, Einladung zu Kundenevents, Zusendung Newsletter und Kundenmagazin, Zusendung branchenspezifischer Sonderdrucke etc.

Arbeitspaket „Marktbearbeitungsprozess": Ausschöpfen des Cross-Selling-Potenzials

Da das Industrieunternehmen davon ausging, die anvisierten Umsatzsteigerungen nicht nur über die Pflege von Bestandskunden und die Gewinnung von Neukunden, sondern auch über Cross Selling zwischen den drei Vertriebsbereichen zu erzielen, stellte die Einführung eines finanziellen Anreizsystems einen Baustein im Arbeitspaket „Marktbearbeitungsprozess" dar. Gerade in diesem Themenfeld legte das Vertriebsscreening wesentliche Schwachstellen offen:

- fehlende Kenntnisse über das Produktportfolio der anderen Vertriebsbereiche
- kein einheitliches Verständnis, was Cross Selling darstellt und was nicht
- kaum Cross-Selling-Aktivitäten, und wenn, dann nicht systematisch (eher intuitiv gelebt), individuell dokumentiert und ausschließlich auf Kundeninitiative hin
- keine internen Anreize und keine Vergütung bei der Durchführung von Cross Selling

Zunächst wurde der Begriff des Cross Selling unternehmenseinheitlich definiert, und zwar als „ein auf persönlichem Engagement eines Vertriebsbeauftragten entstandener Kundenvertrag in einem anderen Vertriebsbereich. Unter persönlichem Engagement ist das Herstellen eines verbindlichen und qualifizierten Kontakts, die Zustimmung des Kunden zu einem gemeinsamen Gesprächstermin zu dritt sowie der Support bei der Vor- und Nachbereitung des Kundentermins zu verstehen." Anhand dieser umfassenden Begriffskonkretisierung wird deutlich, dass Cross Selling umfassendere Aktivitäten auf beiden Vertriebsseiten erfordert.

Zur Erhöhung der Transparenz wurde anschließend festgelegt, was noch nicht als Cross Selling zählt und damit auch nicht anrechnungsfähig ist:

- ausschließlich die Weitergabe von Kontaktdaten an einen anderen Vertriebsbereich
- Unterstützung von Vertriebsbereich A durch Vertriebsbereich B, wenn Kontakt bereits Kunde von Vertriebsbereich A ist
- kein Zustandekommen eines Vertrags
- vertriebsbereichsinterne Unterstützung und Weitergabe von Kontakten

Als Lösungsansätze zur Steigerung des Cross-Selling-Erfolgs wurden folgende Vereinbarungen intern getroffen:

1. gezieltes Abfragen bei Bestandskunden nach Cross-Selling-Ansatzpunkten
2. Grundlagenschulung bzw. Refresh der Sales-Mitarbeiter über die Produkte der anderen Vertriebsbereiche
3. Benennung eines Cross-Selling-Beauftragten pro Vertriebsbereich
4. institutionalisiertes Reporting der Cross-Selling-Erfolge und -Aktivitäten im Rahmen des quartalsweisen Steuerkreis-Meetings „Vertrieb"
5. Schaffung monetärer Anreizsysteme

Als Aufgabenspektrum des Cross-Selling-Beauftragten wurden folgende Inhalte definiert:

- Identifizierung von Cross-Selling-Potenzialen über Bereichsgrenzen hinweg
- Unterstützung der Sales Managers bei der Identifizierung und Umsetzung von Cross-Selling-Potenzialen
- Nachhalten von Cross-Selling-Aktivitäten und Reporting in Richtung Abteilungs- und Bereichsleitung
- Entwicklung einer bereichsspezifischen Cross-Selling-Roadmap

Für das Rahmenwerk der monetären Anreize wurde eine pragmatische Lösung gewählt, die in Folgejahren zu spezifizieren waren. Die Vergütung wurde als Prozentsatz (so genannten „Finder's Fee") auf den Kundendeckungsbeitrag definiert, und zwar bezogen auf den Erstumsatz unter Ausschluss möglicher Folgeaufträge.

Arbeitspaket „Vertriebsorganisation und -personal": Implementierung einer Vertriebsabteilung „Sales und Business Development"

Durch die langjährigen Geschäftsbeziehungen zu den Kunden sahen sich zahlreiche Sales-Beauftragte eher als Kundenbetreuer denn als Akquisiteure. Die bis dahin vorhandene starke Position von Kooperationspartnern, die einen beträchtlichen Teil der Neuakquisition übernahmen, förderte diese Grundhaltung. Da aber nicht nur mit verstärktem Wettbewerb, sondern auch mit rückläufigem Neugeschäft über Absatzmittler gerechnet wurde, erschien es erforderlich, die akquisitorischen Vertriebsaktivitäten pro Vertriebsbereich zu bündeln. Wesentliche Erkenntnisse im Rahmen des Vertriebsscreenings waren in diesem Umfeld:

- intensive und persönliche Bestandskundenbetreuung, die vom Kunden als USP wahrgenommen und honoriert wird

- kaum Freikapazitäten der Sales- und Relationship-Manager für das systematische Planen und Durchführen von Kalt-Akquisitionsmaßnahmen
- Bestandskunden als wichtige Säule für den wirtschaftlichen Erfolg des Unternehmens, aber nicht ausreichend für das Erreichen der 3-Jahres-Strategie
- Erfordernis einer zentralisierten Stelle pro Vertriebsbereich zum aktiven und Ziel gerichteten Vorantreiben von Neukunden-Kampagnen

Als besonders problematisch stellte sich die Klärung des zukünftigen Zusammenspiels zwischen der neuen Einheit und den bestehenden Vertriebsabteilungen in diesem Ansatzpunkt dar. Auf der einen Seite waren die bestehenden Vertriebsabteilungen kaum bereit, Kompetenzen und „Adressen" abzugeben, auf der anderen Seite war dies aber zwingend erforderlich, um der neuen Abteilung „Sales und Business Development" überhaupt die Chance zu geben, die hochgesteckten Vertriebszielerwartungen zu erfüllen. Daher fand im ersten Schritt eine Fixierung der Aufgabenverteilung statt (vgl. Abbildung 118):

„Vertriebs- und Relationship-Abteilung"	„Sales und Business Development"
▪ Lead für: Kundenbetreuung bei Bestandskunden ▪ Lead für: Cross-Selling bei Bestandskunden ▪ mitverantwortlich für: Neukunden-Akquisition, z. B. durch gemeinsame (mit SuB) Akquisitionsplanung und -durchführung durch VRA ▪ Veranstaltungen mit Bestandskunden/ Partnern (zusammen mit Marketingkommunikation) ▪ Sales-Controlling (für Bestandskundengeschäft)	▪ Lead für: Vorbereitung, „Mit"-Durchführung und Nachbereitung von Kaltakquisitionsaktionen (Basis: Kundenpotenzialliste) ▪ Lead für: Produktmanagement ▪ mitverantwortlich (abgestimmt innerhalb des Bereichs; als Ideen- und Impulsgeber, z. B. abgeleitet aus Trends) für Cross-Selling bei Bestandskunden ▪ Betreuung von Ausschreibungen ▪ Veranstaltungen für potenzielle Neukunden (zusammen mit Marketingkommunikation) ▪ Sales-Controlling (für Neukundengeschäft)

Abbildung 118: Aufgabenverteilung zwischen den Vertriebseinheiten

Die Gegenüberstellung verdeutlicht, dass zwar das Bestandskundengeschäft eindeutig der Abteilung VRA zugeordnet werden kann, vom Neukundengeschäft indes beide Seiten tangiert sind. Daher wurde es notwendig, einen fließenden Übergang im Akquisitionsprozess von der Abteilung SuB auf die Abteilung VRA zu vereinbaren, da die Kundenpflege ausschließlich von VRA durchführen ist (vgl. Abbildung 119):

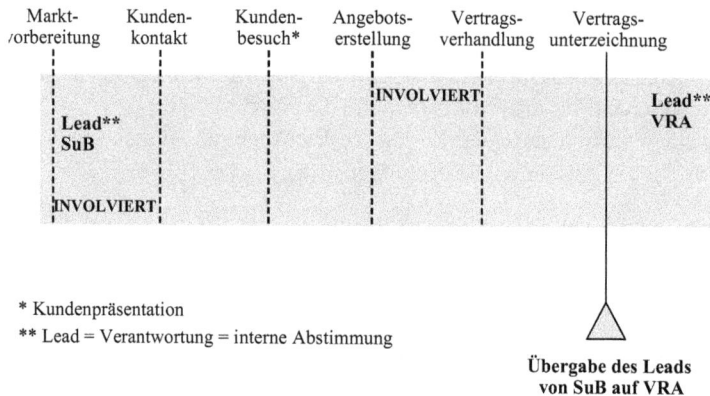

Abbildung 119: Fließender Übergang im Akquisitionsprozess von SuB auf VRA

Die Projektaktivitäten konnten planmäßig nach vier Monaten abgeschlossen werden. Im Rahmen eines Projektreviews nach knapp einem Jahr stellte sich heraus, dass die vier Arbeitspakete „Vertriebsplanung und Kundenmanagement", „Marktbearbeitungsprozess", „Vertriebscontrolling" und „Vertriebsorganisation und -personal" unterschiedlich stark auf die Projektzielerreichung wirkten. Es wurde vom Kunden hervorgehoben, dass speziell zwei Lösungsansätze dabei halfen, die geplante Umsatzsteigerung ohne zusätzliche Personalressourcen zu erreichen, nämlich sowohl das unterjährige systematische Vertriebscontrolling des Marktbearbeitungsprozesses (siehe hierzu auch 7.2.2) als auch die Bildung einer spezialisierten Sales-Einheit, welche im Grundsatz der Branchen-Usance einer Kundenbetreuung anstelle eines aktiven Vertriebs fast schon widersprach.

7.3.3 Vertiefende Fragen zur Fallstudie

In Abschnitt 7.3.2 konnten lediglich ausgewählte Ansatzpunkte vorgestellt und diskutiert werden. Aus diesem Grund sollen an dieser Stelle vertiefende Fragestellungen zur Fallstudie gestellt werden, die dem Selbststudium dienen:

1. Welche Alternativen gibt es zur Ableitung von Zielen im Gegenstromverfahren? Wo sehen Sie Grenzen in diesem Verfahren?
2. Wo liegen Vor- und Nachteile des ausgewählten Kundenklassifikationsschemas!
3. Für welche Instrumente des Marketing-Mix könnten Sie die Informationen der Kundenklassifizierung über die Kommunikationspolitik hinaus nutzen?
4. Neben der Neukundengewinnung trägt die Abteilung SuB auch die Verantwortung für „Business Development". Was ist hierunter zu verstehen bzw. welche Aufgaben sind damit verbunden?
5. Was sind die wichtigsten Kennzahlen für ein prozessorientiertes Vertriebscontrolling?

6. Im Rahmen des Projekts wurde ein Karrierepfad im Vertrieb definiert. Wo liegen die wichtigsten Aufgaben eines Junior Sales Managers, eines Sales Managers und eines Senior Sales Managers?

7. Der Marktbearbeitungsprozess soll durch die Einführung eines CRM-Systems unterstützt werden. Erstellen Sie hierzu eine grobe Gliederung des Lastenhefts!

8   Fünf Thesen zu Wirtschaftskrise und Beratung

Aus heutiger Sicht[240] kann niemand einschätzen, wie lange die globale Wirtschafts- und Finanzkrise andauern wird bzw. mit welchen langfristigen Folgen für die Volkswirtschaften zu rechnen ist. Auch unter Experten existiert kein einheitliches Bild: Auf der einen Seite wird gerade aus dem Umfeld des Topmanagements die Meinung geäußert, dass die Talsohle im zweiten Quartal 2009 erreicht worden ist.[241] Auch das nach wie vor gute Konsumklima, die rasche Erholung der chinesischen und indischen Wirtschaft und der Wiederanstieg der Ölpreise scheinen diese Einstellung zu stützen. Auf der anderen Seiten gehen viele davon aus, dass das wahre Ausmaß der Wirtschaftskrise erst dann deutlich wird, wenn alle Möglichkeiten der Kurzarbeit erschöpft sind und sich dies viel stärker als bisher auf die Arbeitslosenzahlen auswirken wird.[242] Vereinzelt wird auch der Standpunkt vertreten, dass die deutsche Industrie nach der Krise vielleicht nie wieder das ursprünglich hohe internationale Niveau erreichen wird. An dieser Stelle wird es wahrscheinlich fast unmöglich, den Skeptikern oder den Optimisten uneingeschränkt Recht zu geben, da die Meinungen zu wenig differenziert ausfallen.

Die Problematik für Unternehmensberater besteht weniger darin, die Dauer und Schwere der Wirtschaftskrise exakt einzuschätzen, sondern vielmehr darin, Aussagen darüber zu treffen, welche Auswirkungen sie auf den eigenen Zielmarkt hat. So gehen optimistische Berater davon aus, dass sich aus der Krise eine Chance für sie ergibt, da der intensive Druck auf Industrieunternehmen zu Veränderungen führen muss, für die externe Beraterkräfte eingesetzt werden. Demgegenüber vertreten pessimistische Consultants die Auffassung, dass die betroffenen Unternehmen externe Budgets, u. a. für Berater, kürzen. So kündigte der Vorstandsvorsitzende von Siemens *Löscher* Ende Januar 2009 an, keine externen Berater mehr zu beauftragen, um einen mittleren dreistelligen Millionenbetrag einzusparen.

Im Folgenden soll anhand von fünf übergeordneten Thesen der Versuch unternommen werden, die mit der Wirtschaftskrise verbundenen strukturellen Auswirkungen auf den Beratermarkt in Europa zu konkretisieren. Sie erheben keinen Anspruch auf Vollständigkeit, dienen

---

[240] Stand: Juli 2009.

[241] Skeptiker gehen in diesem Fall jedoch eher von einem Zweckoptimismus aus.

[242] So wird etwa Kanzlerin *Merkel* nachgesagt, dass sie Vertreter von DAX-Unternehmen dazu auffordert, bewusst auf betriebsbedingte Kündigungen bis zur Bundestagswahl im September 2009 zu verzichten.

aber dennoch als Kompass und Ausblick auf die zukünftigen Anforderungen an Consultants, zu deren Klienten Industrieunternehmen zählen.

1. These: Die Wirtschaftskrise wirkt sich unterschiedlich stark auf die Beratungsfelder aus.

Die globale Wirtschaftskrise wirkt sich unterschiedlich auf den Beratungsmarkt aus. Während die Nachfrage nach IT-, Personal- und klassischen Strategieberatern rückläufig ist, zählen Wirtschaftsprüfer, spezialisierte Einkaufsberater, Sanierer und Insolvenzverwalter eindeutig zu den Gewinnern, da sie kurzfristige Unternehmenserfolge fokussieren. Beispielsweise geht der BDU davon aus, dass 2009 im Personalberatungsmarkt ein Umsatzminus von 20 Prozent wahrscheinlich ist[243], auch Kurzarbeit und betriebsbedingte Kündigungen, ein Novum im Beraterumfeld, werden nicht nur diskutiert, sondern auch umgesetzt.

2. These: Die Wirtschaftskrise führt zu einem stärkeren Beraterwettbewerb am Markt.

Das Beratungsvolumen in Deutschland fiel 2008 erstmalig seit fünf Jahren niedriger als im Vorjahreszeitraum aus, der europäische Verband FEACO weist noch eine positive Veränderung für Europa aus. Unbenommen von den einzelnen Statistiken ist davon auszugehen, dass der Wettbewerb um Beratungsmandate zunehmen wird. Dies führt einerseits zu erhöhtem Akquisitionsaufwand, andererseits zu sinkenden Tagessätzen. Auch dürfte sich der Trend zur erfolgs- statt aufwandsabhängigen Vergütung verstärken.

Besonders gut positioniert sind naturgemäß solche Berater und Beratungen, die über ein gutes Netzwerk zu den Entscheidern in Wirtschaft und Politik verfügen (vgl. Abbildung 120). „Im Zentrum um Opel agiert *Sergio Marchionne* äußerst geschickt. Gleich mehrere einflussreiche Berater hat der Fiat-Chef eingespannt. Im Zentrum aber zieht einer die Fäden: *Roland Berger*."[244]

---

[243] Stand: Mai 2009.

[244] *Pache, T.*, et al. (2009), S. 11.

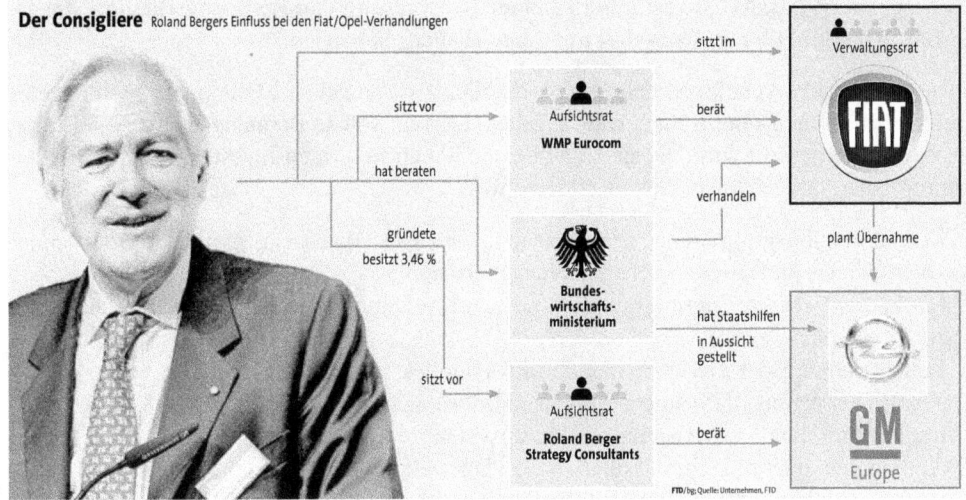

Abbildung 120: Rolle von Roland Berger bei den Fiat-/Opel-Verhandlungen 2009[245]

3. These: Die Wirtschaftskrise wird auch 2010 noch spürbar sein, trifft aber einzelne Branchen unterschiedlich stark.

Vereinzelte Branchen gehen davon aus, dass es bereits zum Jahresende 2009 zu einer konjunkturellen Erholung kommen wird. Die Mehrzahl der Industrieverbände hat 2009 jedoch „abgeschrieben" und hofft auf den Aufschwung im Jahr 2010. Der Zeitpunkt und die Stärke dieser Erholung dürften indes unterschiedlich stark ausfallen. Insbesondere exportorientierte Branchen wie der Maschinen- und Anlagenbau, aber auch die Automobilhersteller und ihre Zulieferer dürften länger als andere Industriezweige (wie zum Beispiel die Konsumgüterindustrie oder die Umwelttechnologie) auf den Aufschwung warten und infolgedessen nur selektiv Beratungsaufträge vergeben.

Ein Blick auf die Dienstleistungswirtschaft zeigt ein ähnliches Bild. Während die Finanz- und Dienstleistungsbranche nach wie vor unter der Finanzkrise leidet, wird der öffentliche Sektor als Auftraggeber zunehmend interessant. Beispielsweise beurteilt PwC gleich für den Bund und mehrere Bundesländer Anträge auf Staatsbürgschaften: „Die Bundesregierung gibt jetzt zumindest vor, an dieser Sonderstellung rütteln zu wollen. In den Ländern ist davon wenig zu spüren."[246]

---

[245] Enthalten in: *Pache, T.*, et al. (2009), S. 11.

[246] *Clausen, S./Tartler, J.* (2009), S. 10.

4. These: Die Wirtschaftskrise führt zu einer Aufwertung von Beratungsthemen, die Kosten, Vertrieb, Geschäftsmodell und/oder Risiken betreffen.

Sinkende Umsätze verstärken den Druck, möglichst im gleichen Maße interne wie externe Kosten abzubauen. Daher ist davon auszugehen, dass für solche Beratungsthemen ein Budget zur Verfügung gestellt wird, die sich durch einen hohen Return on Invest sowie kurze Amortisationsdauern auszeichnen. Hierzu zählen etwa:

- Kostensenkungsprogramme, speziell dann, wenn sie kurzfristig greifen und sich noch innerhalb des laufenden Geschäftsjahres amortisieren
- Markt- und Differenzierungsprogramme zur Erreichung neuer Zielgruppen (und damit zur Umsatzsteigerung)
- Neuausrichtung der Geschäftsmodelle im Hinblick auf Make, Cooperate or Buy, unter der Voraussetzung, dass sie mindestens mittelfristig greifen
- Implementierung von Risikomanagementsystemen vor dem Hintergrund der besseren Antizipation operationeller Risiken in Geschäftsfeldern

Diese vier Merkmale verdeutlichen, dass die Wirtschaftskrise Beratungsthemen stark prägt, aber die Beraterlandschaft nicht vollständig revolutioniert. Viel eher kann davon ausgegangen werden, dass Trends der letzten Jahre im Beraterumfeld durch die konjunkturelle Krise lediglich beschleunigt werden.

5. These: Inhouse Consultancies entwickeln sich – auch im Mittelstand – zu professionellen Wettbewerbern externer Berater.

Zahlreiche Industrieunternehmen, die vor dem Eindruck sinkender Umsätze und damit einer sinkenden Auslastung eigener Kapazitäten auf die Vergabe von Beratungsprojekten an Dritte verzichten (müssen), sind sich oft sehr wohl darüber bewusst, dass sie damit auch auf entsprechende Expertise verzichten (müssen).

Als Alternative bietet sich, unter der Voraussetzung, dass regelmäßig wiederkehrender Beratungsbedarf herrscht, der Aufbau einer internen Consulting-Einheit an, oder zumindest die Weiterentwicklung und Professionalisierung bestehender Organisationsabteilungen. Dieser Trend trifft allerdings stärker externe Organisations- und Prozessberatungen als Strategieberater, da hier auch in Zukunft auf externe Expertise gesetzt wird. Argumente sind etwa das Know-how über die eigenen Unternehmensgrenzen hinaus sowie die langfristige Bedeutung zu treffender Entscheidungen.

Inhouse-Beratungen stellen für Großunternehmen i. d. R. kein Novum dar, bei den DAX-Unternehmen sind sie bereits stark verankert.[247] Jedoch wird der Trend zunehmend mittelständische und inhabergeführte Industrieunternehmen tangieren, und zwar aus verschiedenen Gründen: Erstens stehen KMU generell externen Consultants eher kritisch gegenüber, so dass per se eine Inhouse-Lösung bevorzugt wird. Zweitens kann das Inhouse-Consulting nicht nur als Think Tank, sondern auch als Führungskräfte-Nachwuchsprogramm verstanden

---

[247] Vgl. Bayer Business Services (2009).

werden, da es – abgesehen von der aktuellen Arbeitsmarktsituation – für den Mittelstand schon immer schwierig war, geeignete Führungskräfte zu akquirieren. Drittens benötigen KMU i. d. R. nicht nur Unterstützung bei der Konzeptentwicklung, sondern auch bei der Umsetzung, da hierfür kaum Ressourcen aus der Linie zur Verfügung stehen. Gerade in der Umsetzungsbegleitung liegt aber eine Stärke der internen Berater, die ihren Einsatz sinn- und zweckmäßig erscheinen lassen.

Die vorgestellten fünf Thesen sollten schlaglichtartig den Zusammenhang zwischen aktueller Wirtschaftskrise und ihrer Auswirkungen auf den Consulting-Markt für Industrieunternehmen verdeutlichen. Sie erheben keinen Anspruch auf Vollständigkeit, sondern spiegeln den Eindruck des Autors auf der Grundlage von Gesprächen mit Projektpartnern und der Auswertung von Sekundärliteratur wider. Dennoch geben sie Hinweise darauf, welchen Herausforderungen sich ein erfolgreicher Berater heute und in der näheren Zukunft stellen muss.

Literaturverzeichnis

Albach, H. (1989):
Dienstleistungsunternehmen in Deutschland, in: Zeitschrift für Betriebswirtschaft, 59. Jg., Nr. 4, S. 397-420

Andler, N. (2008):
Tools für Projektmanagement, Workshops und Consulting, Erlangen

Arnold, U. / Schnabel, M. (2007):
Electronic Reverse Auctions – Nutzung von IT-Unterstützung bei der Beschaffung direkter Güter, in: *Brenner, W. / Wenger, R.* (Hrsg.): Elektronische Beschaffung, Berlin / Heidelberg / New York, S. 83-103

Arthur D. Little (2001):
Produktbegleitende Services – Status, Stars, Strategien, Wiesbaden

Arthur D. Little (2004):
Service Innovation – Ergebnisverbesserung durch zielgerichtete Servicestrategien und -entwicklungen, Wiesbaden

Bankhofer, U. (2001):
Industrielles Standortmanagement, Wiesbaden

Bayer Business Services (2009):
Der Inhouse Consulting Markt in Deutschland, Leverkusen

Bechwati, N. N. / Eshghi, A. (2005):
Customer Lifetime Value Analysis: Challenges and Words of Caustion, in: The Marketing Management Journal, 15. Jg., H. 2, S. 87-97

Becker, T. (2005):
Prozesse in Produktion und Supply Chain optimieren, 2., neu bearb. u. erw. Aufl., Heidelberg

BDU (2009):
Facts & Figures zum Beratermarkt 2008/2009, Bonn/Berlin

Berkenhagen, U. / Vrbica, G. (2006):
Lieferantenklausuren – Neuer Weg zur Kostenoptimierung bei Volkswagen, in: Supply Chain Management, 6. Jg., H. II, S. 25-30

Bienzeisler, B. / Kunkis, M. (2008):
Dienen und mehr verdienen?! – Hybride Wertschöpfung im Maschinen- und Anlagenbau, Stuttgart

Bischoff, R. (2007):
Anlaufmanagement – Schnittstelle zwischen Projekt und Serie, Konstanzer Management-schriften, Konstanz

BITKOM (Hrsg.) (2006):
Vertriebskennzahlen für ITK-Unternehmen, Berlin

Boos, F. / Heitger, B. (1996):
Kunst oder Technik? Der Projektmanager als sozialer Architekt, in: *Balck, H.* (Hrsg.): Systemisch-evolutionäres Projektmanagement, Berlin/Heidelberg/New York, S. 165-182

Brunner, A. (2008):
Kreativer denken, München/Wien

Buchholz, W. / Roos, D. (2002):
Einführung einer Procurement Balanced Scorecard (P-BSC) bei einem Hersteller für technische Kunststoffe, in: Beschaffung aktuell, o. Jg., H. 3, S. 54-58

Capgemini (2008):
The State of Logistics Outsourcing – 2008 Third Party Logistics, Atlanta

Capgemini (2009):
Crisis dominates the Supply Chain Agenda in 2009, Utrecht

Christopher, M. (1998):
Logistics and Supply Chain Management, 2. Aufl., Edinburgh

Clausen, S. / Tartler, J. (2009):
Berater von Staates Gnaden, in: Financial Times Deutschland vom 23.06.2009, S. 10

Conrady, H. (2001):
Brainstorming ist besser als sein Ruf, Handelsblatt online vom 30.07.2001, http://www.handelsblatt.com/archiv/brainstorming-ist-besser-als-sein-ruf;443951   (Stand: 10.02.2009)

Detroy, E.-N. / Behle, C. / vom Hofe, R. (2007):
Handbuch Vertriebsmanagement, Landsberg am Lech

Deutsche Bundesbank (2006):
Hochgerechnete Angaben aus Jahresabschlüssen deutscher Unternehmen von 1994 bis 2003,
Statistische Sonderveröffentlichung 5, Frankfurt am Main

Deutscher Industrie- und Handelskammertag (Hrsg.) (2009):
Industriereport 2008/2009 – Jenseits der Krise – Substanz und Zukunft des Industriestandortes Deutschland, Berlin/Brüssel

Drews, H. (2008):
Abschied vom Marktwachstums-Marktanteils-Portfolio nach über 35 Jahren? –Eine kritische Überprüfung der BCG-Matrix, in: Zeitschrift für Planung und Unternehmenssteuerung, 19. Jg., H. 1, S. 39–57.

Eisele, P. (1976):
Simulationsmodelle zur Distributionskostenminimierung bei zentraler bzw. dezentraler Warenauslieferung, Zürich

Erlach, K. (2007):
Wertstromdesign, Heidelberg

Eurostat (2008):
Europa in Zahlen 2008 – Eurostat Jahrbuch 2008, Luxemburg

Fiedler, R. (2008):
Controlling von Projekten, 4., verbesserte Aufl., Wiesbaden

Fitzek, D. (2006):
Anlaufmanagement in Netzwerken: Grundlagen, Erfolgsfaktoren und Gestaltungsempfehlungen für die Automobilindustrie, Bern

Forrester, J. W. (1958):
Industrial Dynamics. A major breakthrough for decision makers, in: Harvard Business Review, 36. Jg., H. 4, S. 37-66

Fourastié, J. (1954):
Die große Hoffnung des zwanzigsten Jahrhunderts, Köln

Fricke, T. (2008):
Bedingt abschwungbereit, in: Financial Times Deutschland vom 12.09.2008, S. 30

Friedrichsen, H. (2008):
Viel Arbeit, viel Geld, flotter Wechsel, http://www.spiegel.de/unispiegel/jobundberuf/0,1518,536566,00.html (Stand: 22.02.2008)

Hammer, M. / Champy, J. (1996):
Business Reengineering, Frankfurt/Main

Hartel, D. (2002):
Auditierung und Erfolgsfaktoren industrieller Serviceleistungen, München

Hartel, D. (2004a):
Externe Berater: Acht Regeln – wie Sie erfolgreich auswählen
und steuern, in: newsletter Controlling&Finance, Nr. 11, S. 4+5

Hartel, D. (2004b):
Lieferanten richtig anbinden, in: Logistik heute, 26. Jg., H. 1-2, S. 36-37

Hartel, D. (2006):
Transportmanagement auf Basis typologisierter Inbound-Lieferungen, in: Supply Chain
Management, o. Jg., Nr. I, S. 47-54

Hartel, D. (2008a):
Consultant-Knigge, München/Wien

Hartel, D. (2008b):
Ein   weites   Feld,   http://economag.de/magazin/2008/1/46+Ein+weites+Feld   (Stand:
22.05.2008)

Helm, S. (2004):
Customer Valuation as a driver of relationship dissolution, in: Journal of Relationship Marketing, 3. Jg., H. 4, S. 77-91

Henderson, B. (1973):
The Experience Curve – Reviewed: The Growth-Share Matrix or the Product Portfolio, BCG
Perspectives Series No. 135, o. O.

Heuermann, R. / Herrmann, F. (2003):
Unternehmensberatung, München

Gillies, C. (2009):
Raus aus der Krise, in: Logistik inside, o. Jg., Heft 5, S. 12-13

Impuls Management Consulting (Hrsg.) (2003):
Trendstudie 2003 After-Sales-Service, München

Institut der deutschen Wirtschaft (Hrsg.):
Deutschland in Zahlen 2009, Köln

Jacobi, C. / Hartel, D. / Ohlen, O. / Wendik, H. (2004):
Logistik-Management – Gestalten und Beherrschen der Supply Chain, Unterföhring

Jacobi, C. / Hartel, D. / Spendl, K. (2005):
Logistics Excellence in der Automobilindustrie, Unterföhring

Kämpf, R. (2008):
Best Practice – Das Toyota-Produktionssystem, Kissing

Kampermann, M.-T. (2003):
Die Standortentscheidung des BMW-Konzerns für Leipzig, Arbeitspapier No. 7, Universität Dortmund, Fakultät Raumplanung

Kaplan, R. / Norton, D. (1992):
The balanced scorecard - Measures that drive performance, in: Harvard Business Review, 70. Jg., H. 1, S. 71-79

Kaplan, R. / Norton D. (1997):
Balanced Scorecard, Strategien erfolgreich umsetzen, Stuttgart

Kaske, K.-H. (1991):
Die Vision der Dienstleistungsgesellschaft - ein gefährlicher Irrtum, in: Siemens-Zeitschrift, Heft 4, S. 4-6

Kaufmann, L. (2002):
Purchasing and Supply Management – A Conceptual Framework, in: *Hahn, D. / Kaufmann, L.* (Hrsg.): Handbuch Industrielles Beschaffungsmanagement, Wiesbaden, S. 5-33

Kienbaum Consultants (Hrsg.) (2009):
Vergütungsstudie Führungs- und Fachkräfte in Marketing und Vertrieb 2009, Gummersbach

Kinkel, S. / Maloca, S. (2008):
Produktionsverlagerungen rückläufig, Mitteilungen aus der ISI-Erhebung „Modernisierung der Produktion", Nummer 45, Karlsruhe

Knuppertz, T. / Schnägelberger, S. (2008):
Status Quo Prozessmanagement 2007/2008 – Ergebniszusammenfassung, Köln

Krafft, M. (1997):
Kundenzufriedenheit und Kundenwert - Ergebnisse der gleichnamigen Studie der VDI-Gesellschaft Entwicklung Konstruktion Vertrieb (VDI-EKV) und von CEO, Düsseldorf

Krix, P. (2008):
Die Alibi-Krise, in: Automobilwoche, Ausgabe 22 vom 20.10.2008, S. 3

Krugman, P. R. (1993):
What Do Undergrads Need to Know About Trade?, in: American Economic review, 83. Jg., Nr. 2, S. 23-26

Kutscher, M. / Schmid, S. (2006):
Internationales Management, 5., bearb. Aufl., München/Wien

Luczak, H. / Weber, J. / Wiendahl, H.-P. (2004):
Logistik Benchmarking, Praxisleitfaden Logi-Best, Berlin

MCG Managementberatung GmbH (Hrsg.) (2005):
Sales Excellence in österreichischen Industriebetrieben, Linz

Meyers Konversations-Lexikon (1876):
Meyers Konversations-Lexikon, 9. Band, 3. Aufl., Leipzig

Müller, D. / Tietjen, T. (2008):
FMEA-Praxis, 2., überarb. Aufl., München

Niedereichholz, C. (Hrsg.) (2000):
Internes Consulting, München/Wien

Nordsieck, F. (1932):
Die schaubildliche Erfassung und Untersuchung der Betriebsorganisation, Stuttgart

Ohno, T. (1993):
Das Toyota-Produktionssystem, Frankfurt a. M.

O. V. (2002):
Der Garten Europa wird bestellt, in: Logistik heute, 22. Jg., H. 1-2, S. 16-19

O. V. (2006a):
Blühendes SCM, in: Logistik heute, 26. Jg., H. 4, S. 64-65

O. V. (2006b):
Die Gartenarbeit geht weiter, in: Logistik heute, 26. Jg., H. 5, S. 64-65

O. V. (2008a):
Ein kleiner Schritt für Sie, ein großer Schritt für Ihre Karriere, http://www.volkswagen-consulting.de/karriere/karrierepfad.htm (Stand: 22.05.2008)

O V. (2008b):
Miebach Consulting GmbH – Karrierestufen, http://www.miebach.com/index.php?id=27&M=4&L=1 (Stand: 09.09.2008)

Pache, T. / Clausen, S. / Ehrlich, P. / Spiller, K. (2009):
Beraten und verkauft, in: Financial Times Deutschland vom 07.05.2009, S. 11

Paulus, J. (2005):
Brainstorming - ein beliebter Flop, in: Bild der Wissenschaft, 42. Jg., Nr. 1, S. 38-39

Peters, T. / Waterman, R. (1982):
In Scarch of Excellence, New York

Piller, F. (2006):
Mass Customization, 4., überarb. u. erg. Aufl., Wiesbaden

PriceWaterhouseCoopers (Hrsg.) (2007):
Kostenmanagement in der Automobilindustrie, o. O.

Proudfoot Consulting (Hrsg.) (2006):
Internationale Vertriebseffizienzstudie 2006, o. O.

Rasch, B. (2002):
Consulting: Alles intern geregelt, in: Financial Times Deutschland vom 16.07.2002, S. 29

Ratcliffe, R. V. (1992):
Steinway, München

Reich, H. (2005):
Der Glamourfaktor ist kein Nachteil, http://www.manager-magazin.de/unternehmen/artikel/0,2828,384420,00.html (Stand: 05.09.2008)

Reichheld, F. F. / Aspinall, K. (1993/94):
Building High-Loyality Business Systems, in: Journal of Retail Banking, 15. Jg., Nr. 4, S. 21-29

Renschler, A. (1995):
Standortplanung für Mercedes-Benz in den USA, in: *Gassert, H. / Horváth, P.* (Hrsg.): Den Standort richtig wählen. Erfolgsbeispiele für internationale Standortentscheidungen, Stuttgart, S. 37–54

Rieker, S. A. (1995):
Bedeutende Kunden, Analyse und Gestaltung von langfristigen Anbieter-Nachfrager-Beziehungen auf industriellen Märkten, Wiesbaden 1995

Rother, M. / Shook, J. (2006):
Sehen lernen - Mit Wertstromdesign die Wertschöpfung erhöhen und Verschwendung beseitigen, Aachen

Sackmann, S. / Kundisch, D. / Ruch, M. (2008):
CRM, Kundenbewertung und Risk-Return-Steuerung im betrieblichen Einsatz, in: HMD –
Theorie und Praxis der Wirtschaftsinformatik, o. Jg. ?, H. 259, S. 21-31

Schuh, G. / Stölzle, W. / Straube, F. (2008):
Grundlagen des Anlaufmanagements: Entwicklungen und Trends, Definitionen und Begriffe,
Integriertes Anlaufmanagementmodell, in: *Schuh, G. / Stölzle, W. / Straube, F.* (Hrsg.): An-
laufmanagement in der Automobilindustrie erfolgreich umsetzen, Berlin, S. 1-6

Schulte, C. (2009):
Logistik – Wege zur Optimierung der Supply Chain, 5., überarb. u. erw. Aufl., München

Sontow, K. (1998):
Industrielle Dienstleistungen, Sonderdruck 01/98, Forschungsinstitut für Rationalisierung an
der RWTH Aachen, Aachen

Sontow, K. / Kurpiun, R. / Jaschinski, C. (1997):
Industrielle Dienstleistungen - Neue Ertragschancen für den Maschinen- und Anlagenbau,
Sonderdruck 12/96, 2. Aufl., Forschungsinstitut für Rationalisierung an der RWTH Aachen,
Aachen

Specht, G. / Beckmann, C. (1996):
F&E-Management, Stuttgart

Statistisches Bundesamt (Hrsg.) (2007):
Statistisches Jahrbuch für die Bundesrepublik Deutschland 2007, Wiesbaden

Statistisches Bundesamt (Hrsg.) (2006):
Datenreport 2006, Wiesbaden

Stöger, R. (2007):
Wirksames Projektmanagement, 2., überarb. Aufl., Stuttgart

Stölzle, W. / Heusler, K. / Karrer, M. (2004):
Erfolgsfaktor Bestandsmanagement, Zürich

Stoll, P. (2007):
E-Procurement – Grundlagen, Standards und Situation am Markt, Wiesbaden

Student, D. (2006):
Berater-Ranking 2006: Spezialisten besser als McKinsey & Co., http://www.manager-
magazin.de/unternehmen/beratertest/0,2828,427382,00.html (Stand: 29.10.2008)

Student, D. (2009):
Hai Potentials, in: Manager Magazin, 39. Jg., H. 8, S. 24-33

Thaler, K. (2003):
Supply Chain Management. Prozessoptimierung in der logistischen Kette. 4., akt. und erw. Aufl., Troisdorf

Töpfer, A. (2009):
Lean Management und Six Sigma: Die wirkungsvolle Kombination von zwei Komponenten für schnelle Prozesse und fehlerfreie Qualität, in: *Töpfer, A.* (Hrsg.): Lean Six Sigma - Erfolgreiche Kombination von Lean Management, Six Sigma und Design for Six Sigma, Berlin, S. 25-66

Universum (Hrsg.) (2008):
Karriere & Zukunft – Eine Sonderausgabe von Universum und Financial Times Deutschland von November 2008, Köln

VDMA (Hrsg.) (1999):
Die Zahlungsbereitschaft des Kunden für produktbegleitende Dienstleistungen, Frankfurt a. M.

VDMA (Hrsg.) (2001):
Produktbezogene Dienstleistungen im Maschinen- und Anlagenbau – Ergebnisse der Tendenzbefragung, Frankfurt a. M.

Vershofen, W. (1940):
Handbuch der Verbrauchsforschung, Berlin

Weber, A. (1909):
Über den Standort der Industrie, Tübingen

Welge, M. K. / Holtbrügge, D. (2006):
Internationales Management, 4., überarb. und erw. Aufl., Stuttgart

Wildemann, H. (1999):
Arbeitskreis „Service - Differenzierungspotential im Wettbewerb", unveröffentlichte Workshop-Dokumentationen, München

Wildemann, H. (2000):
Self Assessment Tools - Checklisten zur Selbstbewertung von Unternehmen, 6. Aufl., München

Wildemann, H. (2002a):
Einkaufspotenzialanalysen – Leitfaden zur Kostensenkung und Gestaltung der Abnehmer-Lieferanten-Beziehung, 11. Aufl., München

Wildemann, H. (2002b):
Schnell lernende Unternehmen, 3. Aufl., München

Wildemann, H. (2003):
Durchlaufzeit-Halbe, 11. Aufl., München

Wildemann, H. (2008):
Einkaufspotenzialanalyse – Programme zur partnerschaftlichen Erschließung von Rationali-
sierungspotenzialen, 2., neubearb. Aufl., München

Womack, J. / Jones, D. / Roos, D. (1992):
Die Zweite Revolution in der Automobilindustrie, 4. Aufl., Frankfurt a. M. / New York

Zangemeister, C. (1970):
Nutzwertanalyse in der Systemtechnik, Diss., München

Zimmermann, T. / Menne, R. (2006):
Interne Topmanagement-Beratung – warum und wie?, in: *Sommerlatte, T. et al.* (Hrsg.):
Handbuch der Unternehmensberatung, Band 1, Berlin 2006, Beitrag 1320

Index

Verhaltenstipps für Berater

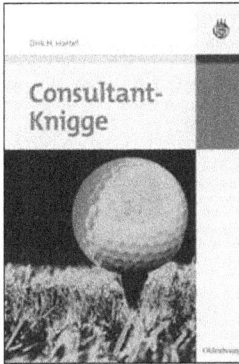

Dirk H. Hartel
Consultant-Knigge

2008 | 183 S. | Broschur | € 29,80
ISBN 978-3-486-58486-8

Wenige Berufsbilder sind so umstritten wie die des Unternehmensberaters: Auf der einen Seite der abgehobene Theoretiker und gnadenlose Cost Cutter, der auch ohne Nachfragen grundsätzlich alles besser weiß, auf der anderen Seite der Helfer, der Betriebe wieder wettbewerbsfähig macht und damit Arbeitsplätze sichert.

Das Fremdbild in Gesellschaft und Wirtschaft hängt dabei aber auch vom Auftreten des Beraters ab. Hier setzt dieser Ratgeber an, indem er speziell Berufseinsteigern im Consulting-Bereich konkrete Tipps und Hinweise gibt, welche (meist unausgesprochenen) Verhaltensregeln zu beachten sind. Anhand konkreter Beispiele aus der Praxis erhält der Leser Hinweise für Auftreten, Verhalten, Sprache und Kommunikation im Berateralltag.

Das Buch richtet sich an alle Unternehmensberater und die, die es werden wollen.

Prof. Dr. Dirk H. Hartel lehrt als Professor für Betriebswirtschaftslehre an der Berufsakademie Stuttgart, Lehr- und Beratungsschwerpunkt Supply Chain Management und Logistik.

Oldenbourg

150 Jahre
Wissen für die Zukunft
Oldenbourg Verlag

Bestellen Sie in Ihrer Fachbuchhandlung oder direkt bei uns: Tel: 089/45051-248, Fax: 089/45051-333
verkauf@oldenbourg.de

Das Produkt als Risiko

Claudius Eisenberg, Rainer Gildeggen
Andreas Reuter, Andreas Willburger
Produkthaftung
Kompaktwissen für Betriebswirte, Ingenieure
und Juristen

2008 | 191 S. | gebunden
€29,80 | ISBN 978-3-486-58575-9

Die Produkthaftung ist nicht nur ein Thema für Unternehmensjuristen. In ihrem Arbeitsalltag sind auch in zunehmendem Maße Betriebswirte und Ingenieure mit Fragen rund um die Haftung für Produktfehler konfrontiert. In diese Welt führt das vorliegende Buch fachkundig ein.

Es beleuchtet die theoretische Grundlegung aus dem nationalen, europäischen und internationalen Blickwinkel und illustriert die unterschiedlichen Facetten der Produkthaftung anhand von weit über 100 Praxisbeispielen. Darüber hinaus geht es auf die straf- und arbeitsrechtlichen Aspekte ein, die in diesem Kontext keinesfalls vernachlässigt werden dürfen. Auch neuere gesetzliche Entwicklungen etwa im Bereich des internationalen Privatrechts, verschiedener Produkthaftungsregime in anderen Teilen der Welt sowie die Produkthaftungscompliance kommen nicht zu kurz. Zahlreiche Übungsfälle und Kurzzusammenfassungen zu jedem Kapitel runden das Buch ab.

Dem Leser wird genau das Wissen an die Hand gegeben, das ihn in die Lage versetzt, eigenständig Lösungen für Produkthaftungsprobleme zu entwickeln. Der Praktiker erhält außerdem handhabbare Vorgaben für die Produktherstellung und Vermarktung.

Dieses Buch eignet sich für Betriebswirte und Ingenieure in Studium und Beruf sowie für Juristen.

Oldenbourg

150 Jahre
Wissen für die Zukunft
Oldenbourg Verlag

Bestellen Sie in Ihrer Fachbuchhandlung oder
direkt bei uns: Tel: 089/45051-248, Fax: 089/45051-333
verkauf@oldenbourg.de